SV

Juri Andruchowytsch
Zwölf Ringe

Roman

Aus dem Ukrainischen
von Sabine Stöhr

Suhrkamp

Die Originalausgabe erschien unter dem Titel
Dvanacjat' obručiv im Verlag Krytyka, Kiew.

Übersetzerin und Verlag danken Sofia Onufriv und
Jurko Prochasko für ihre Mitarbeit.

Die Übersetzung wurde gefördert
vom Literarischen Colloquium Berlin mit Mitteln des
Auswärtigen Amtes und der Senatsverwaltung
für Wissenschaft und Kultur, Berlin.

Erste Auflage 2005
© der deutschen Ausgabe
Suhrkamp Verlag Frankfurt am Main 2005
Alle Rechte vorbehalten,
insbesondere das des öffentlichen Vortrags
sowie der Übertragung durch Rundfunk und
Fernsehen, auch einzelner Teile.
Kein Teil des Werkes darf in irgendeiner Form
(durch Fotografie, Mikrofilm und andere Verfahren)
ohne schriftliche Genehmigung des Verlages
reproduziert oder unter Verwendung elektronischer
Systeme verarbeitet, vervielfältigt
oder verbreitet werden.
Satz: TypoForum GmbH, Seelbach
Druck: Memminger MedienCentrum AG
Printed in Germany
Erste Auflage 2005
ISBN 3-518-41681-2

4 5 6 – 10 09 08 07 06

Zwölf Ringe

Für Christian, Solomija und die anderen

Mein Freund, gegürtet einsam von der Nacht
verwoben ins Geheimnis unsrer Welt,
komm mit am Abend dieser Frühlingspracht
ins Wirtshaus auf dem Mond – Schnaps ist bestellt.
Bohdan-Ihor Antonytsch

I

Gäste, vorübergehend nur

1 In seinen Briefen aus der Ukraine schrieb Karl-Joseph Zumbrunnen: »Alles, was wir uns wünschen, vorstellen und erhoffen, trifft auch unausweichlich ein. Aber immer zu spät und nie so, wie wir es erwartet hatten. Wenn *es* uns schließlich begegnet, erkennen wir *es* nicht einmal. Deshalb fürchten wir uns meist vor der Zukunft, vor Reisen, Kindern, vor Veränderungen. Auch ich kann mich nicht dagegen wehren, ich tue nur so. Seit kurzem wird hier immer wieder für Stunden der Strom abgestellt.«

Keiner seiner engsten Bekannten hat je eine klare Antwort auf die Frage erhalten, warum er dorthin reiste. Die junge Frau, mit der er acht Jahre zusammen war (sie hieß Eva-Maria, und es ist unklar, von wem – Eva oder Maria – mehr in ihr steckte), erklärte eines Morgens, sie habe jetzt endgültig genug von ihm. Er verabschiedete sie unten an der Haustür, sie ging und mit ihr der beste Teil seiner Jugend – jene schwindelerregende Offenheit, mit der man die Blicke der anderen erwidert. Doch auch nach der Trennung hörte Karl-Joseph Zumbrunnen nicht auf, in die Ukraine zu reisen. Er ging bloß etwas gebeugter – was nur denen auffiel, die ihm am nächsten standen –, und der Augenarzt mußte ihm je eine Dioptrie zusätzlich verschreiben.

Auch als die ukrainische Regierung das Visumverfahren erheblich verkomplizierte und die Preise für konsularische Dienste spürbar anhob, ließ er sich nicht davon abbringen, immer wieder hinzufahren. Nichts konnte Karl-Joseph daran hindern, die Schwelle ihrer Vertretung zu überschreiten, er saß stundenlang neben heiser sprechenden, aus Bordellen geflüchteten Frauen und allen möglichen anderen Illegalen in den Wartezimmern herum, nahm aus dem Augenwinkel die interessierten, herablassenden Blicke der von Mal zu Mal stärker geschminkten, fülligen russischsprachigen Sekretärinnen wahr und nannte, endlich zur Audienz vorgelassen, dem vergeßlichen Beamten zum x-ten Mal Name, Vorname, *Art der Beschäftigung* und Zweck der Reise. An einem bestimmten Punkt des Gesprächs erinnerte sich der Beamte dann doch an ihn, richtete den wäßrigen Blick zu Boden und versprach zu sehen, was sich machen ließe.

Seine erste Reise unternahm Karl-Joseph Anfang der neunziger Jahre. Damals zog dieses völlig neue Staatsgebilde viele solcher Morgenlandfahrer an. »Wenn sie den Winter überstehen«, schrieb Zumbrunnen, »dann winkt ihnen eine gute Zukunft. Jetzt haben sie es furchtbar schwer, es fehlt am Notwendigsten, einschließlich Schnaps und Streichhölzern, die vorläufige Pseudowährung verliert minütlich an Wert, aber vergessen wir nicht, daß wir im Osten sind und das Materielle hier niemals eine entscheidende Rolle spielen wird. Ich habe mich mit jungen Intellektuellen und einigen Studenten unterhalten, außergewöhnlich interessanten Menschen, die bereit sind, ihr Land radikal zu verändern.« Die Empfänger seiner Briefe zuckten nur die Achseln: All diese ekstatischen *Reisenotizen* erschienen ihnen ziemlich banal und naiv, wenn nicht gar aus dem gesammelten Rolland oder Rilke abgeschrieben. Als er im Frühsommer nach Wien zurückkehrte, brachte Karl-Joseph Zumbrunnen einen lackierten Holzadler mit, ein paar Wolldecken aus Kosiw (eine für seine Freundin) und ein Päckchen brutalste »Watra«. Karl-Joseph rauchte nicht, aber dann und wann bot er einem seiner auf Grenzerfahrungen erpichten Gäste eine »Watra« an – so war das Päckchen auch Jahre später kaum zur Hälfte aufgebraucht.

Seine Fotografien aus den Karpaten und aus Lemberg veröffentlichte er in marginalen Zeitschriften, aus der geplanten eigenen Ausstellung »Europa. Das verschobene Zentrum« wurde aber nichts. Trotz seiner Bereitschaft, einen kompromißlerischen Titel zu wählen: »Nach Roth, nach Schulz«. In letzter Minute mischten sich irgendwelche höheren Mächte des Museums für Volkskunde ein, und die Sache platzte. Doch Karl-Joseph Zumbrunnen hörte nicht auf, dorthin zu fahren.

Darin war er wirklich seltsam, ein konsequentes Produkt seiner typisch österreichischen verschlungenen Genealogie. Während der letzten vier- oder fünfhundert Jahre hatten seine Vorfahren so viel miteinander vermischt – standesmäßig, ethnisch, konfessionell, politisch, explosiv-inkompatibel –, daß er sich ebensogut als Nachfahre von bayrischen anabaptistischen Bierbrauern fühlen konnte wie von Maultiertreibern aus dem Berner Oberland, Tiroler Käsemachern, bankrott gegangenen Salzburger Wucherern, Soproner Salzhändlern, auch einigen Selbstmördern, darunter Bankiers, aber auch Bischöfe, und anderen herausragenden Persönlichkeiten wie einem Feuer- und Messerschlucker aus Laibach und einer öffentlich als Hexe verbrannten schieläugigen Puppentheaterbesitzerin aus Tarnów, einem bekannten Redakteur von landwirtschaftlichen Kalendern aus Mattersburg und einer nicht weniger bekannten feministischen, ebenfalls schielenden Journalistin. In zwei entfernten Linien berührte die Familie Zumbrunnen den Komponisten Buxtehude und den Maler Altdorfer. Wahrscheinlich aber hat Karl-Joseph seine erste Ukraine-Reise unter dem Eindruck des in der Familie gepflegten Mythos vom Urgroßvater angetreten, einem fanatisch arbeitswütigen Oberförster aus Worochta, der irgendwann nach Tschortopil versetzt wurde. Der Urgroßvater hieß ebenfalls Karl-Joseph. Neun Zehntel der Männer vom Geschlechte der Zumbrunnen hießen Karl-Joseph. Der Urgroßvater Karl-Joseph Zumbrunnen war mit goldenen Lettern im Buch der österreichischen (oder sogar der internationalen?) Forstwirtschaft vermerkt als derjenige, welcher in der Mitte des 19. Jahrhunderts die riesigen Flächen der kahlen Karpatenhänge mit Nadelbäumen und Buchen bepflanzt hatte. »Hier erinnert sich niemand mehr an ihn«, schrieb sein Urenkel,

»und alle meine Versuche, mehr über ihn zu erfahren, waren vergeblich. Es scheint, als habe es hier im 20. Jahrhundert einen furchtbaren Kataklysmus gegeben, so etwas wie einen tektonischen Bruch, infolgedessen alles, was früher, sagen wir, vor dem Jahr 1939, sich ereignete und existierte, im Nichts verschwunden ist. Ich habe mit einigen jungen Historikern gesprochen, und sie wollen sich dafür einsetzen, daß eine Fakultät der hiesigen Forstakademie Urgroßvaters Namen erhält. Als ob es mir darum ginge!«

1992 reiste er zweimal, 1993 nur einmal, aber für länger, anscheinend hat er die ganzen vom Visum erlaubten drei Monate in Lemberg verbracht. Als er 1994 vom Ausgang der Wahlen erfuhr, kam er zu dem Schluß, daß er wohl zum letzten Mal in die Ukraine gereist war. Die Briefe aus jener Zeit klingen besonders schroff und bitter: »Dieses Land hatte die besten Aussichten, sich zu ändern und vom Zustand der permanenten Ungeheuerlichkeit und oligophrenen Hilflosigkeit sehr rasch in den Zustand der *Normalität* zu wechseln. Jetzt aber zeigt sich, daß die Zahl derjenigen, die dies nicht wollen, ja nicht einmal die Existenz des Landes an sich wollen, alles erträgliche Maß übersteigt. Vor zwei Jahren habe ich mich offensichtlich geirrt. Natürlich ist es im Grunde nicht meine, sondern ihre Angelegenheit, sie müssen ihre eigene Wahl treffen. Mir tut nur dieses verschwindende Häuflein der *anderen* leid, die ich hier kennengelernt und mit denen ich wirklich gut zusammengearbeitet habe. Heute sind sie alle paralysiert von bösen Vorahnungen künftiger Liquidierungen und Säuberungen, es fiel schon das Wort ›Emigration‹, von anderen hörte ich ›Los von Kiew! Die Grenze wieder an den Zbrucz‹. Ich glaube nicht, daß der genossene Alkohol daran schuld war – es wurde vollkommen nüchtern ausgesprochen. Natürlich werden Organisationen wie die historisch-kulturelle Gesellschaft ›Donau-Klub‹ nicht sofort geschlossen, nicht gleich morgen; man muß daher versuchen, soviel wie möglich zu erreichen, solange es noch geht.« Deshalb verschwand er in der zweiten Julihälfte jenes Jahres 1994 für längere Zeit in den Karpaten, wo er – für die geplante »*Memento*«-Ausstellung – überwiegend alte Friedhöfe fotografierte. Fast einen ganzen Monat verbrachte er zwischen Himmel und Erde, orientierte sich anhand einer alten Militärkarte, die er in weiser Voraussicht aus Wien mitgebracht hatte, und schlug sich durch, in Flußtälern, auf Feldwegen und manchmal auch entlang von Bergkämmen, wobei er von Zeit zu Zeit wie eine Beschwörung ein seltsames Wort murmelte: *Gorgany*.

In die Dörfer ging er nur, um Proviant zu kaufen – Gebärdensprache und ein Dutzend ukrainischer Wörter reichten zur Verständigung völlig aus; andere wiederum behaupteten, er habe schon damals die Dolmetscherin bei sich gehabt, aber das paßt nicht recht zum Inhalt und zur Stimmung seiner Briefe über die Einsamkeit unter dem gestirnten Himmel. Der Sommer war außergewöhnlich heiß, das Gras vergelbte noch vor Beginn des August, und Karl-Joseph Zumbrunnen war braungebrannt. Mehr als alles andere genoß er es, von Zeit zu Zeit in einen der unzähligen Bergbäche einzutauchen, im Wasser zu liegen und konzentriert in die sattblaue, von keinem Wölkchen getrübte Tiefe über ihm zu schauen. Es hatte lange nicht geregnet, und die Bäche führten wenig Wasser, dieses Wasser aber hatte eine klare, grünliche Durchsichtigkeit erreicht, auch war es wärmer als sonst. Karl-Joseph Zumbrunnen, wie alle meine Helden, liebte das Wasser sehr.

Er kam aus dem Städtchen Sitzgras irgendwo im Osten oder meinetwegen auch im Süden Österreichs (zugegeben, ich habe es schon andernorts beschrieben, doch warum nicht: eine gotische Kirche, Turmuhr, eine Straße mit Postamt und Weinkeller, morgendliches Gurren der Tauben, Gehwege, die fast überall zwischen Fußgängern und Radfahrern gerecht aufgeteilt sind, auf dem Hügel ein alter Baronssitz, ein richtiges Schlößchen, heute Museum für alte Stiche oder alpinen

Fischfang; eine Kastanienallee, am Horizont die östlichen Alpen, eine Wassermühle und Baden im grünlichen Wasser). Das Wasser, das Baden bis in den späten Abend hinein unweit einer alten, im letzten Krieg erstaunlicherweise nicht ausgebombten Mühle, dieses Eintauchen in die allergrünsten warmen Wassertiefen, mit der heimlichen, durchaus genußvollen Vorstellung, nicht mehr zurückzukehren, auf immer in die Tiefen zu entschwinden – dieses Gefühl überwältigte Karl-Joseph in seinen glücklichen Träumen, während er in den unglücklichen Träumen nur leiernde Musik hörte und kein Wort von dem verstand, was man zu ihm sagte.

Als er damals aus den Karpaten zurückkehrte, stellte er erstaunt fest, daß noch nichts Schlimmes passiert war. Alle seine Lemberger Bekannten waren unangetastet geblieben, die erwartete Welle von Verhaftungen und die Zerschlagung patriotischer Strukturen überraschend aufgeschoben worden. Einige seiner Kumpels versicherten sogar, es sei besser so, man könne und müsse sich mit der neuen Obrigkeit arrangieren, zumindest handle es sich um Pragmatiker, was nicht das Schlechteste sei, hinzu komme die deutliche Verjüngung der Führungsstrukturen – also genau das, was dieser Gesellschaft seit langem gefehlt habe. »Heute kommen unsere Altersgenossen an die Macht«, sagte ein Germanist, zeitweilig sein Übersetzer, in Wirklichkeit aber der Übersetzer Heideggers. »Einige von ihnen kenne ich, besser gesagt: kannte ich persönlich. Das Leben wird interessant.« Karl-Joseph Zumbrunnen ließ sich Zeit und trank schweigend den überzuckerten moldawischen Wein, wovon ihm aber nicht leichter ums Herz wurde. Seine »*Memento*«-Ausstellung wurde in mehreren Städten Galiziens gezeigt, die Besucher strömten, die Buffetempfänge waren opulent. Offizielle Damen und Herren eröffneten die Veranstaltung und sprachen vom neuen großen europäischen Land Ukraine, Mädchen, gerade noch sexy genug, umschwärmten den *bekannten Wiener Fotografen* odaliskenhaft, von einem unsichtbaren Regisseur gelenkt, und rieben wie unabsichtlich ihre angespannten Hintern an ihm. Karl-Joseph gefiel es langsam wieder in diesem warmen Land.

Im Herbst dann verließ ihn, wie schon erwähnt, seine langjährige Wiener Freundin, nachdem sie erfahren hatte, daß er zu Weihnachten wieder nach Lemberg fahren würde. Es heißt, morgens um fünf Uhr vierunddreißig habe Eva-Maria ihn zum letztenmal leicht auf die noch von der Karpatensonne gebräunte Stelle unter dem Adamsapfel geküßt. Später trug er einen silbernen Anhänger, in den Name und Adresse eingraviert waren. Es war also der letzte Sommer, in dem die von ihr geliebte Mulde hatte braun werden können. Der letzte Sommer, der letzte Herbst.

Ohne den leisesten Versuch, die selbstgeschürte Euphorie zu verbergen, schrieb er dann schon im folgenden Jahr aus Lemberg: »Es gibt plötzlich gutes Bier! Neue Kaffeehäuser und sogar passable Restaurants! Immerhin ändert sich etwas – die Fassaden etcetera. Ich habe sogar schon mit dem Gedanken gespielt, vorübergehend von Schwarzweiß zu Farbe zu wechseln – natürlich nicht wegen der *Schönheit*, sondern wegen der Geschichte. Daraus könnte ein ganz lustiger Bildband werden: ›Lembergs neue Kleider‹. Die Versuche, die hiesige Oberfläche mit den zweifelhaften Farben von den nahen polnischen Basaren zu übertünchen, nähmen sich wirklich komisch aus, wären da nicht die äußerst ehrenwerten idealistischen Anwandlungen der hiesigen neuen Unternehmer. Das sind wirklich junge Leute, die zuallererst ihr Land verändern wollen, und es wird ihnen – toi toi toi – auch gelingen.« Und weiter unten: »Ich habe mich geirrt, als ich Anfang der Neunziger schrieb, daß die Leute positive Tendenzen ungewöhnlich schnell aufgreifen und die Situation in ihrem Land rasch zum Besseren wenden würden. Die folgenden Jahre haben gezeigt, daß das Land wohl zu groß, zu schwerfällig und auch zu kompliziert ist für rasche Veränderungen. Aber zum Glück habe ich mich auch geirrt, als ich vor einem Jahr glaubte, man könne nichts anderes tun, als die ganze Sache zu begraben. Die Wirklichkeit hat uns neue Überraschungen beschert. Der Abschied von der Jugend ist gar nicht so tragisch, wenn direkt darauf die Reife beginnt.«

Der letzte Satz paßte nicht recht in den vorangegangenen amateurhaft-analytischen Kontext, und Karl-Josephs Freunden blieb mal wieder nichts anderes übrig, als die Achseln zu zucken, wenn sie ihn lasen. Ich hingegen verstehe recht genau, was los war. Aber davon später.

Seine Briefe aus der zweiten Hälfte der neunziger Jahre sind eine seltsame Mischung aus privater Publizistik, widersprüchlichen Tagebuchnotizen und unmotivierten emotionalen Ausbrüchen in Sphären, die ans Metaphysische grenzen. »Es ist furchtbar mühsam, sich mit Vertretern der hiesigen Obrigkeit zu unterhalten«, lesen wir an einer Stelle. »Ein Exemplar dieser Spezies, ehemaliger Polithäftling und Autor von Samisdat-Poesie, der dank der Ironie des Schicksals und lokaler höfischer Intrigen auf einen verführerischen Funktionärssessel gehievt wurde, versuchte kürzlich, mich davon zu überzeugen, daß sein Volk fast 10 000 Jahre alt ist, daß die Ukrainer mit den kosmischen Kräften des Guten in direkter Verbindung stehen und nach Schädelform und Augenbrauenwölbung fast der *typisch arischen Spezies* zugehören, deshalb sei eine Weltverschwörung gegen sie im Gang, deren Agenten die nächsten geographischen Nachbarn und gewisse zersetzende Elemente im Innern sind – ›Sie wissen schon, an wen ich denke, Herr Zumbrunnen‹. Danach verschwendete er noch viel Energie darauf, mir die absolute Nichtigkeit der russischen Kultur klarzumachen, und es schien ihm wohl, als ließe er keinen Stein auf dem anderen: Mussorgsky, Dostojewski, Semiradski, Brodsky – was für Namen! schon die Namen sagen doch alles! rief er, in Ekstase geratend und mich mit seinem blau-gelben Geifer besprühend, Rubinstein! Eisenstein! Mandelstam! Mendelblat! Rostropowitsch! Rabinowitsch! – das Komischste daran aber ist, daß er all das auf russisch sagen mußte, da sich dieser *echte Ureuropäer* nicht die Mühe gemacht hatte, auch nur eine europäische Sprache zu lernen. Ich war gezwungen, seinen chaotischen Vortrag mit ein paar unbequemen Fragen zu unterbrechen, auf die er nur blöde blinzelte. Ich fragte zum Beispiel: Gut, wenn Sie tatsächlich über eine so alte und mächtige Kultur verfügen, warum dann dieser Gestank auf Ihren öffentlichen Toiletten? Warum ähneln die Städte faulenden Abfallgruben? Warum stirbt die Altstadt, Viertel um Viertel, warum brechen die Balkone von den Fassaden, warum haben die Hofeingänge kein Licht, und warum tritt man dauernd auf zerbrochenes Glas? Wer ist schuld daran – die Russen? Die Polen? Andere *zersetzende* Elemente? Gut, mit den Städten sind Sie überfordert, aber was ist mit der Natur? Warum kippen Ihre Bauernrüpel – diese, wie Sie sagen, Träger einer zehntausendjährigen zivilisatorischen Tradition – all ihren Scheiß einfach in die Flüsse, und warum stößt man, wenn man durch Ihre Berge wandert, fünfmal häufiger auf Eisenschrott als auf Heilpflanzen? Ich konnte mich kaum zurückhalten, eine persönliche Frage zu stellen – warum er, seit kurzem Träger des Ordens des heiligen Wolodymyr, so viele Schuppen auf den Schultern hatte. Aber schon was ich laut geäußert hatte, reichte völlig, um ihn merklich abkühlen zu lassen, und während er mißtrauisch die Form meines Schädels betrachtete, gab er mir unzusammenhängend und wortreich zu verstehen, daß er keine Möglichkeit sehe, unsere diesjährige Fotoexpedition finanziell zu unterstützen. Es führt eben zu höchst unerfreulichen Resultaten, wenn man eine derart *staatstragende,* wie zum Hohn den Archivtiefen eines vulgarisierten 19. Jahrhunderts lebendig entrissene Person mit der hiesigen Wirklichkeit konfrontiert. Ich schreibe diesen Brief im Herzen des untergegangenen Europas, in den nach Ödnis, Kälte, Schimmel und ewigen fiktiven Renovierungsarbeiten riechenden, legendären Räumlichkeiten des Hotels ›George‹, wo Typen mit der gekrümmten Haltung von Polizeispitzeln mir schriftliche Nachrichten meiner Bekannten reichen und verschlafene, ungewaschene, aufgedunsene Buffetdamen den ekelhaften überzuckerten Kaffee; ich bin gezwungen, leiernde und hohle Musik zu hören, freche Physiognomien zu sehen, ihre Nacken und Hintern (auch wenn ich gar nicht hinschaue: man kann sie nicht übersehen, das ist das Problem!), ihren Schweiß einzuatmen, ihre Duftwässer, den Zigarettenrauch, ich bin gezwungen, mich immer tiefer in diese tragikomische Umgebung einzufügen, in diese zynische Ausweglosigkeit – und soll daran glauben, daß sie in Wirklichkeit Nachkommen der alten Ägypter und Etrusker sind, wovon ihre Nationalfarben und Kalenderbräuche Zeugnis ablegen, in denen sich Schönheit und Harmonie der VERBINDUNGEN DES MENSCHEN MIT DER NATUR UND DEM SCHÖPFER SPIEGELN.«

In einem anderen Brief aus dieser Zeit finden sich jedoch deutlich neue Akzente: »Wer hat mir das Recht gegeben, sie zu belehren und mit dem Finger auf all die Schlaglöcher und Goldzähne zu zeigen? Sie leben so, wie es ihnen gefällt, denn sie sind bei sich daheim, und ich habe schon deshalb unrecht, weil ich ein Fremder bin. Und das Großartigste, was man ihnen keinesfalls nehmen kann, ist ihre schnapsselige Warmherzigkeit. Dank einer höheren Vorsehung sind sie überhaupt unendlich viel menschlicher als wir. Unter Menschlichkeit verstehe ich die Gabe, sich unvermittelt zu öffnen und selbst im Fremden den Nächsten zu erkennen. Eine Entfernung von 400 oder 500 Kilometern, die unsere Intercitys in nicht einmal vier Stunden überwinden, wird von den hiesigen Zügen auf bis zu dreizehn Stunden gedehnt. Dafür aber breiten die Menschen in ihren unbequemen und wie absichtlich engen

Abteilen Essen und Trinken aus, lernen sich kennen, teilen jedes Stück Brot, erzählen sich sehr wichtige, manchmal absolut persönliche Dinge. Das Leben ist sowieso zu kurz – warum hetzen? Jene Augenblicke tiefer emotionaler Bewegung, in denen sich unverhofft die bloße, schnapsselig herzliche Wahrheit offenbart, sind viel wichtiger als offizielle, geschäftige Eile und verschlossene falsche Höflichkeit, hinter denen sich nur Leere und Gleichgültigkeit verbergen. Es gefällt mir, daß sie manchmal wie eine riesige und unendlich verzweigte Familie wirken. Sollte man übrigens versuchen, ihr Essen und ihren Schnaps abzulehnen, werden sie meist furchtbar aufdringlich. Der Grund dafür ist wohl nicht, daß Essen und Schnaps hier erheblich billiger sind als bei uns. Vielmehr sind diese Leute wirklich viel großherziger und freigebiger als wir. Wenn man es ablehnt, ihr Mahl zu teilen, ist es, als nähme man ihnen das Recht auf gegenseitiges Verständnis. Was für ein Unterschied zu der gut gelüfteten, sterilen und rechtschaffenen, tadellos geheizten, gleichzeitig aber jeglicher menschlicher Wärme beraubten Atmosphäre unserer stromlinienförmigen Eurocitys, wo ein oberflächliches Lächeln das andere kreuzt in der künstlichen Stille, die nur manchmal vom Klikken der Feuerzeuge oder dem Rascheln von Staniolpapier unterbrochen wird!«

Ja, in der zweiten Hälfte der neunziger Jahre stellte Karl-Joseph Zumbrunnen fest, daß er sich an vieles gewöhnt hatte und tatsächlich anfing, es zu mögen. Urplötzlich – er war gerade in dem klapprigen Zug Frankiwsk–Kiew unterwegs vom achtzehnten Wagen in den neunten, zum Buffet –, urplötzlich überkam ihn mit strahlender Klarheit die Erkenntnis, daß es ihm gefiel, so weit und selbstbewußt auszuschreiten, als sei er Herr der Lage, es gefiel ihm, sich in den viel zu engen Korridoren an den Entgegenkommenden vorbeizuquetschen, er mochte die trunkenen Blicke und Goldzähne der Zugbegleiterinnen und den Namen der nächsten Station

– Sdolbuniw –, wo vom Bahnsteig aus billigeres Bier angeboten wurde, es gefiel ihm, daß er so gut zurechtkam und daß die Abteiltüren meist weit offenstanden und daß er, endlich im neunten Wagen angekommen, auch das ungesunde Essen, das zähe Brot, das halbe Wasserglas Schnaps mögen würde (er teilte es gekonnt halbe-halbe), die aufgeweichten Gesichter und fahrigen Bewegungen der Buffetgäste, die von hautengen Leggins überzogenen Hüften der gackernden Frauen und ihre gackernden Witze, von denen er kein Wort verstand, über die er aber mit allen diesen Zufallsbekanntschaften in brüllendes Gelächter ausbrechen würde, und vielleicht sogar – wer weiß? – ihre leiernde Musik, von der er nur einzelne russische Wortkombinationen würde unterscheiden können wie »*Sdrastwuj daragaja*«, »*vsjo charascho*« und »*paka praschtschaj padruga*« ...

Wahrscheinlich deshalb schrieb er in einem der folgenden Briefe: »Der Weg des Reisenden ist mit Gefahren und Abenteuern gepflastert, aber es gibt nichts Süßeres als das Gefühl, sich in der Fremde eingelebt zu haben. Eines Tages merkst du, daß du, ohne Übertreibung, *hier leben könntest*. Und gar nicht ausgeschlossen, daß du morgen nur noch *hier sein und hier leben möchtest*.«

Den Empfängern seiner Briefe blieb nicht verborgen, daß hier das ewig Weibliche im Spiel sein mußte. Die Ukrainerinnen erfreuten sich damals im Westen schon eines gewissen Rufs, wurden sie doch in einigen südlichen und nördlichen Ländern nicht nur als Sexsklavinnen benutzt, sondern auch für traditionelle Ehebeziehungen herangezogen. »Es sind Klasseweiber«, witzelte einer von Karl-Josephs Kaffeehausbekannten, ein Zahnarzt, dessen Name hier keine Rolle spielt. »Sexappeal wie eine Dirne, und dabei kein bißchen vom Feminismus verdorben.« Hier sei angemerkt, daß Karl-Joseph auf solche Frotzeleien irgendwann nicht mehr adäquat reagierte, was seine Stammtischbrüder, mit denen er nach bürgerlichem Brauch jeden Freitag auf ein Glas Wein im von Kroaten geführten Café »Alt Wien« zusammenkam, belustigte und neugierig machte. Denn er verletzte die ungeschriebenen Regeln dieses nur aus Männern bestehenden Kreises, insbesondere was die absolute verbale Tabulosigkeit und den demonstrativen leichtfertig-eleganten Zynismus betraf. Der alte Charlie-Joe versteht keinen Spaß mehr, stellten sie nachdenklich fest, alles klar, auch ohne daß man ihn auf die Couch legen muß: Adieu, Charlie, du klebst fest wie 'ne Fliege, bist ihr auf den Leim gekrochen, was muß das für 'n Gefühl sein, Charlie?

So war es: nachlassende Sehschärfe, ungewohnte Herbsteinsamkeit, Erstarrung, mattes Warten auf die Fahrt nach Lemberg zu Weihnachten nach dem alten Kalender, vierstündige Durchsuchung am Grenzübergang Tschop – »*Zweck der Reise*«, befragte ihn einer auf russisch, in Wintermütze mit heruntergelassenen Ohrenklappen (und obwohl der irgendwie verunsicherte *Bürger der Republik Österreich* das auswendig gelernte »Schurnalist, Foto« antwortete, wußte er in diesem Moment selbst nicht mehr, welches der *wirkliche* Zweck seiner Reise war), dann Tauwetter, milder Regen, halsbrecherisches Herumschlittern auf den abschüssigen Straßen Lembergs, Schuhe und Hosenbeine voller Schmutz, häufige Stürze, Heiligabend in einer der Stadtvillen in der Lysenko-Straße, alte Bekannte, neue Bekannte, eine neue temporäre Dolmetscherin, eine Lehrerin (»nein, Herr Karl, nicht *Verehrerin*«), Trinkgelage, Völlerei, Vom Himmel hoch, Frau Tolpatsch – erstens hat sie sich gleich zu Beginn ein Glas Rotwein, an dem sie mit dem Ärmel ihres folkloristischen Kleides hängengeblieben war, über den Rock geschüttet; zweitens hat sie Zumbrunnen empfindlich mit dem Ellenbogen gestoßen, als sie mal wieder vom *Taucherdeck* (»Rauchereck, Herr Karl!«) zurückkam; drittens – *denn aller guten Dinge sind bekanntlich drei* – verstauchte sie sich den Fuß, weil sie fast die Wendeltreppe zum Keller hinuntergefallen wäre, wohin alle gebeten worden waren, um die grau-weiße Malerei des Gastgebers zu besichtigen; Karl-Joseph konnte sie gerade noch festhalten – und vielleicht nicht nur, weil er zufällig eine Stufe über ihr stand; so war er für fünf Minuten der Held eines altmodischen Films: DER DIE DAME VOR TÖDLICHER GEFAHR RETTET; »*prosche, prosche*«, antwortete er auf ihre Dankesbezeigungen, anstatt überlegen abzuwinken und etwas Witziges und Galantes zu sagen, dafür reichte sein Ukrainisch nicht; also wiederholte er immer wieder sein »*prosche, prosche*«, und alle anderen liefen aufgeregt herum auf der Suche nach erster medizinischer Hilfe für den verstauchten Knöchel; einem kräftig angeheiterten schnurrbärtigen Direktor (Prorektor – Detektor – Erektor?) gelang es beim dritten Versuch, die elastische Binde anzulegen (»Wir alten Karpaten-Pfadfinder!«), wieso denn Bratrinder, fragte sich Karl-Joseph; dann rief man ein Taxi, und Frau Tolpatsch – in Wirklichkeit Pani Roma Woronytsch – verschwand humpelnd in der glitschigen, nassen Nacht, begleitet von ihrem Ehemann, der, mehr als es sich für Gäste schickt, angetrunken war und dessen Existenz sich nun nicht länger leugnen ließ.

Die Festtage und -nächte vergingen, von Regen und Schneematsch versaut: mit zerlumpten Krippenspielern, die eher an ein versprengtes Heer nach verlorener Schlacht erinnerten, und aufdringlichen kahlgeschorenen Kindern, die mit falschen, mutierten Stimmen Weihnachtslieder herunterhaspelten – in ihren Taschen ahnte man Messer und Knallkörper; im Hotel ging die Heizung kaputt; sie wurde repariert, gerade noch rechtzeitig – aus der Arktis zogen dichte, eisige Luftmassen heran, zu Neujahr nach altem Kalender begann es endlich zu schneien, und Karl-Joseph wählte ihre Nummer, denn es war ihm plötzlich eingefallen, daß sie ja seine Sprache sprach, er sich also ungezwungener fühlen und sich sogar danach erkundigen konnte, wie es dem Knöchel ging.

Von Anfang an fühlten sie sich wohl miteinander; sie assistierte ihm hervorragend bei einigen seiner Projekte, nicht nur als Dolmetscherin, sondern auch als Ratgeberin, die über die typisch Lemberger Labyrinthe zwischenmenschlicher Beziehungen bestens informiert war. Vom Moment jenes ersten Anrufes *in Sachen des verstauchten Fußes* mußten allerdings noch fast zwei Jahre *geschäftlicher Zusammenarbeit*, besser gesagt: schmerzhaft bitterer Ungewißheit, vergehen, mußte Karl-Joseph noch zweimal nach Wien zurückkehren und zweimal von neuem in die Ukraine fahren, bevor sie eines Tages *das Schicksal ereilte* (hat sich da doch ungebeten eine Autorin von Liebesromanen eingeschlichen, fort mit ihr, fort!), in Wirklichkeit handelte es sich um ein Zimmer im Hotel »George«, in dem sie in solch blinder Eile übereinander herfielen, daß Frau Tolpatsch nicht nur den Vorhang, sondern auch noch die ganze wurmstichige Karniese herunterriß und Karl-Joseph erneut feststellte, daß er mit Büstenhaltern nicht zurechtkam; im Nebenzimmer setzten irgendwelche Berserker die Renovierungsarbeiten fort, rammten ihre HYPERTROPHEN BRECHSTANGEN UND DÜBEL erbarmungslos in die Wand und stritten sich in ihrer brutalen Fachsprache; *alles Weitere* klappte mehr oder weniger gut, sogar eher mehr, nämlich absolut zufriedenstellend, als aber ihr unvermeidlicher Aufschrei aus dem Bad ertönte – sie war offenbar ausgerutscht und hatte das Regal mit den Aftershaves, Schampoos etcetera heruntergerissen –, wandte sich Karl-Joseph Zumbrunnen, der sich in den zerknüllten Leintüchern auf den zusammengeschobenen Betten plötzlich rettungslos einsam fühlte, zur hohen Hoteldecke und stellte die rhetorische Frage, wie man denn eine Frau vögeln könne, die eine fast volljährige Tochter hatte. Und anstelle der hohen Decke antwortete er sich selbst: »Offensichtlich kann man.«

Sie versuchten, das Beste daraus zu machen, aber die Umstände verschlechterten sich immer mehr. Ende der neunziger Jahre geriet die Ukraine gleich auf mehrere schwarze Listen, die von übertrieben unabhängigen Beobachtern diverser internationaler Strukturen aufgestellt worden waren. »Beim Überschreiten der ukrainischen Grenze raten wir Ihnen, einen Zehn- oder Zwanzigdollarschein bereitzuhalten«, empfahl der Reiseführer »Südliche und östliche Karpaten« (London, Paris, Berlin 1998). »Dies ist der übliche Obolus für ukrainische Zöllner; Sie vermeiden damit langwierige, mitunter erniedrigende Prozeduren. Ist es Ihnen allen Widrigkeiten zum Trotz gelungen, in dieses Land, eine ehemalige Sowjetrepublik, einzureisen, so üben Sie höchste Wachsamkeit: Verbrechen jeglicher Art, Raub, Autodiebstahl, sogar Entführungen haben in den letzten Jahren ungeahnte Ausmaße erreicht. Verlassen Sie sich keinesfalls auf die hiesige Polizei, sie ist professionell und technisch auf niedrigstem Niveau, ihre Vertreter sprechen keine europäische Sprache, man wird Sie nicht verstehen, hingegen immer wieder versuchen, Sie zu betrügen.« Dies allein wäre für Karl-Joseph kein Drama gewesen, sowenig wie die langen Stromsperren an Herbst- und Winterabenden; weit schlimmer waren die immer offensichtlicheren Anmaßungen der Obrigkeit und das damit einhergehende Auftauen jener gefrorenen Hölle im Innern des Menschen, deren Name Angst ist. »Es kommt mir so vor«, schrieb er in einem Brief, »als ginge das glücklichste Jahrzehnt in der Geschichte dieses Landes unwiderruflich zu Ende. Einige meiner Bekannten haben das Gefühl, daß ihre Telefone wieder abgehört werden. Eine absolute Wiederkehr der Vergangenheit kann es allerdings nicht geben. Die ehemaligen Machthaber haben die *anderen* mit Prozessen, Straflagern und der sogenannten Psychiatrie bekämpft. Im Gegensatz dazu könnte man den derzeitigen Totalitarismus einen schleichenden nennen. Er stiehlt sich in der Dunkelheit heran und bedient sich eindeutig krimineller Methoden. Es ist eine Sache, ob man verurteilt wird, und sei es in einem geheimen, nicht rechtsstaatlichen, trotzdem aber, pardon, legalen Gerichtsverfahren, wo man mit hocherhobenem Dissidentenkopf dem System laute Anschuldigungen entgegenschleudert, wohl wissend, daß der Westen auf jeden Fall davon erfährt – eine andere, auf zynische Weise von maskierten Unbekannten gekidnappt, zu Tode gefoltert und ohne Kopf einfach weggeworfen zu werden. Es verschwinden Politiker, Journalisten, Geschäftsleute, und wird später einer aufgefunden, dann tot. Unter den vielen *ungeklärten Umständen* sind *Selbstmorde* und *Verkehrsunfälle* (wie aus dem Lehrbuch) besonders auffällig; manch einer wird aber auch aus nächster Nähe erschossen, im Aufzug oder auf den Stufen vor seinem Haus. Auf diesem fruchtbaren Boden breitet sich das gewöhnliche, *nichtpolitische* Verbrechen rasend schnell aus – die Sicherheit des Durchschnittsbürgers kann keiner mehr garantieren, der Schwarzmarkt für Feuerwaffen geht goldenen Zeiten entgegen. Vorläufig aber – Dunkelheit, Dunkelheit überall, stundenlange Stromsperren und zerstückelte Körper in den mit Müll überfüllten Containern.«

Und etwas weiter unten: »Unbewußt habe ich einen Aphorismus erfunden: Polizeistaat – das ist, wenn die Polizei zwar allmächtig, gegen das Verbrechen aber machtlos ist.«

Karl-Joseph Zumbrunnen hörte jedoch auch nach diesen Bekenntnissen nicht auf, in die Ukraine zu reisen. Er hörte nicht damit auf, obwohl die Regierungen der Europäischen Union ihren Bürgern schon davon *abrieten*, sie zu besuchen. Aber was konnten diese Regierungen schon wissen von den Bergen mit ihren den Winden ausgesetzten Felskämmen, von der Farbe des Lehms auf den Wanderstiefeln, was wußten sie schon von den Gerüchen der Holzkirchen, der alten Friedhöfe, der Regengüsse? Und noch weniger konnten sie von Pani Roma Woronytsch wissen, davon, wie sie im Bett raucht oder im Dunkeln ins Badezimmer tappt und an die Stühle stößt oder nur neben ihm liegt und atmet oder wie sie alle

Lampen ausmacht, bevor sie sich auszieht, denn wie alle Frauen ihres Alters beginnt sie sich schon ein bißchen ihres Körpers zu schämen.

Deshalb dachte Karl-Joseph Zumbrunnen nicht im Traum daran, den Ratschlägen der westlichen Regierungen zu folgen. Die Belohnung für seine Beständigkeit traf ihn so entschieden und unerwartet wie jedes Wunder: Letztes Jahr besuchte ihn der stellvertretende Chefredakteur eines unglaublich renommierten, auf zeitgenössische Fotokunst, Multimedia und Dokumentarfotografie spezialisierten Verlages und gab einen Fotoband mit dem Arbeitstitel »Das Vaterland des Masochismus« bei ihm in Auftrag. Die gegenwärtig populäre Richtung der Masochistik und kulturologischen Masoch-Forschung sollte zukünftig auch die *nature morte* oder besser, die *vergewaltigte Natur* zerstörter Landschaften einbeziehen; der Redakteur interessierte sich besonders für die Wechselwirkung von verunstalteter Natur und *industrial*, und weil dort, im Osten, die Industrie genauso katastrophal unterging wie die Natur, handelte es sich um Ruinen hoch zwei. »Verstehst du«, sagte der Redakteur, »uns interessieren all diese von Dornen überwucherten Zisternen und Röhren, die Ufer verseuchter Flüsse, tote Halden und so weiter. Polen? Slowakei? Rumänien?« – »Wenn Ihnen der Kontext von Masoch wichtig ist, dann die Ukraine«, antwortete Karl-Joseph so gleichgültig wie möglich, denn wie alle alten Hasen dieser Welt wußte er, daß man sich nicht zu billig verkaufen darf. »Oh, ist Masoch denn nicht aus Polen?« hob der Redakteur die gepiercten Brauen. »Tut mir leid, wir in Düsseldorf kennen uns in Ihren österreichischen Angelegenheiten nicht aus«, fügte er hinzu und strich sich über seinen feuerrot-violetten Irokesenschnitt. Der Vorschuß war so fürstlich, daß Karl-Joseph, als er nach einer Stunde in seine dafür eigentlich viel zu kleine Wohnung am Praterstern zurückkehrte, in einen triumphalen Siegestanz ausbrach.

So hatte Karl-Joseph allen Grund, im nächsten Brief aus jener Periode zu schreiben: »Das Geheimnis der Welt besteht einfach in unserer Unfähigkeit, die Dinge so zu nehmen, wie sie sind. Dabei existiert in Wirklichkeit nur eine einzige Ordnung. Deshalb fürchten wir uns so vor der Zukunft, vor Reisen, Kindern, vor Veränderungen. Auch ich kann mich nicht dagegen wehren, ich tue nur so.«

2 Jetzt ist es Zeit, sie alle erscheinen zu lassen. In einem mir bekannten Buch heißt die entsprechende Stelle »Die Helden kommen«. Ich weiß aber gar nicht, ob es wirklich *Helden* sind und ob sie wirklich *kommen*.

Zuerst aber sehen wir aus der Vogelperspektive ganz deutlich eine kleine Bahnstation in den Bergen vor uns – eine von jenen, die trotz ihrer mehrmals und völlig sinnlos veränderten Fassaden auf die Zeit des Wiener Jugendstils anspielen. Es wird berichtet, Bohumil Hrabal habe sich seinerzeit dahingehend geäußert, daß er überall leben könne, wo es Bahnstationen im Habsburg-Design gebe. Also hätte Bohumil Hrabal auch hier leben können.

Und so verringern wir unsere Flughöhe drastisch.

Unter uns ein mit alten, teilweise schadhaften Ziegeln gedecktes Dach, ein niedriger Turm mit für immer und ewig angehaltener Uhr, in deren verrostetem Mechanismus sich eine ganze Kuckucksfamilie eingenistet hat, meinetwegen auch Krähen. Der Bahnsteig ein schmaler mit schartigen gelblichen Fliesen gepflasterter Streifen, darauf einige kaputte Lampen, ehemals Gaslaternen. Außerdem muß es ein gesprungenes Buntglasfenster geben, mit einer *décadence*-Iris in sattem Blau und den ersten Frühlingsfliegen an den länglichen Irisblättern, einen Wartesaal, zwei, drei Holzbänke, in die mit dem Messer oder einer Glasscherbe Buchstaben und Zahlen geritzt wurden (ABGÄNGER-84, ABI'99, Aljona du Fotze, Murmansk-95, Fack Yu, SAID, Angela + Spiderman = LOVE), ein schwarzer gußeiserner Ofen für den Fall, daß man im Winter eingeschneit wird. Über dem meist geschlossenen Fahrkartenschalter gibt ein lakonischer Fahrplan Auskunft über die Züge, genauer den Zug, denn es gibt nur einen. Der Schalter öffnet zweimal am Tag – um sieben Uhr fünfzehn abends und um vier Uhr null drei am Morgen, wenn, mit den wohl ebenfalls noch habsburgisch-hrabalistischen Schlüsseln klimpernd, ein kleines dürres Weiblein mit Kopftuch und – zu dieser Jahreszeit – Gummistiefeln von ihrem Häuschen auf dem benachbarten Hügel herabsteigt. Sie kommt, um ihre altertümlichen Billetts zu verkaufen, diese kleinen braunen Rechtecke aus festem Karton, Einlaßkarten in die Bahnhöfe der Kindheit. Aber kaum jemand kauft solche Billetts.

Was noch? Na, klar: Hammer und Sichel als Relief über der Tür zum Wartesaal und irgendwo eine halb heruntergerissene Reklame: »Mars macht mobil«.

Es gibt nur einen Zug, und abends, so gegen sieben Uhr dreiunddreißig, soll er ankommen, »von unten« wie man hier sagt, das heißt aus dem *Tiefland*. Der Halt dauert laut Fahrplan zwei Minuten, meist aber länger, weil in dieser Zeit zwischen fünf und sieben Stellagen Brot ausgeladen werden. Ende April – und wir sind gerade zu dieser Jahreszeit hergekommen – ist es abends um halb acht noch hell, doch der Zug wird erst in tiefer Dunkelheit ankommen. Man hat nämlich das Weiblein am Schalter soeben telefonisch über eine fast zweistündige Verspätung informiert, da auf der Strecke zwischen den Stationen Hinterarschyn und Oberarschyn auf den Gleisen Rinder lägen (der pechschwarze Apparat aus Ebonit und die alles andere als perfekte Diktion des Dispatchers lassen aber noch Zweifel, ob wirklich *Rinder* (*Kinder? Finger? Sünder?*). Das ist aber auch nicht wichtig, wichtig ist nur, daß der Zug zwei Stunden Verspätung hat. Also kann das Weiblein den Schalter wieder schließen und zu ihren häuslichen Verpflichtungen auf den benachbarten, zur Zeit noch beerenlosen Hügel zurückkehren, und der Fuhrmann in Kaninchenfellmütze und türkischem Pullover kann den braunen Klepper ins frische Gras vor dem Bahnhof entlassen und auf der zerkratzten Bank ein Nickerchen machen in Erwartung der täglichen fünf Stellagen Brot (Fisch wird heute nicht geliefert).

Noch etwa eine Viertelstunde vergeht in fast völliger Stille, dann ertönt von der Landstraße her Motorengeheul, ein Automobil springt wie besessen über die Schlaglöcher und Steine des letzten, nicht asphaltierten Abschnitts der Bahnhofstraße und bremst schließlich filmreif auf dem winzigen Platz vor dem Haupteingang. Es ist irgendein Jeepoid, vielleicht auch ein Mini-Van, was Japanisches, Amerikanisches, Singapurianisches – Safari, Western, Action, Fiction, kurz: ein Auto Marke »ausländisch«, doch dem Motorengebrüll nach zu urteilen mit einem KRAZ-Motor. Heraus springt der Fahrer (große Ohren, mächtiger Nacken, schwarzes Leder!), durchquert rasch den Wartesaal, stößt mit dem Fuß die Tür zum Bahnsteig auf, blickt um sich in all der großen Leere, tritt gegen den Pfahl der Laterne, als wäre es ein Galgen, spuckt zornig aus, nimmt das Mobilnyk vom Gürtel, aber noch bevor er die Nummer wählen kann, bemerkt er unweit des Bahnsteigs das Fuhrwerk und dann auch den auf die Weide entlassenen Klepper, also eilt er in den Wartesaal zurück. Dort findet offensichtlich eine Unterredung mit dem ohne viel Federlesens aus dem Schlaf gerissenen Fuhrmann statt, woraufhin der Schwarzlederne, deutlich beruhigt, ganz gemächlich auf den Bahnsteig hinausschlendert, sich hinhockt und eine Zigarette ansteckt. Oder er geht zurück zum Jeepoid und wählt die Nummer trotzdem. Oder dreht im Wagen die Musik auf (Frage an unsere Hörer: Was für Musik wohl, verdammt?) und klappt die Lehne des Sitzes nach hinten oder macht einfach ein bißchen die Augen zu.

So vergehen zwei Stunden, in denen sich jeder um seine eigenen Angelegenheiten kümmern kann.

Jetzt *kommen* sie aber wirklich, meine *Helden,* besser gesagt – sie *kommen gefahren.* Das passiert erst kurz vor zehn: die Scheinwerfer der Lokomotive zerschneiden die Bahnhofsfinsternis, immer langsameres Rattern der Räder, Kreischen und Quietschen, das schwere Rumpeln der Waggons. Wie das Brot ausgeladen wird, verfolgen wir nicht, auch nicht, wie der vom Schlaf aufgequollene Fuhrmann mit den Worten »Tschüssing, Mascha!« der Waggontusse, die einen Kopierstift und eine Kladde in der Hand hält, einen letzten Klaps auf den unförmigen uniformierten Hintern gibt.

Richten wir unsere Aufmerksamkeit lieber auf das *Herauskommen der Helden* aus dem Zug. Dabei stellen wir fest, daß es ganze acht sind; aus einem Waggon steigen vier, aus einem anderen drei und aus einem dritten einer. Das Geschlechterverhältnis beträgt im ersten Fall zwei zu zwei, im zweiten eins zu zwei, im dritten eins zu null, so daß wir es mit vier Personen des starken und ebenso vielen des schönen Geschlechts zu tun haben. Sie alle (und nicht nur eine) stolpern im Dunkeln über Schienen und Schwellen, erreichen aber schließlich den schmalen Bahnsteig, woraufhin der Zug, sagen wir mal, einen Pfiff ausstößt und sich wieder in Bewegung setzt, und sie bleiben allein zurück, mitten in den Bergen, in der Finsternis, auf einer kleinen Bahnstation irgendwo zwischen Galizien und Transsylvanien, Pennsylvanien jedenfalls nicht. Sie sind ein wenig verloren und kennen sich noch nicht alle, aber offensichtlich ahnen sie schon, daß es angebracht wäre, miteinander zu reden, wurden sie doch in dieser Nacht eines einzigen großen Zieles wegen zusammengerufen, einmal und für das ganze Leben, und diese Nacht wird kommen, und sie wird ihr Leben verändern, denn nur in dieser Nacht wird ihnen etwas widerfahren – o nein, Entschuldigung, da sind mir plötzlich die »Rekreationen« herausgerutscht, also noch mal von vorn: denn sie wurden alle an *ein und denselben Ort* gebracht.

Das Kennenlernen wird vom schwarzledernen Fahrer jäh unterbrochen, und die ganze Gesellschaft folgt ihm, wieder im Gänsemarsch, in derselben Reihenfolge wie vorhin, durch den Wartesaal auf den Bahnhofsvorplatz, wo sie sich ungeordnet und aufgeregt, ungeschickt einander anrempelnd und auf die Füße tretend in den fast kugelsicheren Jeepoid zwängen, auf dem während unserer Abwesenheit das Schild »Wohltätigkeitsprogramm DIE HELDEN DES BUSINESS DEN HELDEN DER KULTUR« erschienen ist. Zwar können sie es in der Finsternis nicht sehen, für uns aber ist es wichtig, denn es bestätigt uns, daß sie wirklich *Helden* sind und dies also ihr *Kommen*.

Schließlich haben alle einen Platz gefunden, und der hypothetische »Ford-Aerostar«, gnadenlos aus seinem KRAZ- oder Pseudo-KRAZ-Motor aufheulend, schießt vor, genauer gesagt, vom Bahnhof weg, wobei er kein Schlagloch und keinen Stein ausläßt. Sei es wegen der ungewohnten Situation oder wegen der Finsternis im Wagen oder wegen des Fahrers mit den großen Ohren oder wegen seiner Musik, verdammt – alle versinken in langes und unangenehmes Schweigen, und so kann ich eine Pause machen und mir ein interessanteres Transportmittel für sie ausdenken.

Ich bin hundertprozentig einverstanden mit dem scharfsinnigen Vorwurf, daß in mindestens zwei Dritteln meiner Romane die Helden irgendwohin gefahren werden. In früheren Fällen ist es mir schon gelungen, Züge für sie zu bestellen, »Ikarus«-Busse, einen »Chrysler Imperial« und – Gipfel der Phantasmen! – die infernalische und fast fliegende Kapsel »Mantikora«, entworfen in den unterirdischen Konstruktionsbüros des Beelzebub und erprobt auf feuerüberfluteten Manöverplätzen, unter Steinhagel, in Schwefel und Unrat.

Ich behalte mir die Möglichkeit eines Schiffes vor, soll es doch irgendwohin fahren über den Ozean, nur nicht hier und jetzt.

Denn jetzt lenkt der Fahrer den von mir so vage beschriebenen Jeepoid nach kaum zehn Kilometern auf der nächtlichen Chaussee – links gefährlich überhängende Felsstürze, rechts unten der FLUSS – unvermittelt rechts hinunter (die Helden hüpfen in die Höhe wie Leichen in ihren Säcken) und erreicht, nachdem er, ohne mit der Wimper zu zucken, den erwähnten Fluß durchquert hat, einen zerwühlten Waldweg, den er immer aggressiver entlangbraust (was sonst?), wobei das oben beschriebene Schild auf dem Dach alles mögliche Geäst und Gezweig zerhackt und die Scheinwerfer den dubiosen Weg einige hundert Meter voraus durchkämmen. Trotzdem kann diese *Reise ins Unbekannte* nicht ewig dauern, und ich habe auch schon ein Mittel, ein Verkehrsmittel gefunden – ein Hubschrauber soll es sein!

Und jetzt bremst der Wagen auch schon auf einer mondenen Anemonenwiese (d.h. beleuchtet vom hier und da hinter einer Wolke hervorscheinenden Mond, von anämischem Mondlicht), und dort zittert in ungeduldiger Erwartung der zur Raserei getriebene Hubschrauber, Gigant und Schwergewicht, Kampfesveteran, historisch unmittelbar beteiligt an Luftlandeoperationen, Sturmangriffen, Strafeinsätzen, nationaler Sicherheit und Verteidigung, Staatsstreichen, der Vernichtung eigener Kriegsgefangener und am Umweltschutz. Der Pilot in Ohrenschützern – Offizierstyp – hilft mit dem Gepäck, während ihm der Fahrer gemäß Liste alle acht Passagiere übergibt und dann, ohne auch nur so etwas wie »Gute Nacht« geknurrt zu haben, in seinem »KRAZ-Aerostar« davonrast und dabei mit glühenden Reifen nach allen Seiten Schlammbrocken verspritzt.

Sie aber hebt es nun empor, ihre vibrierenden Hintern werden in die harten Soldatensitze gepreßt, und sie denken an

Dinge wie Paraglider, Propeller, Pelerinen, Papierbrechtüten und anderes mehr ...

Im Innern eines Hubschraubers kann man sich nicht gut unterhalten, und das Ganze wird noch blöder dadurch, daß sie sich einander gegenüber gesetzt haben (vier zu vier) und ihnen jetzt nichts anderes übrigbleibt, als zur Seite oder nach unten zu blicken oder den Kopf zu drehen und so zu tun, als widmeten sie ihre Aufmerksamkeit dem kargen Interieur.

Artur Pepa, Literat aus Lemberg, hat den weisesten aller Auswege gefunden und nimmt sich die noch im Zug bei einem dieser behinderten Typen gekauften Zeitungen vor, eine sehr regionalspezifische (»Exzeß«), eine sehr parteispezifische (»Weg der Arier«) und eine russischsprachige (»Alle Farben des Regenbogens«). Letztere stellt sich als Zeitung für Schwule und Lesben heraus, so daß Pepa sie nach Durchsicht der Fotos seufzend weit von sich schiebt und sich auf die beiden anderen konzentriert, die er allerdings aus Langeweile schon im Zug gelesen hat. Deshalb tut er eher so, als ob er läse. Seine Augen gleiten zum hundertsten Mal über die traditionell reißerischen Überschriften des »Exzeß« (FEUERWEHR WIE IMMER ZU SPÄT! BENZIN NOCH TEURER, ABER KURS DES HRYWNA FÄLLT! KRIEGS- UND ARBEITSVETERAN MIT INJEKTIONSSPRITZE ERSTOCHEN – ES WAR DIE 17JÄHRIGE ENKELIN! SELBSTGEBRANNTER – NICHTS AUS DER TRAGÖDIE GELERNT! NICHT NUR FAMILIE ESELENKO VON AUSSERIRDISCHEN ENTFÜHRT!), und er ertappt sich bei dem Gedanken, daß all dies gar kein schlechtes Gedicht ergäbe, er überblättert die Seite »Kultur« mit dem exorbitanten Interview irgendeines Trägers des nationalen Literaturpreises (ICH HABE DEM VOLK IMMER NUR DIE WAHRHEIT GESAGT) und wendet sich schließlich der halbseitigen Reklame zu, die einzige, die er wirklich witzig findet:

Jo bleibt Jo: »*Gürte dich*«!
Firma »*Gurt*« –
Die besten Joghurts von den Almen der Karpaten.

Dann nimmt er sich den »Weg der Arier« vor, studiert eine Weile das nicht ganz verständliche Motto »Die Stärke der Nation ist ihre Zukunft« und vertieft sich – nachdem er die Schlagzeilen NIEDER MIT DEM VERBRECHERISCHEN REGIME und WIR UNTERSTÜTZEN DEN AMTIERENDEN PRÄSIDENTEN überflogen hat – in einen Artikel auf der vorletzten Seite, »Was jede Ukrainerin wissen muß, um nicht gegen ihren Willen geschwängert zu werden«, der mit den Worten beginnt: »Die Kopulation während der Monatsregel gewährt in keiner Weise eine hundertprozentige Garantie für ...« und so weiter und so fort.

Rechts von ihm sitzt Kolja, ein schon achtzehnjähriges Mädchen in extrem kurzem Rock. Ihr vollständiger Vorname (den sie nicht ausstehen kann) lautet Kolomeja. Sie gilt als Artur Pepas Tochter, ist aber in Wirklichkeit seine Stieftochter. Kolja hat es schon geschafft, ein bißchen mit dem rothaarigen Kobold (wie sie ihn für sich nennt) gegenüber zu flirten, indem sie sich filmreif erotisch mit der Zungenspitze über die Lippen fuhr und die Beine ein paarmal rechts, ein paarmal links übereinanderschlug. Der Kobold, nicht nur zottig und rothaarig, sondern auch schüchtern wie eine Jungfrau, senkte jedesmal den Blick oder wandte ihn ab, um sich dann ebenfalls in irgendein Buch mit Zeichnungen zu vertiefen, worauf Kolja das Interesse verliert und jetzt herzhaft gähnt.

Rechts von ihr sitzt Roma Woronytsch, ihre Mutter, eine interessante Frau in ihren, wie man so sagt, »besten Jahren jenseits der vierzig«. Pani Roma, Artur Pepas Ehefrau, ist ein bißchen übel – sie ist noch nie gerne geflogen, nicht einmal damals, zur Blütezeit der Aeroflot, als Stewardessen wie die von der Propaganda bejubelte Nadja Kurtschenko unablässig Pfefferminzbonbons und Mineralwasser an die ihnen unterstehenden Passagiere austeilten. Zu jener Zeit war sie noch jünger als Kolja jetzt (aber Kolja ist ja auch schon ein erwachsenes Mädchen!) und flog mit ihren Eltern nach Kiew, Simferopol und Leningrad. Warum sie jetzt daran denken muß, weiß sie nicht, vielleicht hat sich das ins Unterbewußtsein verdrängte Trauma jenes auf der Gangway eines dieser Flugzeuge aufgeschlagenen Knies gemeldet. Pani Roma arbeitet gelegentlich als Dolmetscherin auf verschiedenen postfreudianischen Konferenzen der Gesellschaft »Donau-Klub«, daher kennt sie sich mit solchen Dingen aus. Aber jetzt ist ihr einfach nur übel.

Am Ende der Reihe sitzt der Bürger der Republik Österreich Karl-Joseph Zumbrunnen, der etwas jünger aussieht als Artur Pepa, wenngleich es sich, glaubt man den Angaben in seinem Paß, gerade umgekehrt verhält. Karl-Joseph ist vermutlich der einzige in der kleinen Gesellschaft, der froh ist, daß man sich in dieser Situation so gut wie gar nicht unterhalten kann. Ukrainisch versteht er kaum, mit Russisch geht es ein bißchen besser, aber sprechen kann er eigentlich keine der beiden Sprachen. In unbekannter oder nur halb bekannter Umgebung geruht er deshalb zu schweigen. Er verfügt über eine andere Sprache, ein anderes Organ – seinen Fotoapparat, den er auch jetzt nicht aus der Hand legt und liebevoll auf den Knien hält. Zu allem Überfluß sind seine Brillengläser beschlagen, und er kann die Leute, die ihm gegenübersitzen, kaum sehen.

Und gegenüber sitzen zwei völlig gleiche *Girls*, vielleicht auch *Puppen*, besser gesagt, *Bräute*. Ja, ich habe *gleiche* gesagt, obwohl die eine eine gefärbte Brünette, die andere eine gebleichte Blondine ist. Nein, ihre Gleichartigkeit ist in keiner Weise zwillingshaft, sie sind wirklich unterschiedlich, aber eben trotzdem gleich. Es ist die Gleichartigkeit, die alle Pop-Sternchen, Nutten, Models, Schülerinnen der Abschlußklassen, Fachschulstudentinnen, mit einem Wort alle unsere Zeitgenossinnen praktisch ununterscheidbar macht, denn ihre Gleichartigkeit wurde vom Fernsehen, den Titelseiten der Zeitschriften und von *unserer sowjetischen Lebensweise* geschaffen. Die beiden heißen Lili und Marlen, obwohl ihre richtigen Namen Swjetka und Marina lauten. Jetzt (aber gilt das wirklich nur für jetzt?) denken sie übereinstimmend an nichts, mit dem einzigen Unterschied, daß in Lilis Innerem völlige Stille herrscht, bestürmt von außen durch das Brüllen der Rotoren, während in Marlen irgendwo ein Ohrwurm (»*Azuuro, da ta ta ta ta da ta ta Azuuro dam dam*«) klopft.

Zu ihrer Linken sitzt der schon erwähnte rothaarige Kobold mit betont künstlerischem Äußeren (grob gestrickter Pullover aus dem Besitz einer bekannten Avantgarde-Schauspielerin des deutschen Jugendtheaters, das Hemd eines kurdischen Unabhängigkeitskämpfers und Studenten an der Lemberger Universität, absurde Hose, ich weiß nicht, woher, vielleicht aus Malta, ein Ring im Ohr – alles Weitere können Sie sich denken): es ist der immer populärer werdende (aber wo nur und bei wem?) Clipproduzent und Teledesigner, er heißt entweder Jarema oder Jaromyr (schwer zu sagen, denn er stellt sich immer als Jartschyk vor) Magierski, was die gesamte *Szene* dazu veranlaßt, ihn Magiker zu nennen, während diejenigen, die nicht zur *Szene* gehören, vermuten, daß er in Wirklichkeit *Magórski* heißt, weswegen sie mißtrauisch die Form seiner Nase und die irgendwie *hervorquellenden* Augen betrachten. Diese Augen wendet er entschlossen und verächtlich ab von der *dämlichen Göre* mit ihren plumpen Annäherungsversuchen, die ist ja mager wie ein Fahrrad, und dem Beispiel des von Zeitungsfotos bekannten Schriftstellers folgend (*wie heißt er nur – Biba? Buba?*), vertieft er sich in eine Farbbroschüre der Zeugen Jehovas – »Erweise dich der Erlösung würdig«, die er im Zug bei demselben behinderten

Typen gekauft hat. Aber eigentlich wird er einen Clip drehen. Einen Clip mit Lili und Marlen.

Und endlich noch ein Subjekt – ein ziemlich untersetzter und korpulenter Herr, ja, genau, ein *feiner Herr* – einer von denen, die wie für diese Bezeichnung gemacht sind. Die ausdrucksstarke akademische Fülle und die noble Rundlichkeit seiner Gestalt verweisen auf die Zugehörigkeit zum professoral dozierenden Menschentyp, jedoch nicht in der profanen sogenannten *Gymnasial*-Variante eines Schultyrannen, Einpeitschers und – was soll man es verschweigen – hoffnungslos Korrupten, sondern als klassischer Professor Wien-Warschauer Stils, Professor in der dritten Generation, Kenner von toten Sprachen und Zwischenkriegsanekdoten, höchstwahrscheinlich Angehöriger einer katholischen Lehranstalt oder einer geheimen wissenschaftlichen Gesellschaft. Es handelt sich um Professor Doktor (in Galizien gibt es solche Namen), Forscher der *Alchemie des Wortes*, Antonytsch-Spezialist, auch wenn er selbst gern betont, daß er eher Antonytschianer ist. Mit einem gutmütigen, freundlichen Lächeln auf den dünnen Greisenlippen heftet er von Zeit zu Zeit seinen Blick auf einen der Anwesenden, als wolle er herausfinden, wer von der Physiognomie her am ehesten als Zuhörer (Zuhörerin) der glänzenden Einführungsvorlesung mit lyrischen Einschüben und abwechslungsreicher Intonation in Frage kommen könnte, die nur darauf wartet, von seinen Lippen zu fließen: »Bohdan-Ihor Antonytsch (1909-1937) – Poet, Kritiker und Essayist, Übersetzer und vielversprechender Prosaist – gehört zweifelsohne zu den hervorragendsten Persönlichkeiten in der ukrainischen Literatur der neuen Zeit. Das Erscheinen Antonytschs zu Beginn der dreißiger Jahre *im Herzen* des ukrainischen literarischen Lebens war so erwünscht wie unerwartet. Wegen merkwürdiger und völlig unvorhersehbarer Verflechtungen von persönlichem Schicksal, historischen Umständen und den damit in Zusammenhang stehenden

Aberrationen der gesellschaftlichen Rezeption kann Antonytsch als Dichter gelten, der für lange Zeit aus unserem Gedächtnis gelöscht war. Gleichzeitig war seine Lage zu Lebzeiten aber eher eine günstige. Im Jahre 1928 zieht der vielseitig begabte Jüngling aus der lemkischen Einöde, wo er, in eine Priesterfamilie hineingeboren, aufgewachsen ist, nach Lemberg, dem unumstrittenen gesellschaftlichen und geistigen Zentrum Galiziens, und nimmt dort das Studium an der Universität auf. Sogleich zieht er die Aufmerksamkeit seiner Professoren und Kommilitonen auf sich, denn er legt außergewöhnliche Fähigkeiten und großen Fleiß an den Tag. Schon während des Studiums debütiert er in periodischen Druckschriften als Literat, mehr noch – im Alter von zweiundzwanzig Jahren wird er Autor eines eigenen originellen Gedichtbandes *Grüße an das Leben* (1931). Nach Abschluß der Universität (1933, Philosophische Fakultät, Fachbereich Slawische Philologie) erhält er aufgrund seiner Studienleistungen gleich mehrere Angebote, unter anderem das eines staatlichen Stipendiums in der bulgarischen Hauptstadt. Antonytsch aber wählt den Weg eines freien Literaten. Frei in allen Facetten dieses nicht eben einfachen Begriffs. Denn sobald wir Bohdan-Ihor Antonytsch erwähnen, spüren wir unvermeidlich den mächtigen und magnetisierenden Zugriff des Geheimnisvollen, des Rätsels, des Mysteriums. Noch nicht achtundzwanzig Jahre alt, ging der Dichter in die *bessere der Welten* ein und ließ uns mit einer Fülle von Fragen zurück oder – das trifft es wohl besser – in einem von subtropischen Dünsten erfüllten Raum für Vermutungen und Spekulationen. Die ukrainische Literaturwissenschaft hat dem Problem *Antonytsch und das Andere*, oder sagen wir Antonytsch als *der Andere*, verhältnismäßig wenig Aufmerksamkeit gewidmet, vielmehr alle Anstrengungen auf das Gegenteil konzentriert. Im Folgenden werde ich versuchen, dieses *Anderssein* zumindest teilweise herauszuarbeiten, indem ich es auf den Begriff des Exotischen eingrenze, um das Vorhandensein von Antonytsch selbst in ebendiesem Exotischen nachzuweisen.«

Aber der Professor wird Antonytschs *Anderssein* jetzt nicht weiter herausarbeiten, weil sich der unverhoffte Flug seinem Ende nähert – wie lange hat er gedauert, eine Viertelstunde? – und der Hubschrauber landet, 1876 Meter über Normalnull, am Übergang von der subalpinen zur alpinen, von der alpinen zur tibetanischen, von der tibetanischen zur himalajischen Zone, und das bedeutet: kriechender Wacholder, Latschenkiefern, vom Wind zernagte Felsen, denn hier weht es ständig und aus allen Richtungen, der Mond versteckt sich hinter einem Wolkenfetzen, kommt hervor, um gleich wieder hinter dem nächsten zu verschwinden. Was für ein Anblick: angeführt vom Piloten – Offizierstyp –, bei jedem Schritt tief in den grauen, harschen Schnee einsinkend, den Wind und den wechselhaften Abglanz des Mondes schluckend, ziehen sie im Gänsemarsch den Abhang hinauf, dem gleißenden Licht und dem heiseren Gebell der Hunde entgegen.

Haben Sie schon mal einen Bullterrier bellen hören? Ich habe gehört, wie Rottweiler bellen, manchmal auch Pitbulls. Aber ich bin nicht sicher, ob Bullterrier überhaupt bellen. Knurren – ja, das paßt zu ihnen, aber Gebell? Und überhaupt – wozu brauche ich dort Bullterrier, wozu diese Stereotype? Es gibt dort überhaupt keine Hunde, nicht einmal karpatische Hirtenhunde. Und daher auch kein heiseres Gebell.

Aber gleißendes elektrisches Licht gibt es, Leuchtsignale, *jo bleibt jo*. Ein Hochgebirgspensionat. Nun endlich sind alle acht sogenannten Helden heranmarschiert und warten unschlüssig auf der von warmem Licht erhellten Veranda. Und wenn es gar keine Veranda ist? Sondern ein Empfangszimmer oder ein Kaminsaal mit Hirschgeweihen und Wildschweinköpfen an den Wänden? Nicht zu vergessen das Bärenfell von ungeahnten Ausmaßen, das fast den ganzen Fußboden einnimmt?

Und wie soll ich endlich den Neunten erscheinen lassen, Warzabytsch? Vielleicht in Form einer riesigen Visitenkarte, eines Karten-Bigboards, auf dem schon aus 100 Metern Entfernung zu lesen ist:
Pan Vartsabych, Ylko, Jr., Owner
und auf der Rückseite:
Warzabytsch, Ilko Ilkowytsch, Eigentümer?

> *Muß i denn, muß i denn,*
> *Muß i denn verstehn,*
> *Was nicht alle sehn,*
> *Was nicht alles sehn,*
> *Blut und Haß Öl und Geld*
> *Auf der Welt.*

Denn so erscheint das ganze Imperium mit allen seinen Elementen und Faktoren: eine Kette von Tankstellen, eine Kette von Pensionaten und Forsthäusern, eine Kette von Devisenstuben unter dem Namen »Wechselkurs«, die Firma »Gurt« (ökologische Yogi-Yoghurts), die Firma für alkoholische Getränke »Grüner Drache« (Kräuterliköre für ewige Jugend, Extrakte für ewige Freude, Zahnelixiere), zwei oder drei Zuchtbetriebe mit temporär lebenden Pelztieren, zwei Dutzend Märkte, wo Lebensmittel und sonstige Waren verkauft werden, alle *überdacht*, soll heißen: von einer *Dachgesellschaft* geschützt, noch eine Farm, aber mit Straußen, alles Weitere sind Kleinigkeiten: irgendwelche Landgasthäuser, Schaschlikbuden und ukrainische Schnellrestaurants, Billardcafés, öffentliche Toiletten, Kioske, die transsylvanisches Bier vom Vorjahr und Snickers verkaufen, Sponsoring für Schönheitswettbewerbe und Nachtclubs je nach Bedarf, Kleinsthandel in den Vorortzügen, Wegelagerei, ein Netz von Bettlern in drei Kreisstädten, eine ehemalige Möbelmanufaktur und eine Fabrik für Ozokeritgewinnung, heute Verpackungsbetriebe, dreieinhalb Kilometer stillgelegte Eisenbahnstrecke, ein Stückchen Gas-Pipeline, unterirdische Gasspeicher, Raketenschächte, pilz- und beerenreiche Waldgrundstücke, Flußkiesel, ein Autofriedhof ...

(Das alles ist mit bloßem Auge zu erkennen, aber natürlich muß man die *Sonderwirtschaftszone* berücksichtigen und die Regellosigkeit des Spiels, also die unendlichen Karawanen nirgends registrierter Fernlaster, die nächtlichen Holz- und Zementtransporte, das unaufhörliche Rattern verplombter Züge, das metaphysische Pfeifen der Lokomotiven an den grenznahen Warenumschlagplätzen, die roten und grünen Seraphimenaugen der Semaphoren, die ewige Unruhe, den ewigen Transit in eine einzige Richtung, nach Südwesten, nach Transsylvanien, denn wir befinden uns zwar fast im *Zentrum Europas*, aber aus irgendeinem Grund bleibt uns nur noch Transsylvanien, der einzige noch unversperrte Weg führt nach Transsylvanien, bestenfalls ins – wie Schewtschenko sagt – *marode Warschau*, doch genau genommen bleibt nur Transsylvanien, aber lassen wir das, denn er, Warzabytsch Ilko, Eigentümer, hat es längst geschafft, die Folgen dieser geopolitischen Sackgasse zu überwinden und in andere, auch finanziell märchenhaftere Gegenden vorzustoßen, nach Keksholm, Helgoland und die Inseln hinter dem Winde. Ich persönlich bezweifle übrigens das mit den illegalen Bangladeschis, die unter dem frisch verlegten Boden des Kühlfahrzeugs erstickt sein sollen – das ist doch nichts als üble Nachrede.)

Und jetzt kein Wort mehr.

(Obwohl – man könnte noch von völlig anderen, seltsam esoterischen Geschäften berichten: von der Zucht blühender Farne, dem Sammeln von Meteoritenbrocken, der Jagd auf Gespenster und dem Reinigen altertümlicher Kostbarkeiten von Blut. Denn es gibt zwei gleichwertige Versionen von Ilkos glanzvollem Aufstieg zu den Gipfeln von Geld und Besitz. Nach der einen hat er, damals nicht mehr wert als das Schwarze unter seinen Fingernägeln, rechtzeitig die Inflation genutzt, die ersten fünfzig Silberlinge in einer knisternden pakistanischen Stereoanlage angelegt und in Tschortopil eine Diskothek eröffnet. Nach der anderen Version wurde er, einziger direkter Nachkomme eines mächtigen Räubergeschlechts, in das Geheimnis des größten Schatzes der östlichen Karpaten eingeweiht, aus dem er nun mit vollen Händen schöpft und sich und seinem Lande nichts versagt.)

Wie soll ich ihn jetzt erscheinen lassen, nach alldem, wie soll er nun endlich seinen Gästen entgegentreten, dieser *Dummbatz, Großkotz, Bullterrier, Fressenpolierer, Ganove*, behängt mit Kettchen und Mobiltelefonen? Kurze dicke Finger, kahler Schädel, Ledernacken und maßloser Hintern? Soll er doch seinen Blödsinn faseln zur feierlichen Begrüßung, besser noch: soll er vom Zettel ablesen und über Zeichen und Buchstaben stolpern – über die Helden des Business, die Helden der Kultur, *Larifari-Stradivari, Balla-balla*, soll er sie doch alle duzen, alle *Kerls* vertraulich *Kumpels* nennen (auch den Professor Doktor aus der Zwischenkriegszeit), die Weiber aber keines Blickes würdigen. Doch das wäre nicht er, das wäre nicht mein Held.

Oder vielleicht sollte er sich als Nomenklatura-Söhnchen und Komsomolführer geben, gesellschaftlich aktiv und *forever young*, mit gescheiteltem Haar und schief gebundener Krawatte, sie alle mit seinem provinziellen Glamour blenden, den Äther verschmutzen mit für das normale Ohr kaum erträglichen Floskeln wie *Verehrte Kulturschaffende, liebe Freunde, in diesem für unsere junge Staatlichkeit nicht einfachen ökonomischen Moment ... wir, die vaterländischen Unternehmer und Produzenten ... erwärmen und umsorgen Sie ... karpatische Gastfreundlichkeit ... sibirische Langlebig-*

keit ... schöpferische Kraft ... hören Sie auf die Quellen ... von ganzem Herzen ... Bla Bla Bla Bla – Bad und Toilette ... Frühstück und Mittagessen ... viel Glück und viel Segen? ...
Aber tut mir leid, das ist er auch nicht.

Man müßte vom *Anderssein* ausgehen – dann wird er sich vielleicht als durchsichtiger, kränklicher Halbwüchsiger entpuppen, als Brillenträger mit den Komplexen eines Musterschülers und Wunderkinds, als verderbtes Computergenie, als virtuoser Hacker, als Asthmatiker im Rollstuhl, als ein mit grünem Schleim besudelter irrer Erfinder, als Giftzwerg, Bart bis zu den Knien! Oder sollte er am Ende eine Frau sein, eine Dame, Schlampe, Hexe, eine greisenhafte hakennasige Hure, die sich in ein reizendes Fräulein zu verwandeln vermag und dann in eine Wölfin, eine Krähe, einen Baum, einen Traum...?

Es gibt unendlich viele Varianten, aber nichts davon wird Realität, denn Warzabytsch Ilko, Eigentümer und Sponsor, kommt nicht, erscheint nicht, beehrt uns nicht. Nachdem sich die acht, immer noch peinlich berührt, ein bißchen auf der Veranda oder im Empfangszimmer oder Kaminsaal herumgedrückt haben, verziehen sie sich auf die ihnen zugewiesenen Stockwerke und Zimmer und verschieben die Prozedur des Kennenlernens und Sich-Näherkommens auf morgen und alle eventuellen topographischen Erkundungen auch.

3 Das Gebäude, in das es sie diese Nacht verschlagen hatte, trug seit nicht allzu langer Zeit den Namen »Wirtshaus »Auf dem Mond« – genau so, mit asymmetrischen Anführungszeichen in der Mitte, wurde es geschrieben. Und natürlich kann es hier nicht ohne Vorgeschichte weitergehen, ohne drei Vorgeschichten vielmehr, deren jede unsere besondere Aufmerksamkeit verdient.

Alles beginnt mit der hoffnungslosen und krampfhaften Attacke grauer, verlauster Infanteristen, denen befohlen worden war, ihr Äußerstes zu geben, um den Gegner vom Bergkamm zu vertreiben und die Kontrolle über die strategisch wichtige Hochalm Dsyndsul zu gewinnen. Wir schreiben das Jahr 1915, und jede vom Oberkommando ausgebrütete Militäroperation hat einen starken Beigeschmack von Abenteurertum und Unbedarftheit. Deshalb kommen sie auch fast alle beim Angriff auf die feindlichen Stellungen um, werden von oben systematisch mit Schrapnellen abgeschossen, und ihre Körper rollen sinnlos die Abhänge der Bergwiesen hinunter. Mitten im Gras, das klebrig ist von Blut, liegt einer von ihnen, röchelnd und kurz davor, in die Korridore der Finsternis hinabzustürzen: ein grauäugiger Freiwilliger mit abgebrochenem Hochschulstudium. Als letzte atheistische Vision steht in seinen glasiger werdenden Augen der in Stücke gerissene Himmel und die Gestalt des Engels der Wirbelstürme, der die Wetterwolken zu Haufen zusammen- und wieder auseinandertreibt über diesem verdammten Ort. Kurz davor, ins Nichts zu fallen, sieht der grauäugige Infanterist freilich nicht mehr, wie sich die aus Äther gewobene Figur sanft zu ihm herabbeugt.

Nur ein Jahrzehnt ist vergangen, und fast alles wiederholt sich: Auf dem Rücken in demselben mit alten Patronenhülsen übersäten Gras liegend, schaut der junge Hoffnungsträger der Warschauer Meteorologischen Schule genau wie damals in den zerrissenen Himmel, so lange, bis dieselbe Engelshand sanft dieselben grauen Augen schließt. Im Schlaf schaut er sein Lebensziel.

Man sollte niemals dorthin zurückkehren, wo man einmal gestorben ist.

Die folgenden Jahre verfliegen im Kampf um die Verwirklichung seines Traums. Endlose Sitzungen wissenschaftlicher Beiräte, flammende Vorträge und Berichte, Reisen von Konferenz zu Konferenz, Eingaben an Mitglieder der Akademie der Wissenschaften, wiederholte kräftezehrende Überarbeitungen der Kalkulation, das Sammeln von Unterschriften unter Empfehlungsschreiben aus Stockholm, Paris und London und schließlich eine vertrauliche Audienz bei einem äußerst hochgestellten Staatsmann. All das führte schließlich auf die eine oder andere Weise zu einer positiven Entscheidung; und so hat eines Frühjahrs der Bau wirklich begonnen, Holz, Stein und Metall wurden auf einer eigens angelegten Bahnstrecke durch den Wald bis zum Fuß des Berges geliefert, während auf der letzten Etappe, wo der Abhang zu steil wurde, nur die *Huzulyky* blieben, phantastische Schlepper, anspruchslose Pferdchen, so ausdauernd, daß man mit ihnen alles Notwendige und alles Überflüssige auf den Bergkamm transportieren konnte. Unbestreitbar retteten die lächerlich billigen Arbeitskräfte die Kalkulation. Die Einheimischen verkauften sich genauso unbesonnen und leichtfertig, wie es ihre Nachkommen auf den osteuropäischen Märkten sieben Jahrzehnte später tun würden. Um den Preis unablässig klatschender Peitschen, bis zum äußersten angeschwollener Halsadern und einiger unglücklicher Todesfälle infolge von Verletzungen oder Schnaps, um den Preis unzähliger Machenschaften beim Bau und drei oder vier abenteuerlicher Kompromisse wurde schließlich alles Wirklichkeit: Säle und Zimmer, Büros, ein halbrunder Turm mit Beobachtungspunkten, Laboratorien, eine Funkstation, ein autonomes Elektrizitätswerk und ein Heizsystem mit Warmwasser für Bäder, Waschküchen und Duschräume, und dann auch das absolut *Erträumte*: die Bibliothek, der Tanzsalon mit Grammophonen und Musikautomaten, ein Billardzimmer, ein Wintergarten mit Philodendren, ein Kinosaal und eine kleine Gemäldegalerie, in der gar nicht üble Kopien spätromantischer Alpenlandschaften hingen. All das zusammen nannte sich Wetterstation, und hier herauf zog eines Sommers jener grauäugige Enthusiast und in seinem Gefolge eine ganze Phalanx von Sturmbeobachtern. Es kamen auch Ehefrauen, Kinder und einige Dienstmädchen. Das Leben auf dem Bergkamm sollte normal erscheinen und sich in nichts von dem in Warschau, Krakau oder sogar Lemberg unterscheiden.

Doch das Leben auf dem Bergkamm erwies sich vor allem als windig, und mancher verlor beim Spaziergang auf der alten Militärstraße seinen Hut, den es in den transsylvanischen Abgrund auf der anderen Seite der Grenze wehte. Bemerkenswerterweise ist es nur ihrem jungen Chef hin und wieder gelungen, Patronenhülsen, verrostete Helme und durchschossene, halbverrottete Mützen zu finden – er kannte sich hier aus, wie man so schön sagt. Seine Frau hingegen war unübertroffen im Sammeln von Blumen und Heilkräutern, die dann in zahlreichen Herbarien gelagert wurden. Hinzuphantasieren könnte man noch eine allwöchentliche Idylle, zwei lebhafte Kinder und das Dienstmädchen, das kaum hinterherkam mit Milch und Keksen im speziellen Picknickkorb, aber ich bin mir nicht sicher, ob sie schon Kinder hatten. Hingegen weiß ich genau, daß sie von Vogelschreien begleitet wurden, die der Wind jedesmal in Richtung Tanssylvanien davontrug, genau wie die Hüte oder die weggerissenen Halstücher und Schals der Damen.

Aber waren es wirklich nur Vogelschreie?

Außerdem weiß ich, daß er in diesem ersten Sommer vollkommen glücklich war: auf einem der Weltgipfel zu leben, zu sehen, wie wahrhaft gigantisch dieses Land, das Gebirge, sein kann, den Himmel und die Bewegung der Nebel zu beobachten, detaillierte Aufzeichnungen zu führen und Berechnungen anzustellen, den Donner heranrollen zu hören und wie die Wolkenmassive vom Hagel anschwellen, vorherzusagen, wie sich an ein und demselben Augusttag das Wetter achtmal ändert und alle vier Jahreszeiten sich in verrückter Reihenfolge abwechseln: Sommer, Winter, Herbst, Frühling. Es war gleichzeitig Pflichterfüllung, die Verwirklichung einer Vision und das Wahrwerden eines Traums. Aber war es nicht zuviel für einen einzelnen Infanteristen?

Schon zu Beginn des nächsten Frühlings mußten einige nicht in der Kalkulation aufgeführte Vereinbarungen eingehalten werden. Die Erfüllung solch kostspieliger Träume konnte nicht gelingen ohne die tatkräftige Unterstützung eines Partners, der zu den Mächtigsten der Welt gehörte, wovon auch während jenes vertraulichen Treffens des grauäugigen Idealisten mit dem hohen Würdenträger ziemlich unverblümt die Rede gewesen war. Kurz darauf stattete ein hochrangiger *Vertreter der Regierung des Vereinigten Königreichs* (im Folgenden VRVK) in Begleitung einiger Experten, die für den Monat April schon recht sonnengebräunt waren, der Gegend einen inoffiziellen Besuch ab. Eine Woche später, nach einem Abendessen in einer vor unbefugten Blicken verborgenen Tschortopiler Villa, hatte der wohlig glänzende VRVK zum wiederholten Male das Ende seiner Zigarre in den Cognac-Kelch getaucht, sich eine letzte Pause zum stoßweisen Ausatmen des Rauchs gegönnt und zu den vor Ehrfurcht erstarrten Warschauer Strategen etwas gesagt wie *well, you have convinced me, gentlemen*, worauf er alle entsprechenden Protokolle unterzeichnete.

Die naive Gesellschaft von Wetterbeobachtern wurde in ihrer Hochgebirgsresidenz also noch vor dem Sommer zwar nicht brutal, aber doch sehr machtvoll zur Seite gedrängt. Plötzlich gab es nur noch halb so viele Räume, dafür aber doppelt so viele Bewohner, und diese neuen Bewohner brachten nicht nur modernste Funkanlagen, Trainingsgeräte, zahllose Safes, Schlösser, Lehrmodelle, Munition und fremde Bücher mit (hauptsächlich Lehrbücher für Chiffrierkunst und Russisch, das sie ganz naiv für die Sprache der örtlichen *Ruthenians* hielten), sondern auch etwas anderes, das man *Atmosphäre* nennen könnte. Es war vor allem Unruhe, eine erstickende konspirative Vernünftigkeit, die leicht in befehlshaberische Nervosität umschlug. Die gesamte Belegschaft mitsamt ihren Bediensteten sah sich genötigt, unverzüglich gewisse imperative Verpflichtungserklärungen zu unterschreiben. Dann fand eine strenge Teilung des Territoriums statt, wodurch die Wetterstation einige ihrer Schlüsselpositionen verlor, unter anderem den Turm. Während ihres morgendlichen Lauftrainings entlang des Bergkamms skandierten die neuen Bewohner unverständliche kriegerische Parolen, und die Hälfte des Tanzsalons übernahmen sie als Turnhalle. Es war klar wie Gottes heller Tag, daß sich die Welt auf etwas Entsetzliches zubewegte und jeden Augenblick alle nur erdenklichen Schrecken hereinbrechen konnten.

Das Gefühl, daß alles unwiderruflich den Bach runterging, drang nicht sofort zum Genius der Meteorologie durch. Bis zu einem gewissen Tag versuchte er mit aller Kraft, seine Enttäuschung zu bezähmen und so gut es ging einen *modus vivendi* angesichts des unausweichlichen Übels zu finden. Manchmal gefiel es ihm sogar, in seiner Freizeit mit dem Chef der neuen Mitbewohner ein Fläschchen oder zwei zu leeren und dabei sein Englisch zu üben (von allen drei westlichen Sprachen beherrschte er, als ehemaliger Untertan der Habsburger, diese am schlechtesten). Oder, sagen wir, mit ihm Schach zu spielen – sie spielten ungefähr gleich gut. Außerdem schien ihm, daß die Wirbelstürme und Winde dieselben geblieben waren, daß die Sterne sich wie immer hinter den Wolken am bewegten nächtlichen Himmel hervordrängten und die Vogelschreie genauso verloren und verdammt klangen draußen im steifen Wind.

Aber eines Tages geschah etwas, das ihn zu Boden schmetterte. Entrüstet über eine weitere Verletzung seiner meteorologischen Souveränität, sich auf seine Rechte als Ersteigentümer besinnend oder vielmehr von bösen Ahnungen getrieben, drang er auf das verbotene Territorium vor, wo er die beiden in einer der Kammern entdeckte – seine Frau und den Anführer der Spione – *die Körper ineinander verschlungen* (unser Film wechselt vom wissenschaftlichen ins melodramatische Genre). Nach einigen Tagen (und vor allem Nächten) verließ sie den Ort für immer (vier Huzulen trugen ihr die Habseligkeiten hinterher, als sie die steile Bergwiese hinunterging, zum letzten Mal wehte der weiße Gazeschal zwischen den ersten Bäumen des Urwalds wie die obere Hälfte der auf Halbmast gesetzten Nationalflagge). Vergebens versuchte er, den Ehebrecher zum Duell zu fordern. Statt dessen betrank er sich bis zur Besinnungslosigkeit, sowohl an diesem als auch am nächsten Abend.

Bis zu jenem Tag, an dem der Engel der Wirbelstürme zum letzten Mal auf der Hochalm Dsyndsul erschien, lebte er, mehr schlecht als recht, ungefähr noch ein Jahr. Nun ging wirklich alles zum Teufel, der Schnaps gab nicht, sondern nahm, Hitler zerschlug die Tschechoslowakei, und jede neue Anweisung der Warschauer Führung roch nach Panik und Betrug, zu allem Überfluß hatte er sich offenbar die Syphilis gefangen bei einer seiner fast zahnlosen Gespielinnen. Diesmal hatte der Engel der Wirbelstürme nicht die geringste Chance, obwohl nach dreizehn Jahren alles fast genauso aussah wie damals: dieselbe Bergalm Dsyndsul, dasselbe Gras, derselbe glasige Blick in den Himmel, nur daß er sich diesmal als echter *Freiwilliger* erwies, der gekonnt und vollkommen freiwillig auf sich selbst geschossen hatte.

Es ist anzunehmen, daß es nach seiner *Demission* mit der Wetterstation nur noch weiter bergab ging. Die Meteorologen zerstreuten sich in alle Himmelsrichtungen, zermürbt von der eigenen Nutzlosigkeit oder vielleicht auch nur vom ununterbrochenen Heulen der Winde und von den Vogelschreien. Seltsamerweise begann gleichzeitig auch der Rückzug der benachbarten Einrichtung, als ob sie dieser Ort nur interessiert hätte, so lange man hier mit den Naturgewalten arbeitete.

Die letzten Safes mit den Geheimarchiven und Agentenlisten wurden wenige Tage vor dem 17. September 1939 in

Richtung Transsylvanien abtransportiert. Danach gab es nur noch ein großes und alles verschlingendes Feuer – es brannten die Möbel, der Boden, es schmolzen die Wände, und mit ihnen die Grammophone und Radioempfänger, die unzähligen Herbarien und auch die Lehrbücher der russischen Sprache, obwohl gerade sie jetzt endlich von Nutzen hätten sein können.

Und so endet die erste Vorgeschichte.

Damit aber die zweite beginnen kann, muß die ausgebrannte Ruine der Wetterstation fast drei Jahrzehnte unberührt dastehen. Obwohl »unberührt« zuviel gesagt ist – natürlich wurde sie manchmal benutzt, wenn nicht von zufälligen Wanderern, die vor Hagel und Schnee in den Überresten der Gewölbe Schutz suchten, dann von den Bewohnern aus der Umgegend, die für den eigenen Bedarf alle möglichen Fragmente und Segmente der vergangenen Ganzheit fortschleppten. Was passierte sonst noch? Jemand schürte sein Feuer mit zerbrochenen Möbelstücken, jemand liebte sich auf den verkohlten Rippen der Heizkörper, jemand starb vor Angst, nachdem er Wolfsgeheul und, natürlich doch, die Vogelschreie gehört hatte.

Als jedenfalls irgendwann Ende der sechziger, Anfang der siebziger Jahre eine spezielle *Kommission der Gebietskörperschaft* das Gelände besichtigte, herrschte dort die vollkommenste Verwahrlosung, und unter den Gerüchen dominierten die Miasmen.

Die erwähnte Kommission hatte sich nicht bloß einfach so auf den Bergkamm bemüht: Es war die Zeit der *Aktivisierung der Jugendarbeit, insbesondere mit Minderjährigen*; die Sowjetmacht wandte ihre allerhöchste Aufmerksamkeit zum wiederholten Male der Frage der Freizeitgestaltung der *Kinder der Werktätigen* zu; besondere Bedeutung wurde der sportlichen und physischen Erziehung beigemessen; die olympische Bewegung hatte vom ganzen Land Besitz ergriffen, und überall wurden sorgfältige und aufwendige Suchaktionen nach jungen Talenten für die Olympiareserve durchgeführt. *Unsere* sportlichen Siege kündeten vom allgemeinen Triumph *unserer* Ideen. Klar, daß *wir* auch in den Wintersportarten unübertrefflich waren. In einigen Disziplinen gab es allerdings Anzeichen für eine *gewisse Rückständigkeit*, deren Überwindung man mehrere *erweitere Plenarsitzungen* und Auswahlgremien widmete. Um die Skispringer, von einfallsreichen Journalisten mit dem metaphorischen Namen *unsere Adler* bedacht, war es am schlechtesten bestellt. So befürwortete die Kommission der Gebietskörperschaft, *Entgegenkommen zeigend* usw., ein Internat zur Heranbildung von jungen Skisportlern. Auf daß es eine Pflanzschule unserer unvergänglichen Siege werde. (Tatsächlich gab es Grund für solch hochfliegende Hoffnungen: Die ortsansässigen huzulischen Kinder fühlten sich von früher Jugend an auf Skiern zu Hause und verdienten sich manchmal mit ihren Kunststükken vor allen möglichen auswärtigen Gaffern ein paar Kopeken für Bier und Zigaretten.)

Und obwohl die Landwirtschaft zu dieser Zeit kein einziges fügsames Huzulenpferdchen mehr besaß und die Bahnstrecke schon in den ersten Nachkriegsjahren zu zwei Dritteln demontiert worden war, begann eines Frühjahrs auf der Hochalm Dsyndsul alles von vorne.

Das Bild unterschied sich jedoch vom vorigen. Zum erstenmal tauchen raupenähnliche Monster auf, zum erstenmal macht das Heulen der Motoren dem Heulen der Winde auf dem Bergkamm Konkurrenz; Hauptantriebsfaktor der Bautätigkeit ist allerdings auch diesmal der Schnaps, unterstützt von den kehligen Vorarbeiterflüchen, die der Wind, wie alles andere an diesem Ort, in Richtung Transsylvanien davonträgt.

Zur neuen Wintersportsaison wurde das Internat mit der unterhalb gelegenen, noch nicht fertiggestellten Sprungschanze feierlich eröffnet. Einige Dutzend der begabtesten Kinder nahmen ihre Plätze in den Klassenzimmern und Schlafsälen ein und waren gleichzeitig Nutznießer des autonomen Heizsystems, der Duschräume und der Kanalisation, die nicht ohne Mühe aus den Katakomben der Wetterstationsvergangenheit reanimiert worden waren.

Allerdings unterlief der *Führung der Gebietskörperschaft* ein Fehler, der im Lauf der Zeit fatale Folgen für das gesamte Projekt haben sollte. Aber was heißt Fehler? In Wirklichkeit hatten sie keine andere Wahl – kein *Ortsansässiger* gab den Überredungsversuchen und Drohungen nach, und mancher sprach sogar offen vom *unguten Ort*. So wurde endlich ein gewisser Malafej zum Direktor des Internats bestimmt, ein sommersprossiger, pickliger, absolut jämmerlicher Typ um die dreißig, Absolvent eines Sport-Technikums, gebürtig von irgendwo hinter dem Ural, verhinderter Springer, der seinerzeit den ca. 79. Platz bei der regionalen Spartakiade belegt hatte und sich seitdem mit dem kargen Lohn eines Dorfschullehrers für Leibeserziehung durchschlug; er lebte allein, war schlampig und im großen und ganzen unauffällig, obwohl er sich am Zahltag manchmal schlimm betrank. »Wir Tataren sind hart im Nehmen«, sagte Malafej, als er die Geschäfte in dem abgelegenen Internat in den Bergen übernahm. »Gut, daß es zumindest hier unten bei uns nicht nach Moskowiter riechen wird«, dachte der zuständige Abteilungsleiter, als er Malafej angeekelt die schweißige Hand drückte.

In sicherer Entfernung, hoch über seinem bisherigen total beschissenen Leibeserzieherdasein, im Bewußtsein seiner absoluten, faktisch grenzenlosen Macht, wenn auch nur über Minderjährige, schlüpfte der frischgebackene Schuldirektor atemberaubend schnell in seine neue Rolle. Nach ein, zwei Monaten unentrinnbar satter und warmer Herrschaft über den Zwergenstaat unter den Wolken war die frühere stotternde Verklemmtheit ein für allemal fortgeblasen, seine

Handflächen wurden nicht mehr feucht und seine Ohren nicht mehr rot; seine Stupsnase verwandelte sich natürlich nicht in eine Adlernase, bekam aber einen gewissen vielsagenden Glanz. Diese Metamorphosen hätte man eigentlich nur begrüßen können, wären sie nicht von heftigen Ausbrüchen dessen begleitet gewesen, was die ganzen Jahre tief und unbefriedigt in diesem Männlein gelauert hatte, ohne Hoffnung, sich je verspritzen zu können. So brach Malafejs Stunde an.

Vor allem drang er endlich zu den weiblichen Geschlechtsorganen vor. Nachdem er in nur wenigen Wochen einige unglückliche, wehrlose Lehrerinnen durchgevögelt hatte (ukrainische Sprache, Geographie und Mittelalterliche Geschichte), die ihm vom Schicksal dargebracht worden waren, hatte er sich auf die fast sechzigjährige, nach Kombinationsfetten riechende taubstumme Köchin gestürzt und schließlich auch die letzte Grenze des Erlaubten übertreten, indem er Schülerinnen zu verbotener körperlicher Betätigung zwang. Er benahm sich aggressiv und aufdringlich und stellte fest, daß die beste Methode der Führung die diktatorische ist, weshalb er seine Opfer im Zustand totaler Erniedrigung und Demütigung hielt, ein Ziel, das er durch Kneifen, Faustschläge und mittels aus wer weiß welchem Knast mitgebrachter Handschellen erreichte, meist auf dem Teppich seines Büros, aber auch mitten im Klassenzimmer, auf den Matten in der Turnhalle oder in den unterirdischen Winkeln der Duschräume.

Außerdem hatte er nun dank des neuen Postens die Möglichkeit, unaufhörlich zu saufen, ohne sich auf die Tage der Lohnauszahlung beschränken zu müssen. Zur Befriedigung dieser Leidenschaft benutzte er hauptsächlich Schüler männlichen Geschlechts; er hatte sich so etwas wie eine neue Norm für Langstreckenläufe ausgedacht, bis zur Spelunke bei Kilometer 13 und zurück, *ein Orientierungslauf in schwierigem Gelände, auf die Plätze, fertig, los!* – und es war keinem seiner Zöglinge anzuraten, mit dem *Stoff* später als nach zwei Stunden vierunddreißig Minuten und sechzehn Komma siebenundsiebzig Sekunden zurückzukommen. Dann dachte er sich noch ein erheblich längeres, ein *Halbmarathon*-Training aus – bis zum Laden bei der Bahnstation, wo manchmal populäre Rasierwasser angeliefert wurden (»Schypr«? Vielleicht auch »Träne der Komsomolzin«? Oh, diese Aromen der Kindheit!). Denn den hiesigen Selbstgebrannten konnte Malafej irgendwie nicht ausstehen.

In jeder anderen Hinsicht erging es ihm gut, und als Mitglied der KaPeDeEsU stieg er sogar manchmal, nachdem er ein bißchen ausgeruht, gebadet und sich in eine gewisse Form gebracht hatte, höchstselbst ins Tal hinunter zu den Versammlungen seines Ortsverbandes.

Seine Herrschaft über das Internat und die Welt hätte noch Jahre angedauert, wäre da nicht eine neue Schülerin gewesen, die wegen ihrer guten Leistungen im Skilaufen mitten im Schuljahr aufgenommen worden war. Das Mädchen kam aus einem anderen Gebiet und war traditionell erzogen, in etwa einem Jahr sollte sie heiraten; sie *bewahrte sich*, wie es so schön heißt. Einige Wochen lang konnte sie sich Malafejs immer wütenderen Attacken und Drohungen entziehen (*Die Gebärmutter reiß ich dir raus, blöde Fotze!*), aber schließlich, eines späten Abends, als sie schon nach dem *Rückzugsbefehl* Spüldienst hatte und gerade in der Küche die fünfzig schmutzigen Grießbreiteller abwusch, zwängte er sie in die hoffnungslose Sackgasse hinter der Tür des Speisesaals (ausgestreckte, von Sommersprossen bedeckte Scherenhände, das Klicken des Lichtschalters, ein Gemisch aus Rasierwasser und schlechtem Atem), sie ergab sich, erbettelte flüsternd nur eine einzige Gnade und blieb somit, folgt man den nationalen Anstandsregeln, Jungfrau.

Am nächsten Morgen war sie verschwunden, hatte sich in Wind und Nebel aufgelöst, in Wirklichkeit aber tauchte sie nach fünf Tagen und Nächten zu Hause auf (das ist eine eigene Geschichte: die Fahrt per Anhalter, Nahverkehrszüge, der mit betrunkenen Holzfällern überfüllte *letzte* Autobus), und jetzt brauchen wir uns nur noch ihre Zeugenaussage vorzustellen, zerbissene Lippen, tränenverschmiertes Gesicht, ärztliche Untersuchungen, blaue Flecken am Hintern, Abstrich vom Anus, Protokoll der Verletzungen, Zähneknirschen, Ferngespräche, geschlossene Sitzungen der *Kultusbeamten mit den Rechtsschutzorganen*, das Treffen einer *nicht einfachen Entscheidung* durch die Exekutivgewalt.

Alles nahm wie schon beim ersten Mal ein böses Ende. Spät in der Nacht, bei Schneesturm, dringt in die Gebäude der Schule der Olympiareserve eine ganze Invasionstruppe ein (wie hat man sie hierhergebracht – mit dem Hubschrauber?) – tatsächlich sind es nur drei oder vier kräftige Kerle, sie gehen durch die Korridore, Kabinette, Klassenzimmer, können ihn aber nirgends finden, bis schließlich eines der Kinder ängstlich auf den Keller zeigt, eine verheulte und halbnackte Schickse kommt aus dem Duschraum gerannt, Ströme heißen Wassers fließen über den Zementboden, er verbarrikadiert sich mit einem Spind, sie geben ihm zehn Minuten, sich anzuziehen (*keine Mätzchen, Freund!*), als er aber auch nach zwanzig Minuten nicht freiwillig herausgekommen ist, beginnt der Sturmangriff. In der zweiundzwanzigsten Minute brechen sie in den Raum ein, arbeiten sich durch dichtesten Dampf hindurch, treten auf kaputte Rasierwasserflaschen und finden ihn schließlich in der letzten Kabine, wo alles schon ganz rot ist. Ein zerschlagener Flakon war wie geschaffen dafür, sich die Venen an beiden Armen erfolgreich aufzuschlitzen, und ich wette, seine letzten Worte stammten aus dem Lieblingsfilm seiner Kindheit: *Du kriegst mich nicht, du kriegst mich nicht...*

Damit endet praktisch die zweite Vorgeschichte; überflüssig, zu erzählen, daß das Skiinternat mit der niemals fertig gebauten Sprungschanze bald aufgelöst wurde. Mancher mag sich noch daran erinnern, wie in jener Saison die Führung des Landes die Kehrtwendung vom Skisport zum Rudern und Paddeln vollzog.

Und folglich – wieder Verwahrlosung, Zerstörung und das Wegschleppen von allem, was irgendwie nützlich sein konnte, in alle möglichen Richtungen.

Was die dritte und bisher unvollendete Vorgeschichte betrifft, so mußte noch einmal ein Vierteljahrhundert vergehen – aber nicht nur einfach vergehen. Dieser dritte Teil hätte nie beginnen können, wenn es nicht eine Verkettung phantastischer Kataklysmen gegeben hätte, in deren Folge im von der Hochalm Dsyndsul weit entfernten Berlin die Mauer fiel. Die osteuropäische Landkarte wurde, was Farben und stellenweise auch Konturen anging, radikal verändert, und in dem jungen Staat Ukraine tauchte ein *neuer Menschentyp* auf, dem sich, eng wie ein Nadelöhr, die Möglichkeit eröffnete, sehr schnell und vorbehaltlos zu Geld zu kommen. Die revolutionären Umwälzungen waren kaum vorüber, da drehte sich Mitte der neunziger Jahre das Rad von neuem: Verträge, Zertifikate, Hypotheken, Wertpapiere, Aktien, einige ephemere Banken, Trusts und Holdings und ein völlig unbekannter Bürger namens Warzabytsch, I. I., der sich das alles schnappt, fast für umsonst, aber wen interessiert das? Gut, daß sich so einer gefunden hat, wunderbar, daß er es sich geschnappt hat, denn was wäre sonst in dieser Nacht aus meinen *Helden* geworden? ...

So wurde die bewußte Anlage mit Turm und verglasten Balkonen auf allen drei Etagen in nur zwei oder drei Monaten wiedererrichtet: finnische Metallziegel, deutsche Regipswände, Zierkacheln aus Spanien, Parkett aus Italien, Sanitäranlagen aus den Emiraten, nein, Entschuldigung, Parkett aus den Emiraten und die Sanitäranlagen aus Belgien, natürlich exklusive Heizkessel, Kupferrohre, Wasser, Feuer, Laminat,

Thermofenster und Dachfenster zu dreihundert Dollar das Stück, und all das zusammen erhielt den Namen Pensionat »Wirtshaus »Auf dem Mond« – genau so, mit asymmetrischen Anführungszeichen in der Mitte, wurde es geschrieben.

Wie Sie sehen, ist diese dritte Vorgeschichte ganz kurz, wenn auch noch unvollendet.

Inzwischen ist es Morgen geworden, und es wird Zeit, Zumbrunnen zu wecken. Wir brauchen ihn, um das Innere des Gebäudes zu besichtigen, solange die anderen noch schlafen. Wollen wir hoffen, daß sein kurzsichtiges Auge aus professionellen Gründen aufmerksamer ist als viele andere hier anwesende Augen. Deshalb lohnt es sich, gerade ihn zu wecken. Aber wie?

Karl-Joseph Zumbrunnen wurde aus dem Schlaf gerissen, weil hinter der Wand unzweideutig und laut – wie soll man sagen? – Liebe gemacht wurde. Dabei erreichte eine weibliche Stimme derart durchdringend hohe Frequenzen, daß es unmöglich war, sich die ganze Unerschöpflichkeit ihrer Leidenschaft auch nur vorzustellen; ab und zu schloß sich ihr eine zweite an – ebenso zur Raserei getrieben. Die männliche Stimme hingegen ließ keine klaren Rückschlüsse zu; ein zweimaliges zufriedenes kehliges Murmeln war zu hören, dann schienen alle in jenem Zimmer vorhandenen Möbel – nicht nur das in ein Trampolin verwandelte Bett – in einem gemeinsamen, sich beschleunigenden Rhythmus emporzuhüpfen. Ratlos, was er mit seiner unwillkürlichen Erektion anfangen sollte, stellte Karl-Joseph fest, daß hinter der Wand keinesfalls das Zimmer des Ehepaars Woronytsch-Pepa sein konnte, ein Gedanke, der ihn merklich erleichterte. Ja, er war völlig sicher, daß Pani Roma und ihr Mann ein Zimmer bekommen hatten, das erstens zwei Türen weiter lag und zweitens auf der anderen Seite. So kam er, nachdem er sein Gedächtnis erneut angestrengt hatte, zu dem nicht sehr realistischen Schluß, daß der erwähnte Klangzauber aus dem Zimmer des uralten Professors Doktor herüberwehte. Ohne weiter nach einer Erklärung für dieses Phänomen zu suchen (die Erektion ging nicht vorüber), drehte er sich von der Wand weg, als das Ganze plötzlich in einem wirbelsturmartigen Orgasmus endete, beide Stimmen zum letzten Mal im Duett erbebten und danach alles in Totenstille versank, auch die Möbel.

An Schlaf war nicht mehr zu denken. Seine entzündete Phantasie veranlaßte Karl-Joseph, sich zu erheben, die notwendigen Prozeduren auszuführen (die Erregung ließ erst unter der kalten Dusche nach) und das totenstille Gebäude zu erkunden. Nach etwa zehn Minuten trat er auf den Flur und horchte erst einmal eine Weile an der Tür des Nachbarzimmers. Aber die Stille darin – wie übrigens überall – war so tief, daß man sich unwillkürlich einen Todesschlaf vorstellte, der das unbekannte Paar auf dem Gipfel der Leidenschaft befallen hatte. Ein ähnlicher Fall ist bei dem Dichter Antonytsch beschrieben (vgl. »Ballade vom Tod in Blau«), aber Karl-Joseph wußte nichts davon. Genausowenig wußte er, ob es sich hier wirklich nur um ein Paar gehandelt hatte.

Alles, was Zumbrunnen sah, als er so im Haus umherstreifte, von Stockwerk zu Stockwerk, von Flügel zu Flügel, durch große Säle und kleine Kammern, hinterließ in ihm den Eindruck einer seltsamen Vermischung der Zeiten, als ob ganze Stücke früherer Existenz unentwegt auf sich aufmerksam machen wollten, indem sie sich ausdrucksstark in die Gegenwart verkeilten – sei es ein unverputztes Stück Mauer aus Vorkriegsziegeln SERAFINI, sei es ein großflächiges Mosaik-Panel, das sowjetische Kosmonauten und künstliche Satelliten zeigte. Mal erschien in einer Nische völlig unerwartet eine in ihrer Unverhülltheit schamlose österreichische gußeiserne Badewanne mit Hähnen, die sich nobel grünlich gefärbt hatten. Mal verblüffte ein phosphoreszierender Hirsch – Gipfel der dekorativen Vorstellungskraft der sechziger Jahre, aber lebensgroß – auf seinem aus geschliffenen Flußkieseln zusammengesetzten Postament.

Das zweite, was ins Auge fiel, war die unheimliche Anhäufung von Dingen, wobei alles, was einem begegnete in diesen Zimmern, Fluren und auf den Treppen, denselben Stempel einer chimärischen Koexistenz gleich mehrerer Schichten von Gebrauchsgegenständen trug: Es gab irgendwelche Computer, Kopierapparate, Faxgeräte, Drucker, Simulatoren und Synthesizer, mit Kabeln umwickelte Stimulatoren und Sublimatoren, einige von ihnen vollständig ausgeweidet; luxuriöses Laser-Digitalgerät fand Verstärkung durch ihrem Schicksal überlassene Videokameras, *Heim-Kinos*, Satelliten- und einfache Antennen, Fernsehgeräte unterschiedlicher Generationen, Stereoanlagen mit Karaoke und ohne, Monitore, Vakuum-Cleaner, Küchenmaschinen, hier und da lagen diverse Fernbedienungen herum und andere Kleinigkeiten wie Modems, Nester, Halogenleuchten, Radiosender, Ladegeräte, CD-Player, Tetrisspiele, Mobiltelefone und dazu passende Wanzen; diese ganze Vielfalt ging unmerklich in Ausschweifung über, denn es fanden sich auch absolut überflüssige Depilatoren, Massage-Vibratoren, Ejakulatoren, Potenzmesser mit Elektroschock-Tentakeln, Nachtsichtgeräte, Automaten zum schnellen Erregen, Aggregate für maschinelles Melken, und dann schon völlig außer Rand und Band: Cocktail- und Tonmixer, Toaster, Buster, einzelne Winchester, Mini-Boden-Luft-Boden-Systeme, Föne für Achsel-, Scham- und Schamanenhaar – nicht verwunderlich, wenn auch der Koffer mit dem Atomknopf zufällig irgendwo herumgelegen hätte; dabei war dies höchstens ein Drittel von allem, denn es gab dort auch Teller, geschnitzte, aus Metall und Keramik (Farben: Gelb, Grün, Brünett), Handbeile und gehämmerte Klingen, Schlapphüte, Flinten und Gürteltaschen, lackierte Holzadler, Bären, Wölfe, Wildschweinköpfe aus Plexiglas und ausgestopft, bestickte Hemden, aus Glasperlen gewebter und gewöhnlicher Halsschmuck, Pferdchen und Einhörner aus Käse, Störche in ihren Nestern, Fledermäuse, hölzerne Schlangen aus biegsamen Bohlen, Maultrommeln, Pauken und Trompeten, Bachmetjuk-Kacheln, Hirtentaschen, Schalmeien, Kugelschreiber mit erigierten Huzulen, Panflöten, Flöße, mit Flußkieseln und Muscheln besetzte Schatullen, Schafspelze, Festgewänder, Ketten, Kappen und Kapuzen, chinesische Trainingsanzüge »Adidas«, Bastschuhe mit den dazugehörigen Hosen, Scheren zur Schafschur und Scheren zum Kastrieren von Ebern, wollene Bettdecken (Farben: Grau, Schwarz, Himbeer), Jelzin-Matrjoschkas, bemalte Ostereier mit kosmischer und olympischer Symbolik, in Kreuzstich gestickte Portraits vom heiligen Juri, Juri Fedkowytsch, Iwan Franko und dem amtierenden Präsidenten, Ton, Steine, Scherben, zerbrochene Krüge, weiter oben schon als »Keramik« erwähnt, eine Skulpturengruppe »Kommissar Rudnjew verbrüdert sich mit General Schuchewytsch« – kurz, es entstand der Eindruck, als sei das gesamte Museum für huzulische Kunst zusammen mit dem Kosiwer Basar hierher verbracht worden; damit aber nicht genug: Es gab auch arabische, türkische und Samurai-Schwerter, Drachenzähne, Gemälde von Fragonard (Originale) und ungefähr ebenso viele von Frauenhofer (Kopien), Elefanten- und Mammutstoßzähne; versteinerte Schreckschnecken aus dem Mesozoikum, als hier noch Meer war; in Fraktur gedruckte alte Bücher über Kabbala und Ballistik, Alraunwurzeln, zusammen mit Lazerten und Salamandern in Selbstgebranntem eingelegt; Harn- und Mondsteine, venezianische Spiegel und Lüster, Feuernelken, Chalzedon, eine Feder des goldenen Vogels, Eier des Archeopterix, ein Set silberner Kugeln, über welche sieben katholische Priester, sieben Popen und sieben Rabbiner die notwendigen Gebete gesprochen hatten; spanische Duell-Pistolen »Duende« (jede in einem eigenen Etui), Fleischermesser, Stilette, Brasselette (im direkten wie im übertragenen Sinne), Amulette, Arbalette, Ballettröckchen, Klageweiber, Badeleiber und Wadenbeißer aus Gips, Pornographie in Ölfarbendruck aus viktorianischer Zeit, Urnen mit den Überresten von wer weiß wann und warum verbrannten Herren und Damen, eine bescheidene Sammlung von Schädeln als Trinkgefäße für Rotwein, Popanze, Puderquasten und Blasebalge, das Fell von King Kong, Engelshaar und Hühnerkrallen sortiert und außerdem unzählige andere Denkmäler der materiellen Kultur der Vergangenheit.

Der zweite Umstand, der auf Karl-Joseph während seines Rundgangs großen Eindruck machte, hatte mit den Türen zu tun, aber weniger mit ihrer unermeßlichen Anzahl, dazu bestimmt, von entsprechend vielen Räumlichkeiten und Korridoren zu künden, als vielmehr mit den Aufschriften. Mehr noch, im ganzen Gebäude gab es keine zwei Türschilder von gleicher Ausführung – als habe man sie einfach überall dort abgerissen, wo es sie gab, und dann hierher an diesen seltsamen Ort gebracht; das komische Gefühl von Chaos verstärkte sich also nur noch und trieb den ziemlich verunsicherten Karl-Joseph in eine Sackgasse fruchtlosen Umherirrens und ebensolcher Vermutungen.

Eine gewisse Anzahl von Schildern (PROZEDUREN, DIENSTHABENDER PROKTOLOGE, PROSEKTUR) verwiesen wohl auf die gegenwärtige Nutzung der Anstalt als Sanatorium und Gesundbrunnen, einige machten überhaupt einen universalen Eindruck und ließen keinerlei Rückschlüsse zu (ERSTER STELLVERTRETER, KANTINE, VOGELSCHLACHTEREI, AKKUMULATORENRAUM, ABTEILUNG FÜR BESCHWERDEN UND BESPITZELUNGEN), wieder andere hatten einen in diesem Land üblichen hinweisend-ordnenden Charakter (RESERVIERT FÜR ABGEORDNETE, RAUCHEN VERBOTEN, ISOLIERSTATION, KEIN ZUTRITT). Aber wenn man sich all dies auch noch irgendwie erklären konnte – völlig unverständlich waren die Aufschriften TRAUERZIMMER, LETZTES ABENDMAHL oder ZUM TUNNEL. Es fand sich auch Übermütiges: FRÜHLINGS-BILLARDZIMMER, SCHWEIGEKAMMER DER LÄMMER, RAUM DES LACHENS Nr. 6.

Karl-Joseph war schon fast bereit zu glauben, daß all diese Mißverständnisse von seiner unzulänglichen Kenntnis der hiesigen Sprache herrührten – eine im Grunde glaubwürdige Version, wären hier nicht auch Schilder in bekannteren Sprachen herumgegeistert: FUCKING ROOM, RED ARMY OF THE UNIVERSE, DO NOT MASTURB' PLEASE, dann kamen EXQUISITE CORPSE, ETERNAL DAMNATION, HELLFIRE, KISS OF DEATH, TORTURES NEVER STOP (unwillkürlich erinnerte er sich an blutig-schwarze Plattencover aus der Zeit, als er aufs Gymnasium ging und fanatischer Heavy-Metal-Fan war, aus den Tiefen der Erinnerung tauchte fast von selbst eine erste Schlampe mit blutroten Lippen und totenbleichem Face auf), das Weitere stand dem in nichts nach – DANSE MACABRE, SUICIDE REHABILITATION, einfach nur THE DOORS, aus irgendeinem Grund in der Mehrzahl, und dann noch: ERSTE ABTEILUNG, KADERLEITER, VISEN UND REGISTRIERUNG, ACHTUNG SCHEISSE, TREFFPUNKT DER VAMPIRE, das nun schon völlig unangebrachte LOKALBAHN NACH BADEN (mit Pfeil zum Keller) und das grenzenlos alogische DAMEN-PISSOIR ...

Nach alldem zog es ihn so schnell wie möglich hinaus ins Freie, wie durch ein Wunder gelangte er auf die Veranda, wo er ihre in der Nacht aufgestapelten und bis jetzt noch nicht ausgepackten Koffer, Reisetaschen und Rucksäcke entdeckte; nachdem er sich ungefähr dreizehn Minuten mit dem Schloß der Eingangstür abgemüht hatte, gelangte er endlich auf den noch gefrorenen Abhang unterhalb der Freitreppe, wo er sich mit dem Gedanken beruhigte, daß er schließlich sein Zimmer ohne Brille verlassen und sich also das meiste wohl nur eingebildet hatte.

Und jetzt geht er entschlossen bergab, die Luft mit den Armen zerteilend, an einer glitschigen Stelle verlangsamt er seinen Schritt, sieht sich um und sucht zwischen den ersten Wacholdersträuchern einen Pfad ins Tal, wo es nicht mehr diesen Wind, diese Kälte und diese Vogelschreie geben wird, wo schon seit einigen Wochen der Frühling regiert. Karl-Joseph geht zum ersten, aber nicht zum letzten Mal diesen Weg.

Und wir sollten ihm folgen, wenn wir die Gegend ein wenig kennenlernen wollen. Hinter uns befinden sich der Bergkamm und die transsylvanische Grenze, vor uns, vielmehr unter uns, ist der Frühling, der alle hundert Meter mehr wird, da atmet er schon aus den glänzenden Steinen auf der alten Militärstraße, und dann ruft er sich durch den Duft erwärmten Wacholders in Erinnerung. Steine, Wacholder, Zwergkiefern und dann frisches, schon diesjähriges Gras. In ein, zwei Wochen, am Tage des heiligen Georg, müßte nach alter Tradition der Almauftrieb beginnen. Aber er wird nicht beginnen, denn die Hirten und ihre Herden kommen niemals auf die Hochalm von Dsyndsul. Und wahrscheinlich ist deshalb das Gras hier am süßesten.

Wir lassen die geduckte Anlage der nie zu Ende gebauten Sprungschanze ungefähr zweihundert Meter entfernt rechts liegen; Karl-Joseph Zumbrunnen merkt sie sich als Objekt für den geplanten Masochismus-Bildband vor: verrostete Stufen hinauf zur Plattform, jede zweite herausgebrochen, und eine Abfahrtsrinne mit völlig zerstörtem Belag.

Weiter unten beginnt der Urwald, der nicht von Menschenhand, sondern vom Gegen-Geist gesäte Wald. Karl-Joseph Zumbrunnen d. Ä., verdienter kaiserlicher Förster, hatte damit gar nichts zu tun, doch es war ihm immerhin gelungen, sich vom Gegen-Geist (der Natur?) abzuschauen, wie man in diesem Land Bäume pflanzen muß.

Auf der Höhe des Urwalds, in den Karl-Joseph Zumbrunnen d. J. nach einiger Zeit eintritt wie in eine riesige Bahnhofshalle, wird der Weg immer flacher, manchmal verläuft er sogar eben, dafür gibt es alle möglichen Hindernisse: von Fliegen bedeckte riesige Pfützen, umgestürzte Bäume, zackige, steinhart gewordene Spurrillen von Raupenfahrzeugen (wurde hier im letzten Sommer etwa noch gearbeitet?), dann der liegengebliebene Traktor selbst, ohne Hoffnung auf Heimkehr – wenn der im Sommer mit Gras, Lianen, Blumen zuwachsen würde, käme ein brauchbares Foto für eine Kitschpostkarte heraus! –, dann taucht irgendwoher Stacheldraht auf, Überreste von Pfählen, bemooste Schranken, Schilder aus Sperrholz mit warnenden Verbotssymbolen, aber nur wir, Sie und ich, nicht jedoch irgend so ein Fotografen-Spion, dürfen die aufgelassenen Raketenschächte in der Nähe erahnen, die nach Pilzen, Urin und völliger Geheimhaltung riechenden Krater, aufgerissenen Schaltpulte und auf dem Grund zerschellten Bierflaschen.

Aber nicht nur das. Hier, ganz in der Nähe, gibt es noch ein anderes unterirdisches System, seinerzeit nicht weniger geheim: die Bunker der Ukrainischen Aufstandsarmee. Der letzte wurde irgendwann Anfang der fünfziger Jahre von den Sowjets mit Granaten gefüllt, und niemand kam mehr heraus. Granaten klingt einfach nobler als Nervengas.

Und dann taucht ein weiteres Rudiment auf – Eisenbahnschienen, vielmehr ein absurder Rest, ein abgebrochenes Stück, von nirgendwo nach nirgendwo, ohne Anfang und Ende, wie geschaffen für Schlangen, die gewöhnlich am 7. April tagsüber erstmals auf die Schwellen kriechen und dann bis tief in den Herbst hinein zwischen ihnen leben. Karl-Joseph weiß nichts von diesem Schlangenbrauch, deshalb riskiert er jetzt viel, wenn er auf die Schwellen tritt, ohne vor sich auf den Boden zu schauen. Diesmal wird ihm, als ausländischem Gast, noch verziehen, und er geht, ohne Schaden zu nehmen, über die unsichtbaren Reptilien hinweg, zufällig seine Füße genau richtig setzend und ohne dem aufgebrachten Zischen da unten besondere Beachtung zu schenken.

Dieses Eisenbahn-Rudiment gehört jetzt, wie alles andere im Wald, Warzabytsch, aber niemand weiß zu sagen, wozu er es braucht. Vielleicht einfach nur so?

Die Schienen enden an einem Steinwall, und so muß sich Zumbrunnen eine Zeitlang durch Haselgestrüpp hindurchschlagen auf der Suche nach dem Waldweg, den er so leichtfertig verlassen hat. Hätte er ihn gefunden, wäre er direkt zur Flußaue gelangt, zu der schon vollkommenen Weide jungen Grüns, noch gezeichnet vom kürzlichen Hochwasser, mit Fallen aus Schlamm und Lehm, der unter seinen hochwertigen groben Stiefeln schmatzt.

An ihnen, diesen Salamander-Stiefeln, und an seiner tolpatschigen Unzugehörigkeit, wie nicht von dieser Welt, erkennen sie ihn auch – drei oder vier Jugendliche in alten, an den Ellenbogen aufgescheuerten Pullovern und weiten Flanellhosen, die bis zu den Knien in Gummistiefeln stecken; schmutzig und laut verstellen sie ihm den Weg, entlaufen aus ihrer verräucherten Holzhütte etwas weiter oben am Fluß, sie beginnen, sich von allen Seiten an ihn zu hängen, die entfernten Nachkommen verurteilter Brahmanen mit indischen Ringen in Ohren und Nasen, sie betteln in allen Sprachen dieser Gegend (*gimme, gimme some money, sir, gimme some candy, some cigarette, gimme your palm, your soul, your body!*) okey, okey – nicht auf englisch, das ist zu dick aufgetragen, aber in allen anderen Sprachen, das heißt mit vielen Wörtern aus vielen Sprachen einschließlich Sanskrit. Sie begleiten ihn bis zur Brücke, denn er geht nun doch Richtung Brücke (wo auch der Waldweg endet), und er denkt, daß sie dem Alter nach seine Kinder sein könnten, gibt ihnen aber trotzdem keinen einzigen Escudo, nur ganz am Ende fünf Hrywna.

Als er seinen Fuß auf die Brücke setzt, bleiben sie zurück, ohne einen weiteren Schritt zu tun, denn dorthin, über die

Brücke, dürfen sie nicht, dort liegt die verbotene Welt: die mit Schlaglöchern übersäte Chaussee, hinter der sich eine im Sommer ganz mit Kletten zugewachsene Schlucht befindet, und auf dem Boden dieser Schlucht – Dutzende von alten zerschellten Autos, es ist eine Art Autograb, Endstation für Dutzende von Getrieben und Karosserien, verrosteten »Rolls-Royce«, »Mercedes« und »Volkswagen«, ganz zu schweigen von »Ladas« und »Škodas«, und all das gehört auch ihm, Warzabytsch, obwohl niemand weiß, wozu seine Leute all diesen Schrott herschaffen. Also, die Schlucht, und dann zweigt ungefähr auf der Höhe der Brücke von der Chaussee noch eine Straße ab, genauer ein Weg oder sogar der WEG, so ein Holzfällerpfad, der sich am Bach entlang bergauf schlängelt, höher und höher, aber nicht diesen Weg nehmen, nein, nicht, bloß nicht, denn dort ist das endgültige Ende, Kilometer 13, eine Sackgasse mit der letzten Kneipe der Welt. Für Holzfäller und Mondsüchtige.

Die Jugendlichen lassen von ihm ab und bleiben auf ihrem grünen Wiesenstreifen zurück. Sie dürfen nicht auf die andere Seite des FLUSSES, aber auch in den Wald dürfen sie nicht. Und so existieren sie hier, zwischen zwei verbotenen Territorien, auf der schmalen Lichtung zwischen dem Schrecken, der war, und dem Schrecken, der kommen wird.

4 Erst in seinem siebenunddreißigsten Jahr merkte Artur Pepa, daß er ein Herz besaß. Alles begann damit, daß er nachts aufwachte, noch halb verfangen in den zerrissenen Netzen der Träume, und plötzlich mutterseelenallein vor einer zähflüssigen schwarzen Leere stand. Seine andere Hälfte war wach und sich des Schwebens im Hier und Jetzt bewußt, doch davon wurde ihm nicht besser. Er beschloß, dem Alkohol die Schuld zu geben. Das verdammte Herzrasen meldete sich nämlich gern nach besonders langen *Karnevals* und

Jams, wenn er auf dem Kopf ging und die Abgründe durcheinanderwarf. Es reichte, am Nachmittag entschlossen zu beginnen (*zweimal hundert Gramm, Tomatensaft, was zu knabbern*), abends so richtig in Fahrt zu kommen (*moonlight and vodka, take me away*) und schließlich bis zum Morgengrauen in der erstbesten Kaschemme zu versacken, wo er mit Schwung die Flaschenreste kippte und alle Zigarettenschachteln plünderte (*wer rennt denn immer in die 24h-Läden, ich etwa?*) – ja, es reichte, mal wieder all diese 24h-Etappen absolviert zu haben, und schon war *es* eisern und unerbittlich am nächsten Tag wieder da. Jemand hat gesehen, wie er im Kaffeehaus ohnmächtig wurde, wie ihm die Zigarette in die Tasse fiel, wie kreischend – Metall auf Steinfußboden – der Stuhl wegrutschte. Er selbst sah nichts, war einige Minuten lang in Einsamkeit und Isolation gefangen auf dem Grund eines dichten, sich eintrübenden Schimmers und monotonen Geläutes (es wird doch nicht etwa *dort* auch so sein, dachte er hinterher, nur trüber Schimmer und monotones Geläut?). Ja, damals wurde es offensichtlich – wie der Schweiß, der ihn bedeckte, als *es* von ihm abließ.

Offen gestanden war der Zwischenfall im Café nicht der erste. Artur Pepa gewöhnte sich allmählich an diese Zustände und begann sogar, sie zu lieben – mit jener Hingabe, mit der er sich auch in die betörende Gefühlsverwirrung beim Übergang vom nüchternen in den betrunkenen Zustand stürzte. Irgendwie fand er Gefallen an diesem plötzlichen Aussetzen des rasenden Herzens, dem würgenden Pochen im Hals, der eisernen Hand, die mit vogelfängerischer Geübtheit zupackte und nicht wieder losließ. »Gut, daß es so und nicht anders gekommen ist«, redete er sich manchmal ein. »Jetzt weiß ich wenigstens, was mir bestimmt ist. Plötzlicher Herzstillstand ist nicht die schlimmste *Variante*, es hätte etwas viel Schleichenderes und Zerstörerischeres sein können.« Und er kramte in seinem Gedächtnis nach anderen *Varianten*: das

Wuchern amöbenhaft-unförmiger Geschwülste im Körper, durch Immunschwäche hervorgerufene Metamorphosen, das schreckliche und peinliche Absterben der Muskeln oder das erbarmungslose Abgleiten in den vegetativen Abgrund Alzheimers – nein, sein Los war eindeutig das bessere. Trotzdem: Wenn sich nachts, irgendwann zwischen zwei und vier, die Arythmie unaufhaltsam näherte, bekam er Angst. Angst, sein Herz würde es nicht aushalten und zerplatzen – nicht, weil es das nicht aushalten könnte und zerplatzen müßte, sondern aus Angst davor, es nicht aushalten zu können und zerplatzen zu müssen. Mit anderen Worten: Er hatte Angst vor der Angst.

Bekanntlich sind Gedanken an den Tod unmißverständliche Symptome einer Lebenskrise. Arturs Krise hätte man mit jener gefährlichen Alterszone erklären können, der er sich näherte. Aber diese Zone ist nichts Isoliertes, für sich gesehen hat sie keinerlei Bedeutung.

Hingegen waren mehrere seiner Veröffentlichungen mit Pauken und Trompeten durchgefallen, was Publikumslieblingen stets dann passiert, wenn ihr freies Flottieren nicht mehr länger nur ihre innere Angelegenheit ist. Das Bewußtsein, daß man ständig etwas von dir erwartet, dieser liebendungeduldige, permanente Druck von außen zwingt dich zur Eile, zwingt dich dazu, dich selbst zu verlieren. Für Artur Pepa war das Schlimmste nicht, daß er in den letzten Jahren für jede veröffentlichte Geste (und Schreiben war für ihn zuerst und überhaupt Gestikulieren) eine Rekordzahl negativer Rezensionen eingefahren hatte. Nicht der Rede wert, Oberfläche, vorübergehende Trübung, im Grunde nur der Beweis für die sonderbare Liebe von Naivniks, Neidern und kleinen Intriganten, wies Artur sie zurecht (so dachte er wenigstens). Aber da war noch etwas anderes: Das Schreiben befriedigte ihn nicht mehr. Am einfachsten ließ es sich damit erklären, daß er, wie jeder Narziß, geradezu krankhaft auf Begeisterung und Anerkennung angewiesen war. Ohne sie verlor Artur seine Leichtigkeit. Er hörte auf, sich selbst zu gefallen, und das schlug sich auf das Geschriebene nieder. Mit anderen Worten, erst in seinem siebenunddreißigsten Jahr merkte Artur Pepa, daß er nicht gerne schrieb, daß er diese Beschäftigung in Wirklichkeit regelrecht haßte, daß sich sein Schreibtisch unvermeidlich in einen Ort entsetzlicher psychischer Tortur und brennender Schande verwandelte aufgrund dessen, was schließlich auf dem Papier stehenblieb. Mal stockte er beim zweiten Satz, mal schon beim ersten, unfähig, fortzufahren und sich irgendwie zu befreien, den Dämon der Sprachlosigkeit auszutreiben. Als Ergebnis eines außerordentlich kräftezehrenden dreistündigen Kampfes um einen einzigen Satz blieb vielleicht etwas übrig wie »Der Frühling bewirkt bei den Frauen eine vorübergehende Verschlechterung der Haut«. Manchmal war er allerdings auch schon zufrieden, wenn er »Sein blödes Hirn spritzte in alle Richtungen wie Vogeldreck« geschrieben hatte. Vielleicht, so beließ er sich die Andeutung einer Hoffnung, schreibe ich jetzt mühsamer, dafür aber besser? Vielleicht bedeutet Schreiben wirklicher Literatur das Eintauchen in die Tortur? – es schüttelte ihn wegen des unpassenden, miesen Reims. Wenn ich nicht schreiben könnte, würde ich das Feld bestellen, parodierte er mehr, als daß er zitierte, und die ganze Gesellschaft brach in brüllendes Gelächter aus. Sie verstanden etwas vom Zitieren. Sie verstanden auch etwas von ihm, Artur Pepa.

Zweifellos überschätzte er die öffentliche Aufmerksamkeit, ja schlicht das Interesse an seiner Person. In Wirklichkeit berührte es kaum jemanden, was dieser Hornochse da vor sich hin schrieb, diese ganze schmerzhaft auf ihn eindringende gewaltige Energetik bildete sich Artur Pepa wohl eher ein, als daß er sie wirklich spürte. Wozu denn auch, zum Teufel, Literatur mit ihrer aufgeblasenen, selbstbezogenen Kleinkrämerei! Wozu der beschissene Dienst am Wort! Ging es doch um viel realere und gewichtigere Dinge.

In seinem siebenunddreißigsten Jahr spürte Artur Pepa plötzlich, wie der Tod ihn im Walzerschritt umkreiste. Es passierte in seiner nächsten Umgebung, war mit Händen zu greifen: Verwandte, Bekannte, Bekannte von Bekannten starben oder verunglückten, und die Notwendigkeit, ungefähr zweimal im Monat auf eine Beerdigung zu gehen, als Sargträger zu fungieren, Kränze niederzulegen und sich auf Totenfeiern zu bekreuzigen, all das mußte ja wesentliche Zentren seines – seien wir nachsichtig! – kapriziösen, übersensiblen »Ichs« lahmlegen. Von ihm, dem Tod, war das alles um so abscheulicher, schien es doch, als wollte er Artur Pepa die Libertinage heimzahlen, die er sich in seiner frühen Jugend erlaubt hatte. Damals, in einem jener berauschenden Frühlingsmonate, als die Haut der Frauen noch nicht verdarb, hatte Artur fast unbewußt die verantwortungslosen und pathetischen Worte geschrieben: »*Kein Wort vom Tod. Er ist nur eine Form / mit ew'gem Inhalt: Leben, Hummeln, Tau.*« Der Tod hatte ihm das nicht vergessen, Arturs Namen ins Kerbholz geschnitten, und jetzt schleuderte er ihm sein *das sollst du mir büßen* entgegen.

So bereitete der Tod ihm sein siebenunddreißigstes Jahr und krönte es mit der Ermordung eines guten Bekannten, eines zu allen möglichen und im wahrsten Sinne des Wortes halsbrecherischen Abenteuern neigenden Zeitungsreporters, der bei hoher Geschwindigkeit irgendwo zwischen Sdolbuniw und Kiew aus dem fahrenden Zug geworfen wurde (Zecherei im Abteil, Rauchen auf der Plattform, scheinbar zufällig mitreisende Komplizen, Flug zwischen den Funken, Genickbruch). Artur Pepa wußte fast nichts über die journalistischen Recherchen des Umgekommenen, ahnte aber manchmal, wie riskant und nervenaufreibend sie sein mußten. Als dann ein, zwei Monate später ein *Vertreter der Rechtschutzorgane* die auf der Pressekonferenz anwesende *Öffentlichkeit* mit der Mitteilung beruhigte, daß *der vorliegende Mord nichts mit der beruflichen Tätigkeit des Geschädigten, Entschuldigung, Ermordeten zu tun hat,* unterschrieb auch Artur Pepa einen lautstarken Protestbrief, in dem zwei Drittel der Worte zornig zu Großbuchstaben aufgeblasen waren. Aber wozu all diese Briefe oder im Rausch unterschriebenen Appelle – in Wirklichkeit war einfach sein inneres Maß voll. Nachdem der risikobereite gute Bekannte in seine letzte über Pfosten und Schienen hingeschmierte Nacht geflogen war, verstand Artur Pepa: Etwas ist unwiederbringlich vorbei, es kommen keine goldenen Zeiten mehr, vor mir liegt nichts als sich verdichtende Dunkelheit und Kälte.

Aber auch dies waren nur Folgen seiner Krise. Die wahre Ursache lag woanders: Schreibschwäche zeugt meist von einer Verwüstung der Gefühlswelt, und der Tod dringt immer dort ein, wo es an Liebe mangelt. Niemand außer Artur Pepa konnte wissen, daß ihm dies alles passierte, weil er die Liebe verloren hatte. Oder – wenn das zu dick aufgetragen ist – weil ihm die Frau, die er liebte, immer gleichgültiger wurde. Oder – und davor hatte Pepa am meisten Angst – weil ihm die Fähigkeit zu lieben überhaupt abhanden gekommen war. Ja, es war vor allem das allmähliche Erlöschen seiner Sexualität, auch wenn die im Vorbeigehen registrierten flirrenden Hüften und Hintern gelegentlich den alten Spermatosaurier in ihm aufleben ließen. Jenen, der sich noch kürzlich, zu besseren Zeiten, ganze Tage an elektrisierenden Blicken, Winken und Zeichen aufgeladen, am Geruch von Frühling, Wein, Parfüm und diskreten Sekreten gelabt hatte und danach all dies so freigebig verschenken konnte, daß es Roma Woronytsch, seine Frau und beste aller Liebhaberinnen, fast zur Besinnungslosigkeit trieb.

Sie war fast fünf Jahre älter als er, was aber damals, als sie sich begegneten, nicht von Belang war.

Alles begann mit einer Ausstellung von Lithographien im Antiquitätenmuseum. Sie hatten das Glück, in einer Stadt zu leben, wo solche Aktionen schlicht unerläßlich sind, um die bedrückende Erstarrung ringsum wenigstens gelegentlich aufzubrechen. Artur Pepa verstand nicht viel von Lithographien, von farbigen erst recht nicht (aber es war nun mal eine Ausstellung von Farblithographien), nicht hingehen konnte er aber auch nicht – schon wegen des an solche Anlässe sich anschließenden Trinkgelages, an dem eine ganze Heerschar *wandernder Komödianten* teilnehmen würde. (»Weißt du, ich sterbe bei dem Gedanken, daß ich an jenem Abend beinahe nicht gekommen wäre«, sagt er einige Jahre später, im Bett, ermattet und glücklich, seine Hand, die eben erst zur Ruhe gekommen ist, auf ihrem vom Liebemachen glitschigen Bauch. Sie versteht, daß es um die Ausstellung geht, denn sie antwortet: »Und ich wollte nur für fünf Minuten vorbeischauen, es waren ein paar Bekannte da.«)

Vielleicht war es aber auch keine Ausstellung von Lithographien im Antiquitätenmuseum. Vielleicht war es eine Ausstellung von Spieluhren im Museum der Pathologischen Anatomie? Oder eine Performance mit Plastikfisch und Quecksilberthermometern? Das ist für uns jetzt ohne Belang. Auch für sie ist es jetzt schon fast ohne Belang.

Damals, als er auf den schmalen Holzstufen eine junge Frau im leichten Mantel überholen wollte, bemüht, dem kleinen Mädchen an ihrer Hand nicht auf die Füße zu treten, war Artur Pepa gezwungen innezuhalten, um besagte Frau am Ellenbogen zu stützen. Die Geschichte vom auf den Stufen abgebrochenen Absatz war damit natürlich nicht zu Ende: Artur Pepa kam sich vor wie die Parodie des Pagen einer vom Pöbel beleidigten Königin und machte sich, nachdem er der Dame seinen nach Bier, Kaffee und Kognak riechenden Atem ins Gesicht geblasen hatte, auf die Suche nach dem Haupthelden des Abends (»Warten Sie, warten Sie, bin gleich wieder da ...«, er stürzte sich kopfüber ins Gewühl und fischte schließlich seinen teuersten Freund Furman – goldene Manschettenknöpfe, goldene Hände – heraus); als Veranstalter trug Furman an diesem Abend einen in der Oper geliehenen Frack, was ihn, Held, der er war (und ebenfalls betrunken), nicht daran hinderte, sich mit einem musealen Hammer und Nägeln zu bewaffnen und den Absatz des – wenn schon, denn schon! – goldenen Schühchens der unbekannten Frau Tolpatsch zu reparieren. »Voilà«, erklärte Furman, ein bißchen Schuster, ein bißchen Chef, und spuckte einen überzähligen Nagel aus dem Mundwinkel, wofür er auf die Wange geküßt wurde, und Pepa, der die Initiative nicht abgeben wollte, bat galant um die Gunst, dem Füßchen den Schuh anziehen zu dürfen (Antiquitätenmuseum! Cembalos! Fêtes galantes! Rokoko! Ochochoch!), natürlich meinte er ihren Fuß, obwohl er sich nicht gestattete zu sagen, »erlauben Sie, daß ich es Ihnen besorge« – das brachte er dann doch nicht heraus. »Und das ist Kolja«, verkündete sie und zeigte mit nervösem Lachen auf das Mädchen. »Kolomeja Woronytsch«, korrigierte die Kleine feierlich, wobei sie das »r« in ihrem Nachnamen so betonte, daß es mindestens wie »rrr« klang. Die beiden trugen Mäntel von gleichem Schnitt, die sich nur in der Größe unterschieden, und ganz ähnliche Frisuren. Deshalb glaubte der nicht mehr nüchterne Artur Pepa, eine Fee mit ihrer Elevin vor sich zu haben. »Und trotzdem würde ich einen Champagner darauf trinken«, sagte er und zeigte auf den Schuh. »Entschuldigt bitte, ich werde *erwartet*«, erklärte der hellsichtige Furman und verschwand gerade zur rechten Zeit, das Goldstück.

Als sie dann ungefähr zehn Minuten später über den Marktplatz gingen, um ihren *Schamanen-Champagner* zu suchen (die Zeiten waren derartigen Ideen nicht hold – Agonie des Kommunismus und ein im April unerträglicher, mit Schnee vermischter Platzregen), als der nächste Stoß des tollwütigen Windes ihr den Regenschirm aus der Hand riß und sie beim hoffnungslosen Versuch, ihn zu fangen, auf den bewußten Absätzen wie ein Reiher über das Pflaster stakste, dabei war der Schirm sowieso schon kaputt, in diesem Moment also schien es Artur Pepa, daß diese Fee bei den höheren Mächten der Welt schon lange in Ungnade gefallen war, daß es ihr im Leben nicht so gut erging, wie es Feen sonst erging, daß es ihr eher schlechtging, daß er unbedingt etwas für sie tun mußte und daß dies seine letzte Chance war.

Das ist in groben Zügen, was er meinte, als er ein paar Jahre später im Bett sein für Verliebte typisches »Weißt du, ich sterbe bei dem Gedanken, daß ich an jenem Abend beinahe nicht gekommen wäre« flüsterte. Denn er war ja noch gekommen.

Roma Woronytsch unterrichtete Deutsch und war jung verwitwet. Sie hatte einen aus dem Gebiet Kolomyja gebürtigen Volkskundler geheiratet, der, bedeutend älter als sie, eine Lembergerin suchte, um Ordnung zu bringen in sein Privatleben, seine umfangreiche Sammlung von Schafspelzen und Scherenschnitten und sein immer peinigenderes Junggesellen-Magengeschwür. »Herr Woronytsch, Sie werden sich noch ruinieren«, sagten die besorgten Enthusiastinnen der *ungetrübten Quellen volkstümlicher Schönheit*, »Ihnen gebührt beständige weibliche Fürsorge!« Als Herr Woronytsch sie dann aber eines Tages beim Wort nahm und verkündete, daß er heiraten werde, da verstummten sie. Es war ja wirklich eine sehr *ungleiche* Ehe, das mußten sogar die Anhängerinnen seines weizenblonden, hängenden Schnurrbarts zugeben. Was Roma dazu trieb, sich mit diesem ungepflegten alternden Mann zu verbinden (ihn sich ans Bein zu binden, das war es doch!), mit seinem Husten, seinen gelblichen Zähnen und langen Unterhosen, mit seiner Medaille des »ausgezeichneten Volkspädagogen«, seinen akribisch in Schulhefte notierten Kolomijka-Tänzen und dem – man wird doch wohl noch die Wahrheit sagen dürfen – üblen Geruch seiner Socken, das wird Ihnen niemand verraten. Es sei denn, man schenkte dem mehr als zweifelhaften, typisch Lemberger Gerücht Glauben, daß der Streiter für Heimatkunde und Ethnographie in Wirklichkeit ein *Molfar*, ein böser Zauberer, war, der sich unter Einsatz des gesamten Arsenals seiner geheimen Künste den Willen der unerfahrenen und phantasiebegabten Idealistin untertan gemacht hatte.

Wie dem auch sei, nach einem Jahr gemeinsamen Lebens wurde ihnen sogar eine Tochter geboren, die Roma endgültig aller Möglichkeiten zum Rückzug beraubte und den familiären Status quo zementierte. Die nun folgende Zeit (wieder eine dieser Ewigkeiten) verging mit dem Waschen von Windeln und erwähnter langer Unterhosen, zum Teil aber auch beim frühmorgendlichen Schlangestehen nach *Kindernahrung*. Ganz zu schweigen von allem möglichen Diätkram und pharmazeutischen Tränken, dazu bestimmt, das launische Geschwür des Ehegatten zu besänftigen. Eines Morgens schüttelte Roma Woronytsch buchstäblich den Schlaf ab, und während sie sich im Spiegel betrachtete, dachte sie ungefähr folgendes: »Ich bin achtundzwanzig Jahre alt. Ich habe eine ungesunde Gesichtsfarbe. Das Leben ist vorbei.« Wie sich herausstellte, genügte das schon, dergleichen zu denken, zu formulieren, zu erbitten. Es genügte, damit es *ihn* schon am Abend nicht mehr gab. Jemand, der mächtiger war als er, hauchte nur leicht – Flaum von Löwenzahn torkelte wie Schnee über dem alten Lemberg, an der Straßenbahnhaltestelle packten ihn zwei als angetrunkene Hilfsarbeiter getarnte KGBler und warfen ihn, etwas übereifrig, kopfüber auf die Schienen. Die Bahn konnte nicht mehr bremsen – der Alte war wohl doch kein *Molfar* gewesen.

Er hinterließ in ihrer ohnehin schon engen Zweizimmerwohnung eine riesige Sammlung, die Roma, nachdem sie die ersten Monate bedrückender Leere überstanden hatte, Stück für Stück an die Museen loszuwerden versuchte. Das Leben war auch ohne diese Schafspelze kompliziert genug. Bis zum Anbruch neuer, liberalerer Zeiten kam man ihr jedoch nur unwillig entgegen und verwies stets auf überfüllte Magazine.

Erst Ende der achtziger Jahre taute alles auf, es wurde sogar ein wissenschaftlicher Arbeits- und Ausstellungsraum für die Kunst des Ostereierbemalens feierlich nach dem *Sammler der Schätze des Volkes* Woronytsch benannt, doch die Überreste der von ihm angehäuften Raritäten – verzierte Schatullen, Beile und ein zerlegter Kachelofen – erinnerten Artur Pepa noch lange und aufreizend daran, daß hier einmal ein anderer der Herr im Hause gewesen war, daß er hier herumgegangen war, die Wärmflasche um den Bauch, daß er gehustet, sich entleert und – unumgänglich – im selben Bett mit derselben Frau geschlafen hatte. Dieser Gedanke fügte ihrer gegenseitigen Befriedigung einen gewissen Aspekt des Verbotenen, ja sogar der Sündhaftigkeit hinzu, wodurch ihre Beziehung leidenschaftlicher, der Genuß schärfer und die Hingabe süßer wurden. Es war, als ob *er* jeden Moment zurückkommen und sie *in flagranti* ertappen könnte. Es war, als ob ihnen nicht allzuviel Zeit bewilligt worden sei und sie trotzdem alles schaffen wollten.

Aber mit den Jahren mußte die *heiße* Phase ihrer Beziehung natürlich vergehen und dem familiären Automatismus und der Routine weichen. Die Bedrohung durch den bösen Zauberer sank unwiderruflich ins tiefste Unterbewußtsein. Statt dessen wuchs seine Tochter heran und entwickelte verhältnismäßig früh sexuelles Interesse. All dies verhedderte sich zu einem für Artur Pepa unerträglichen Knäuel: Gleichgewicht und Gleichförmigkeit, gedämpfter, immer mechanischerer *gesunder* Sex, Einschlafen und Aufwachen im gemeinsamen (einsamen) Bett, Gewöhnung an die früher einmal hartnäckig ignorierten Nachthemden, Schlafanzüge und Bademäntel, morgendliches und abendliches Gähnen, das Versinken in den eigenen, gesonderten Schlaf und die erwähnte *Verschlechterung der Haut im Frühling*. Nein, man konnte nicht sagen, daß nichts mehr zwischen ihnen war, manchmal passierte *es*, aber eben *zwischen ihnen,* sozusagen außerhalb.

Die Zeit meinte es nicht gut mit Artur Pepa und brachte ungeahnte, entsetzliche Eigenschaften an den Tag. Als sein siebenunddreißigstes Jahr näher rückte, bemerkte Artur Pepa nicht nur die aufgestaute Müdigkeit, die sich unter anderem in peinlichem, früher nicht hinnehmbarem Schnarchen äußerte, sondern auch nie dagewesene widerliche Haare, mit denen Nasenlöcher und Ohrmuscheln zuwuchsen (*womit wirst Du mich noch bedenken, lieber Gott – mit Schuppen, Zahnausfall, Prostata?!* begehrte der alkoholisierte Agnostiker in ihm auf). Vor allem bemerkte er an sich die Fähigkeit, Dinge zu bemerken – das war das Allerschlimmste. Er bemerkte, daß er sie nicht mehr anfassen wollte. Daß er ihren Körper am Morgen, wenn sie sich anzog, nicht mehr gerne ansah. Daß ihn ihr Ausrutschen, Stolpern und Kleckern furchtbar störte – all das, was in ihm einmal den tiefsten Wunsch geweckt hatte, sie zu beschützen, zu retten, zu heilen.

Die Zeit hielt noch eine weitere Garstigkeit für ihn bereit: Koljas Heranwachsen. Die quälend engen *häuslichen Umstände* mußten ja unabsichtliche Berührungen und Blicke provozieren (von den absichtlichen ganz zu schweigen). Das Mädchen wurde ungeheuer langbeinig, und da sie sich dieser Tatsache durchaus bewußt war, übte sie hinsichtlich der Kürze ihrer Röcke keinerlei Zurückhaltung. In den letzten eineinhalb bis zwei Jahren zog er es für alle Fälle vor, ihr Zimmer, dessen Wände mit Postern von Morrison und Joplin gepflastert waren (auch er hatte die beiden gehört, als er in ihrem Alter war), nicht zu betreten. Zu ihrem achtzehnten Geburtstag schenkten er und Roma ihr achtzehn CDs mit Musik aus den siebziger Jahren. Nachdem er eine lärmende Bande von Gästen verabschiedet hatte, schloß sich der ziemlich betrunkene Artur im Badezimmer ein und dachte, während er heißes Wasser einlaufen ließ: »Kann man wirklich eine Frau vögeln, die eine volljährige Tochter hat?«

Und da bemerkte er zum ersten Mal, daß er seinen damaligen Wahnsinn (»*Weißt du, ich sterbe bei dem Gedanken, daß ich an jenem Abend beinahe nicht gekommen wäre*«) verzweifelt bereute. Ich hätte, dachte er, einfach noch eine halbe Stunde hockenbleiben sollen, Bomtschyk schmiß gerade die dritte Runde, ich hätte mich nicht so beeilen sollen, sie hat selbst gesagt, daß sie bloß für fünf Minuten gekommen war, zu Bekannten, wir hätten uns verpaßt, ein anderer hätte sie am Ellenbogen gestützt, einem anderen wäre dieses *Glück* zuteil geworden, und ich wäre heute ich selbst – und nicht irgend jemand; würde mein eigenes Leben leben, es den Frauen ordentlich besorgen und so junge Äffchen, wie die da eins ist, verführen, vom Frühling trunken werden wie vor zwanzig Jahren, anstatt mich langsam in einen potentiell patentierten Impotenten zu verwandeln. Diese vielleicht nicht sehr erlesene Wortverbindung kam von seinem ausgeprägten Hang zu phonetischen Spielereien. Denn selbst wenn er mit seinen Gedankenströmen und Monologen allein war, hörte Artur Pepa nicht auf, professioneller Literat zu sein.

Dies hieß nichts anderes, als daß er vom Schreiben leben mußte. Einmal kam er auf die Idee, einen Bestseller zu schreiben (im kleinen Ghetto des Literaturbetriebs wurde diese Aussicht gerade mit paranoider Fixierung diskutiert: und wo bleiben unsere Bestseller? Warum haben wir keine Bestseller? Wer schreibt uns endlich einen Bestseller? Es schien, als wären sie alle durchgedreht, die ehrwürdigen ideologischen Autoritäten genauso wie die ewig desinformierten, Klatsch generierenden Zeitungsparvenüs), diesem Otterngezücht würde er es zeigen – die Zunge, den Stinkefinger und noch was ganz anderes! Selbstverständlich mußte es ein Roman sein. Und selbstverständlich würde er unter falschem Namen erscheinen. Die Geschichte eines Mannes, der seine Frau erschlägt, im Affekt oder vielleich eher, um sich mit einem Schlag von der ganzen jahrelang aufgestauten Müdigkeit, dem ganzen Haß zu befreien. Nach dem Mord das Problem, wohin mit der Leiche. Er möchte sie so loswerden, daß niemand je auf die Reste, oder wie heißt es auf gut Ukrainisch, die sterblichen Überreste stoßen wird. Zwei Wackersteine und sie auf den Grund eines schwarzen Waldsees versenken, zum Beispiel. Ein schwarzer See mit weißen Asphodelien, dachte er. Dafür mußte er den Körper in den Kofferraum seines Autos legen und aus der Stadt hinausschaffen. Ja, es sollte die Geschichte einer einzigen Nacht werden. Wie er mit der Leiche seiner ermordeten Frau im Kofferraum durch die Gegend fährt und immer neue Hindernisse auftauchen (Polizei, Bekannte, Freunde, Nutten, Banditen usw.), wodurch er sich fatalerweise immer weiter von seinem Ziel entfernt. In die Handlung sollten ab und zu lyrische Fragmente eingestreut werden. Diese würden einiges Licht auf ihr vorangegangenes Leben werfen und den Leser mit grenzenloser, ja brutaler Offenheit beeindrucken, unter anderem in den Details, die das physiologische Altern der Ehefrau herausstellten, all die herbstlichen Gerüche, Runzeln und Falten, das Rascheln trockenen Laubs, die Kälte des Schoßes. Insgesamt sollte es eine verblüffende Mischung aus Thriller, Beichte und schwarzer Komödie werden. Sollte, wurde aber nicht: Artur Pepa begrub die Idee, nachdem ihm plötzlich bewußt geworden war, daß die Versuchung, den Alptraum Realität werden zu lassen, immer penetranter wurde. Deshalb hielt er rechtzeitig inne und überließ anderen das Schreiben des *lang erwarteten Lesefutters*, das die nationale Literatur vor dem Vergessen retten sollte.

Was aber hätte ihn, Artur Pepa, retten können? Überstürzte Scheidung? Brücken abbrechen und von der Bildfläche verschwinden? Eine Diskothek für Vierzigjährige? Stillstand des blöden Herzens beim nächsten Kater-Kaffee mit Zigarette?

Das einzige Gegengewicht zu all dem, was ihm widerfuhr, schien irgendwo zwischen Schreiben und Alkohol zu liegen.

Irgendwo dort gab es ein noch nicht Wirklichkeit gewordenes Territorium, wo er so etwas wie Freude oder besser gesagt, eine Erinnerung an die Freude finden konnte, eine Ahnung, daß sie möglich war. Alles andere hieß *Zukunftskälte* und war eine Einbahnstraße, die Abwesenheit jeglicher Entscheidungsfreiheit.

Seinen ein- bis zweitausend Fans war er bisher vor allem in Zusammenhang mit dem Erscheinen und Verschwinden zweier Bücher bekannt (er selbst nannte sie *Projekte*), von denen keines Anspruch auf literarische *Wahrhaftigkeit* erheben konnte. Mehr noch – beide prahlten so demonstrativ mit ihrer *Unwahrhaftigkeit, Künstlichkeit, Buchhaftigkeit*, daß ihm die erwähnten Repräsentanten des Literaturbetriebs sofort das Etikett eines nicht untalentierten, aber hohlen Spielers anhefteten, eines satten, mitunter auch eleganten Gourmets (Dandy-Brandy, Techtelmechtel), der aber den Ernst des Lebens noch nicht kennengelernt hatte.

Sein erstes Buch, »Arturs Brüder« betitelt, gab sich als Lyrik-Anthologie aus, bei der Artur Pepa als Herausgeber fungierte. Die naive Mystifikation war nur allzu durchsichtig: Er hatte neun *dem breiten Publikum unbekannte* Dichter erfunden, ihre Biographien und Charaktere, und präsentierte unter den jeweiligen Namen ungefähr ein Dutzend Verse, wobei er in seinem Vorwort auf die Symbolik des RUNDEN TISCHES und HEILIGEN GRALS anspielte, aber dermaßen gotteslästerlich, daß der vom Fanatismus des Proselyten durchdrungene Verlagsleiter den ursprünglichen Titel »Ritter der Tafelrunde« ablehnte. Die Verse jedes der erfundenen Dichter unterschieden sich radikal von denen der anderen, schon darin zeigte sich die Dürftigkeit der Mystifikation. Der erste schrieb eine Art surrealistischer *poésie en prose*, der zweite gereimte obszöne Couplets an der Grenze von Soft- und Hardcore-Pornographie, der dritte, ein abgewrackter marginaler Phänologe oder Naturphilosoph, Miniaturen in freien

Versen. Der vierte war, der Legende nach, ein prowestlicher Homosexueller, der fünfte ein *erdverbundener* Neo-Narodnik (aus seinem *Vermächtnis* wurden nicht einzelne Gedichte ausgewählt, sondern ein sehr langes Poem mit dem Titel »Der Dreizehnte Dreizack, oder Die Wiege der Wiedergeburt«). Der sechste war offensichtlich auf »Das trunkene Schiff« von Rimbaud fixiert, da er sich nur mit Variationen dieses Textes beschäftigte. Bei Nummer sieben und acht handelte es sich um einen ungepflegten Anarcho-Prediger narkotischer Schrankenlosigkeit (sein Beitrag lautete »Propagandhasch«) und um einen strengen Sonett-Klassizisten, Muttersöhnchen und Musterschüler. Der neunte aber war der interessanteste, ein Massenmörder, und jedes seiner Gedichte erzählte von einem anderen Verbrechen und war dem jeweiligen Opfer gewidmet.

»Arturs Brüder« stieß auf einhellige scharfe Verrisse der Literaturkritik und hatte entsprechend umwerfenden Erfolg beim Leser. Nach einigen Monaten war das Buch vergriffen, vor allem dank zwei, drei Klagen gegen den *Herausgeber*. Artur Pepa verlor die Prozesse mit großem Trara, ohne daß dies schwerwiegende Folgen gehabt hätte. Dafür nahm der internationale PEN-Club seinen Namen in die Liste der *potentiell von Repressionen bedrohten* Schriftsteller auf. Übelgesinnte behaupteten sogar, daß er als findiger *image-maker* die Gerichtsskandale selbst provoziert habe. Einer seiner größten Neider veröffentlichte ein Feuilleton über *schwarze Pi-Ar* (so ein Wörtchen, das bei Journalisten gerade in Mode kam). Obwohl es in diesem Fall wohl eher um Pe-Ar ging.

Im Jahr darauf erblickte das zweite und letzte seiner Bücher das Licht der Welt: »Die Literatur – wie sie hätte sein können« (mit dem Untertitel »Ukrainische Klassik, neu gelesen und ergänzt«). Im Vorwort stellte Artur Pepa betrübt fest, daß *der Unwille der jüngeren Generation, sich in die Schatztruhe der nationalen Klassik zu versenken, mit einer Radikal-*

methode überwunden werden muß. Er schlug *neue Entwicklungsmöglichkeiten der aus der Schullektüre bekannten Sujets* vor und schrieb sie um, wobei er den Stil des Autors mehr oder weniger wahrte und *die Problematik im Hinblick auf eine bewußte Anpassung an die Gegenwart veränderte*. So stellte »Familie Kajdasch« in seiner Variante einen Roman über die gewaltsamen Auseinandersetzungen innerhalb einer mafiösen Gruppierung dar, in den »Wolken« bekifften sich die kleinbürgerlichen Seminaristen bis zum Exzeß mit dem Anascha aus den Zuckerfabriken des Südens, und »Die Pferde sind nicht schuld« endete mit der Massenvergewaltigung des liberalen Gutsbesitzers Arkadij Petrowytsch Malyna durch eine ganze Eskadron von ihm selbst herbeigerufener Kosaken.

Natürlich gab es wieder großes Geschrei; in einigen Mittelschulen Lembergs und Galiziens wurde »Die Literatur – wie sie hätte sein können« während der Feiern zum Ersten Schultag öffentlich verbrannt. Ausgezeichnet mit der hohen Ehre, einer der *Väter geistigen Gifts* und Protagonist des sogenannten *Harvard-Projektes* zu sein, verstummte Artur Pepa, der sich seinem bereits mehrfach erwähnten siebenunddreißigsten Jahr unwiderruflich näherte, für lange Zeit.

Er begann, über einen neuen Roman nachzudenken. Aber was heißt »begann nachzudenken«? In Wirklichkeit war es so, daß ihn eines Tages ein Freund in seine Hütte im Vorgebirge einlud, um die in diesem Jahr wunderbar früchtetragenden Apfelbäume abzuernten, er würde ihm, wie er sagte, diese *Ernte danken*. Artur gefiel das Wortspiel. Auch gab er dem Wunsch zu fliehen, und sei es nur für ein paar Tage, gerne nach – wie auch der Aussicht, seine Schnapsseele *baumeln zu lassen*. So fand sich Artur Pepa als Folge seiner depressiven Stimmungen und der perversen Fahrpläne in einem mörderisch frühen Nahverkehrszug wieder, der sich mühsam auf die Berge zu quälte, kaum schneller als im Schrittempo.

Gegen halb acht Uhr morgens schreckte Artur Pepa wieder einmal aus seinem glimmenden Halbschlaf auf und löste Wange und Schläfe vorsichtig von der klebrigen, schmutzigen Wagenscheibe. Der Zug hielt gerade an einer winzigen Station, hier begann das Vorgebirge. Herbst, rot-goldenes Leuchten der Wälder, Spinnweben in der Luft, ein blauer Himmel, wie er nur im Oktober vorkommt. All das dauerte nicht länger als eine Minute – diese urzeitliche Stille, ein Hahnenschrei aus der Tiefe, ein heruntergekommenes Bahnhofsgebäude, ein Brunnen voll roter Ahornblätter, Geruch nach Kohle. Und zwei sich entfernende Gestalten, die offensichtlich soeben aus dem Zug gestiegen waren: eine Frau in Schwarz, Knüppel in der einen, Holzkoffer in der anderen Hand, und ein Mann ohne Beine auf einem Rollbrett, der sich ruckartig fortbewegte, indem er sich mit (für seine Verhältnisse) extrem langen, von ausgestopften schwarzen Stoffstulpen geschützten Armen vom Boden abstieß. Artur Pepa sah sie nur von hinten, aber das genügte. Kurz darauf fuhr der Zug weiter, und der Roman begann.

Es sollte die in überbordender Sprache erzählte und sich selbst überschlagende Geschichte eines alten huzulischen Theaters werden (oder Chors – Artur Pepa war sich noch nicht sicher). Er hatte einmal gelesen oder gehört, daß Stalins siebzigster Geburtstag 1949 in Moskau so pompös wie möglich begangen werden sollte. Zu diesem Zweck karrte man Legionen von Folklorekünstlern heran, damit sie am FESTIVAL DER DANKBARKEIT ZU EHREN DES GROSSEN LEHRERS teilnähmen. Unter den Scharen von Jakuten, Karelen, Mingrelen und Tschetscheno-Inguschen durften auch die neu angegliederten *Wilden Westler* nicht fehlen, und die Wahl der hochmögenden Organisatoren war ohne Zögern auf die exotisch-effektvollen Huzulen mit ihren buntgefiederten Hüten und den engen roten Hosen gefallen. Das IMPERIUM JOSIFS DES UNSTERBLICHEN trat damals gerade in sein spätrömisches oder bereits ein wenig hellenistisches Stadium – hedonistischer Hang zu Pracht und Prunk anstelle der ursprünglichen kommunardischen, durch den kräftezehrenden Krieg diskreditierten Askese. Die Sieger wurden nicht gerichtet, im Gegenteil, sie waren es, die richteten und sich schadlos hielten an den ihnen als Trophäen zugefallenen Bruchstücken der Welt der Besiegten. An Rubensgemälde, Plüschsofas, Schokolade und feine Damenwäsche hatte sich die Spitze der Pyramide längst gewöhnt, und alles steuerte unaufhaltsam auf den grandiosen Mißbrauch von Kognak, auf Weintraubenfresserei und sexuelle Perversionen zu. Kostümierte *Tänze der Volksgruppen* und ähnliche staatstragende Zerstreuungen waren gewiß ganz nach dem Geschmack dieser ersten Postmodernisten.

Ein huzulisches Theater (einen Chor?) gab es in Tschortopil seit österreichischen Zeiten. Keine der späteren Obrigkeiten versuchte ernsthaft, es zu liquidieren – es bedarf wohl keiner Erklärung, warum es niemanden besonders störte. Ihm gehörten überwiegend nicht *Menschen aus dem Volk* an, authentisch-autochthone Eingeborene, vielmehr handelte es sich um das übliche gemischte städtische Publikum, die Intelligenzija, dabei aber wiederum die, die man werktätig nennt, also *noch nicht von den Wurzeln abgetrennt*. In der graphomanischen Bildersprache vieler Vorgänger Arturs ausgedrückt: Ihr Blut roch noch nach dem Rauch der Hirtenhütten, doch ihr Geist hatte sich schon zum Verständnis des wahren SINNS DER GESCHICHTE geläutert.

Als der Bummelzug die kleine Station wieder verließ, wußte Artur natürlich noch nichts von alldem. Das einzige, was sich in ihm für Wochen festsetzte, war das Vorgefühl eines Romans, materialisiert in zwei verkrüppelten Gestalten in der morgendlichen Stille, von rotem Herbstlaub verdeckt. Erst nach und nach kam – den Schlangenkopf aus einem anderen Schlupfwinkel des Gedächtnisses erhebend – die

GESCHICHTE VON DER GROSSEN REISE DER HUZULEN IN DIE HAUPTSTADT dazu.

Sie war von geradezu schwindelerregender Faszination, barg sie doch die Möglichkeit von Mythos und Poesie, die Spannung des Urdramas von *Künstler und Macht*, die chronologische Mitte des Jahrhunderts, was ihm erlauben würde, Zeitbrücken nach allen Seiten zu schlagen, Nachkommen und Vorfahren in einem einzigen Tanz durcheinanderzuwirbeln, die Lebenden zu erschlagen und die Toten auferstehen zu lassen, Zeit und Raum immer neu zusammenzufügen, Berge und Abgründe zu verkehren. Man konnte sich dem Tode nähern, die Geschichte roch ja ganz entsetzlich nach Tod, und Artur Pepa hoffte, alldem gerecht zu werden. In seinem Roman-Vorgefühl kristallisierte sich *etwas wie Márquez* heraus, es glich dem *magischen Realismus* aufs Haar, lange und hypnotische Perioden fast ohne Dialoge, größtmögliche Dichte und Detailsättigung, elliptische Andeutungen. Und gerade weil er das sah und begriff, wollte er gar nicht erst anfangen. Denn es sollte nicht *Márquez* werden.

Ihn hemmte auch, daß er bis jetzt noch nicht gelernt hatte, vollwertige Geschichten zu erzählen. Das Rankenwerk gelang ihm viel besser als die durchgehende Linie. Zum Beispiel wußte er immer noch nicht, was denn nun mit dem Theater (Chor?) nach dem Auftritt in Moskau geschehen, ja, ob es überhaupt zu einem Auftritt kommen würde. Gab es vielleicht ein Attentat auf den BONZEN, ein Ereignis, auf das der Autor seine Leser mittels bruchstückhafter Monologe des unzweifelhaft dem Widerstand verbundenen Helden vorbereiten müßte, das ganze Buch hindurch? Sollte der Held von der Bühne aufs Geratewohl irgendwohin schießen, in die Schwärze der hohen Loge, mit seiner Feuersteinpistole? Oder DEM VÄTERCHEN einen silbernen Kelch mit vergiftetem Wein reichen? Gab es vielleicht mehrere Helden und mehrere Attentate, aber keinem Helden gelang das Attentat? Verrat?

Liebe? Wo war in dieser Geschichte überhaupt Raum für Liebe?

Auf jeden Fall, so ermahnte er sich, muß alles Dokumentarische vermieden werden. Es kann keine Nacherzählung von Ereignissen sein, die sich im Jahre 1949 tatsächlich abgespielt haben, es muß erheblich feiner ausgearbeitet und breiter angelegt sein. Aber damit es nicht einfach eine Nacherzählung von Ereignissen wird, muß man all diesen Ereignissen soweit wie möglich auf den Grund gehen. Denn so hatte der alte Doktor Dutka, ehemaliger Gymnasialprofessor, es Artur Pepa beigebracht – das wahre Wissen besitzt nicht derjenige, der *von etwas weiß*, sondern derjenige, der *etwas weiß*. Artur Pepa traute sich nicht: er wußte nichts.

Er kannte ihre Reiseroute nicht. In allen Einzelheiten mußte er sie vor sich sehen. Zweifellos fuhren sie mit dem Zug, zweifellos nach Nordosten, aber es genügte doch nicht, *Nordosten* zu sagen, man mußte so plastisch wie möglich vor sich sehen, wie die Landschaft nördlicher und zugleich östlicher wurde, die Leere der herbstlichen Felder, den plötzlichen Übergang von Herbst zu Winter, von Regen zu Schnee, dann auch die mit halberfrorenen Flüchtlingen überfüllten Bahnhofshöllen, von gefangenen und durch die Kälte zermürbten Deutschen aus Ruinen wiederaufgebaut, man mußte ganze Züge mit Deportierten überholen, den Verurteilten unbemerkt Brot und Zigaretten durch die Gitterstäbe reichen, Freunde und Verwandte erkennen, erblassen und in Ohnmacht fallen. Die Geographie hielt unglaubliche Fallen und Fußangeln bereit, von denen er nicht einmal etwas ahnte.

Außerdem kannte er keines der Labyrinthe der absoluten Macht, wußte nicht, was nächtliche Verhöre in den Folterkammern bedeuteten – Genickschüsse, Gegenüberstellungen, Identifizierungen und andere Fallstricke der Geheimpolizei. Man hätte die Angst, ausspioniert, provoziert oder zumindest verdächtigt zu werden, selbst durchleben, sich zwischen Tod und Pflicht zerreißen, sich an jedes Detail der tausend Torturen erinnern müssen, die von Mal zu Mal perfider wurden, um die erforderlichen Zeugenaussagen *herauszupressen* oder auch nur – was wahrscheinlicher war – um einen zum Buckeln und Kriechen zu zwingen. Man hätte sich wenigstens vorübergehend in eine Frau verwandeln müssen, um zu fühlen, was eine Vergewaltigung bedeutet, besonders, wenn sie zu zehnt sind und immer zwei gleichzeitig, man hätte die *Zone* kennen müssen, aber nicht nur vom Hörensagen.

Er kannte auch den Widerstand nicht. Und in einem solchen Roman mußte viel Raum sein für den Widerstand, sonst verlor alles seinen Sinn. Also müßte man sich die Vorteile des Partisanenkriegs vor Augen führen: kein Drill und keine Disziplin, unterirdische Verstecke in Waldschluchten, konspirative Wohnungen und Bunker, man hätte lernen müssen, auf die verabredete Art und Weise zu pfeifen, Wege zu verminen und wie man Läuse, Flöhe und Syphilis los wird, wie man sich in nächtlichen Wäldern orientiert, ins Futter der Tellermützen eingenähte Nachrichten entschlüsselt und seine Siegeszeichen in die Rinde von Bäumen und in Menschenhaut ritzt. Und das Schwerste: Man hätte die Hoffnungslosigkeit und die Fatalität eines jeden Partisanenkrieges kennen müssen, daß jeder jeden verrät, daß ein letzter Hinterhalt kommen wird, eine letzte Kugel, für dich selbst bestimmt, obwohl ER solche Helden nicht aufnimmt in seinen GARTEN.

Eben – das Problem mit Gott, wie damit umgehen? Ihm eine Chance lassen, an IHN glauben?

Artur Pepa wußte es nicht. Er wußte auch nicht, was er mit Huzulien machen sollte. Es existierte eine ganze Wissenschaft über dieses Land, in Hunderten von Büchern verstreut und dadurch zermahlen, zersplittert, so daß er nicht einmal wußte, wo anfangen und ob anzufangen sich überhaupt lohnte. Mit Schuchewytsch, Vincenz, Hnatjuk, Kolberg, Żegota Pauli? Mit Dutzenden weiterer hausbackener Heimatkundler? Vielleicht mit den in Wachspapier eingeschlagenen Schulheften von Romas Mann? Denn niemand hatte jemals das eine BUCH geschaffen, in dem alles enthalten wäre – Sprache, Schafwolle, die sieben Arten, Käse zuzubereiten, Schießereien um die Kirche, das erste Blut in der Hochzeitsnacht, die unheilschwangeren Kreise der rituellen Tänze und die Technik der Flößerei. Er hätte unzählige seltsame Worte und Ausdrücke kennen müssen (*katuna*, wiederholte er, wieso nennen sie den Soldaten *katuna*; warum sagen sie *fras* statt Teufel; warum *hija*?), hätte unzählige Dinge nachprüfen müssen, Schafzucht in den Bergen und außereheliche, fast schon außerirdische Liebesspiele betreffend. Und er hätte den Geruch kennen müssen des Grases, mit dem Schultern und Brust vor der Paarung eingerieben werden, die Namen aller Schmuckstücke am Körper und an der Kleidung und alle Details der Ornamentik, er hätte wissen müssen, woraus Gürtel und Schnürsenkel gemacht sind, welches Leder sich am besten eignet und wie die Ösen für die Schnürsenkel heißen an den traditionellen Schuhen (denn sogar sie hatten eine spezielle Bezeichnung, für jede Art Schuh eine andere), und noch einmal – wie der Schweiß riecht *davor* und *danach* und womit man Haare, Glied und Lippen einschmiert und was man der Geliebten zu trinken gibt und was man selbst trinkt, doch auch wenn er all dies wüßte, so wüßte er nicht den zehnten Teil dessen, was er wissen müßte, all der Worte, Gebräuche, Handwerke, Pflanzen. Ja, man müßte Hunderte von Pflanzen kennen (und nicht nur so ein *Aufrechtes Fingerkraut*), ihre Bezeichnungen, ihre Eigenschaften, die ganze geheime Biologie, um schließlich auf irgendeiner Seite des Romans beiläufig nur eine von Hunderten zu erwähnen, nur eine, zum Beispiel das *Aufrechte Fingerkraut*.

Und wie eine sterbende Hexe seufzt.

Und die Tuberkulosestatistik in den Hochgebirgsregionen der Karpaten Ende der vierziger Jahre.

Und die Geschichte der Musikinstrumente, mit Ausnahme der Trembita.

Denn in Wirklichkeit sollte sein Roman sehr fragmentarisch werden, ungefähr hundert maschinengeschriebene Seiten, und nichts von dem Genannten sollte darin auftauchen, nur das Wissen darum mußte präsent sein – anders konnte man so einen Roman einfach nicht schreiben. Als er sich dessen bewußt wurde, schreckte Artur vor dem Gedanken zurück, irgendwelche Notizbücher und Diktaphone zu kaufen, alte Bücher, Militärkarten, Digitalkameras, auf endlose Expeditionen zu gehen und vielleicht nicht zurückzukehren, das Gesammelte zu systematisieren und zu klassifizieren, es ganz in sich aufzunehmen, ein Teil der Sammlung zu werden, in ihr zu vergehen, mit einem Wort: *Flaubert* zu sein. Aber er wollte nicht *Flaubert* sein, und deshalb wurde sein Roman nicht geschrieben.

Er wußte ohnehin nicht, wozu das alles. Tausendmal hatte er die aufdringliche Romanidee schon begraben, wie Tausende anderer Romanideen zuvor, doch er wurde sie nicht los. Mir scheint, dieser Zwiespalt hatte mit seinen Krisen-Ängsten und Verzweiflungen zu tun. Er zögerte den Moment der Materialisierung bewußt hinaus, indem er sich einbildete, dies werde sein letzter Roman sein, sozusagen die Erfüllung seiner hiesigen Bestimmung, und daß, wenn er erst geschrieben wäre, der Weg zum Tod *von oben* freigemacht würde. Deshalb ersann er so viele Hindernisse wie möglich, um so lange wie möglich nicht beginnen zu müssen. Artur Pepas Aberglaube kannte in seinem siebenunddreißigsten Jahr keine Grenzen – er war überzeugt, daß solche Romane nicht ungestraft bleiben, daß er mit dem ersten Schritt, den er auf diese mörderische Bahn setzte, einen endgültigen Pakt zum Thema *alles* oder *nichts* schließen würde.

Aber zugleich war er überzeugt, daß es unausweichlich war, daß er diesem Roman, diesem Schreiben, diesem alten huzulischen Theater (Chor?) nicht würde entkommen können. Wie auch immer, alles würde durch plötzlichen Herzstillstand sein Ende finden (was sonst?). »Nach Ostern«, sagte er sich. Hauptsache nicht sofort, nicht hier und nicht jetzt. Hauptsache, ich darf noch einen Frühling erleben. Seit einiger Zeit ging der Frühling unbemerkt vorüber – ohne das frühere Rauschen feuchter Flügel und ohne die avitaminöse Euphorie, aber gerade das durfte ja nicht hingenommen werden.

Deshalb war er auch sofort damit einverstanden, in der Karwoche mit Roma und ihrer Tochter in die Berge zu fahren. Der unbekannte Besitzer einer Firma, für die Artur Pepa manchmal Werbeslogans entwarf, lud in sein Pensionat auf der Hochalm Dsyndsul ein. Die offizielle, mit der Post verschickte Einladung begann mit einem irgendwie verunglückten Epigraph von Antonytsch, wobei die Worte *Schnaps ist bestellt* fett gedruckt waren, wie eigens für Artur Pepa. Die Einladung selbst sprach in der schlimmsten phraseologischen Tradition der Transformationszeit von christlicher Liebe und Wohltätigkeit, von den *Helden des Business*, die selbst unter den extrem schwierigen Bedingungen der Steuerlast und der korrupten Obrigkeit die *Helden der Kultur* nicht aus dem Blick verlieren und im Rahmen ihrer bescheidenen Mittel mit ihren *Initiativen* unterstützen (auch dieses Wort war fett gedruckt – nicht ohne Grund, wie sich gleich zeigen sollte); dann ging es um die Annehmlichkeiten des mehrtägigen Aufenthaltes der Gäste im Pensionat »Wirtshaus »Auf dem Mond« (Verpflegung, Schickimicki, getrennte Schlafzimmer, dies und das, blablabla); dann kam aus irgendwelchen Gründen ein Abschnitt über Antonytsch; die Teilnehmer an der Aktion waren, wie sich herausstellte, dazu aufgerufen, ihm zu huldigen; worin diese Huldigung bestehen sollte, wurde mit keinem Wort erwähnt. All dies endete mit einem ziemlich sinnlosen Aufruf, bei den kommenden Wahlen den politischen Block »Karpaten-*Initiative*« (voilà!) zu unterstützen, und abermals mit einem Reim, diesmal aber alles andere als von Antonytsch:

> *Sie wärmen Euch mit ihrem Alkohol,*
> *Und helfen Euch in allem unverzüglich,*
> *die Business-Helden und ihr Monopol.*
> *Im »Wirtshaus »Auf dem Mond«, da wird's gemütlich.*

Selbst diese Schlußstrophe hielt Artur Pepa nicht davon ab, die Einladung anzunehmen. So wenig wie der Umstand, daß Romas österreichischer Partner, für den sie manchmal dolmetschte, mit ihnen in die Berge kam. Wenn Arturs Wege sich mit denen dieses närrischen Fotografen kreuzten, schwieg man einander meistens an. »Lern doch Ukrainisch, Täubchen, wenn du so scharf darauf bist, dauernd zu uns zu kommen«, warf ihm Artur Pepa in Gedanken vor, ohne zu ahnen, wie sehr der andere an seiner Dolmetscherin *interessiert* war.

Daß auch Kolja mit von der Partie war, machte die Sache nicht einfacher, aber lassen wir das. Es genügt zu wissen, daß sich Artur Pepa ziemlich schnell mit diesen Unannehmlichkeiten abfand, denn dort, in ihm drin, hoffte noch der Dichter das Licht der Welt zu erblicken, Arturs Bruder, und der wollte nichts so sehr, wie endlich in seinem siebenunddreißigsten Jahr zu erwachen.

II

Aus Stein und Schlaf

5 Und dennoch sind sie schließlich alle aufgewacht an diesem ersten Morgen – jeder auf seine Art.

Artur Pepa wurde fast gewaltsam aus seinen Träumen gerissen, er wollte gern noch dort bleiben, die Sache irgendwie zu Ende bringen, doch Roma Woronytschs Geschepper im Bad (Lawinen von Kosmetik-Kram, Flakons und Sprays rutschten ins Waschbecken) beendete sein Umherirren im Jenseits. Jetzt lag er auf dem Rücken in seiner Hälfte des Doppelbetts, neben sich den Streifen Niemandsland zwischen seinem und Romas Territorium, und versuchte traurig, das eben Erlebte zu rekonstruieren. Artur Pepa liebte diese morgendliche melancholische Rückschau auf seine eigenen Träume.

Diesmal hatte er die halbe Nacht an den Versuch verschwendet, irgendein Mädchen von verschwommenem Äußeren, wohl eine Studentin, ins Bett zu kriegen, was ihm aber nicht gelingen wollte. Es war einer der langweiligsten Träume, die ihm während seines ganzen Lebens passiert waren. Er erinnerte sich, wie sie ihm in einer größeren Gesellschaft plötzlich beredt zugeblinzelt hatte (jetzt begriff er, daß es nichts weiter als äffische Neugier gewesen war), aber es reichte ihm, alter Esel, der er war, um sich in den Kopf zu setzen, sie zu *stechen*. Sie hatten sich in ein weit abgelegenes Zimmer verzogen und unterhielten sich stundenlang über irgend etwas, und er wunderte sich über seine proletenhafte Schlagfertigkeit und wie geschickt er es einfädelte, das Gespräch dutzende Male aus der hoffnungslosesten Sackgasse herauszuführen, und wie er immer noch eine letzte Möglichkeit fand, es fortzusetzen. Außerdem rauchten sie pausenlos allen möglichen Scheiß, und Pepa dachte leicht beklommen an das unvermeidliche Näherrücken der *ersten Küsse*. Die Studentin erwies sich als völlig ahnungslos, sie hatte zwar irgendwie gehört, daß ihr Gesprächspartner ein *interessanter*

Mensch sei, hatte aber wohl nur eine vage Vorstellung, womit er sich überhaupt beschäftigte, deshalb fing sie an, von sich zu erzählen, von ihren Eltern, Brüdern, Schwestern, anderen Verwandten – aus Piotrków Trybunalski in Polen –, von irgendeiner Bahira, die gleich vier Kätzchen geboren habe, von ihren vielen Freundinnen, den echten und denen, die nur so taten, als wären sie Freundinnen, die aber in Wirklichkeit Schlampen seien (»Schlampen, Schlampen, Schlampen«, wiederholte sie wie eine Platte mit Sprung), doch schließlich hüpfte sie weiter zu den Lehrveranstaltungen (dabei ratterte sie den kompletten Stundenplan von Montag bis Freitag herunter, die *latente Zyklomechanik* am Donnerstag prägte sich ihm besonders ein) und wie sie voneinander die Mitschriften abpinnten, Seminare schwänzten, den Aerobic-Zirkel besuchten, denn der Schwimmtrainer *ist ja so aufdringlich*, und ihr Leben im Wohnheim, wie sie im Winter die Fenster verklebten – sogar im gemeinsamen Waschraum, dort sei *die größere Hälfte* der Waschbecken zersprungen, und wie sie sich ihre Nudelpampe kochten und ein Stockwerk tiefer gingen, um »Big Brother« anzusehen. Nachdem er etwas völlig Unpassendes auf ihre Frage geantwortet hatte, wie die gestrige Folge von »Banditsky Peterburg« ausgegangen sei, die sie (Achtung, Traum!) wegen eines *Meteoritensturms* verpaßt hatte, lenkte er das Gespräch geschickt auf ihre Strumpfhosen, worauf er sich die Geschichte von irgendeinem *Slawik vom Basar* anhören mußte, der ihr geraten habe, *eine Nummer kleiner* zu tragen, und gemeint war natürlich die Jeans, in die sich ungeachtet Arturs dumpfer Mißbilligung ihr kurzer geschlitzter Rock verwandelt hatte. Dann waren die Dozenten an der Reihe – unter Arturs Interesse heuchelndem Blick marschierten sie über das Proszenium, vollkommen uncharismatische Damen und Herren, an die zwanzig Personen, deren jede von der Studentin detailliert und nicht ohne Boshaftigkeit beschrieben wurde (»Und Jakiw Markowytsch, der Chemiker, *verpestet ewig die Luft*!« schloß sie fröhlich). Die unerwartete Geschwätzigkeit des Mädchens nutzend, plante Pepa seine nächsten Schritte. Außerdem mußte er unbedingt den richtigen Schlüssel finden, um von innen abzuschließen und dann zu konkreten Liebeshandlungen überzugehen. Während also das Mädchen von der ihr drohenden Aussicht, durch die *Taxonometrie*-Prüfung zu fallen, erzählte und seine Hand methodisch von ihren Knien schob (Jeans hatte sie schon keine mehr an), hatte er Zeit genug, sich aufmerksam nach allen Seiten umzusehen, und kam zu dem Ergebnis, daß sich der verdammte Schlüssel nur im Klo befinden konnte, das einfach in den Parkettfußboden mitten im Zimmer montiert war – der Schlüssel war auch wirklich dort, und nachdem er ihn, wie es sich gehört, mit einem *Tempo* abgewischt hatte, tänzelte er mit gespielter Sorglosigkeit zur Tür und schloß zweimal ab, gerade noch rechtzeitig, bevor ein unbekannter Jungbulle zielstrebig von der anderen Seite dagegen rammelte, wohl mit den Hörnern. Das Mädchen hatte sich inzwischen auf die Kloschüssel gesetzt und plätscherte ungeniert ihr *Pipi*, wie sie es nannte, was sich als ausreichend erwies, um den Jungbullen hinter der Tür zur Ruhe zu bringen. Da sagte Artur, daß er sie sehr liebe, doch das Mädchen schüttelte abwehrend den Kopf, nicht einmal ihre Brüste durfte er berühren, aber sie gestattete, daß er ihre Hand hielt. Er war also gezwungen, deutlicher zu werden, d.h. die einfach fantastischen Ressourcen an Liebeslexik in sich zu mobilisieren (all seine Courteoisie-Kaskaden waren im Traum zurückgeblieben, doch er erinnerte sich noch, daß er nach allen Regeln der Kunst vorgegangen war), sein ganzes Leben habe er auf sie gewartet, eigentlich könne er nur einen Menschen lieben, aber einmal im Leben geschehe ein Wunder, und heute sei es eingetreten, und zur Vollkommenheit des Glücks genüge es ihm, sie in seiner Nähe zu wissen, hier, an seiner Seite (das Lächerlichste war, daß er sie in der Ekstase einmal sogar *Schwälbchen* genannt hatte, wofür er sich nach dem Aufwachen besonders schämte), er begann, ihre Arme und Schultern zu küssen, entflammte immer mehr und leuchtete wohl gar vor Liebe und Zärtlichkeit, bis sie sich schließlich mit einem koketten »Nun gut, heute will ich dir glauben« vor ihm auf den Bauch legte, jetzt vollkommen nackt. Als er aber versuchte, von hinten in sie einzudringen, begriff Artur Pepa, daß er es in Wirklichkeit gar nicht mehr wollte, schade um die Zeit und die Mühe, ihm blieb nur, sich für die Umstände zu entschuldigen – und in dem Moment, als ihm die Hoffnung auf eine wie auch immer geartete Erektion abschiednehmend zuwinkte, begann hinter der Tür wieder ein schreckliches Gepolter, diesmal Flakons und Sprays, und beim Rauschen des von seiner Frau aus allen erdenklichen Hähnen in die Wanne gelassenen Wassers öffnete Artur Pepa die Augen.

Nun lag er also auf dem Rücken und dachte darüber nach, ob man einen solchen Traum als erotisch bezeichnen könne, ob er nicht vielmehr ein weiterer Hinweis auf das Vergehen der Zeit sei, das Verfließen des Lebens und vor allem – ob sich da nicht irgend etwas ganz Ungutes ankündigte.

»So ein Blödmann! Gott, was für ein Blödmann!« dachte Pani Roma, während sie in die Acrylwanne von merkwürdiger Form stieg.

Das Wasser schien ihr zu heiß, sie öffnete den Kaltwasserhahn und dachte, daß das Wasser heiß war und er ein Blödmann. Außerdem altert er derart schnell, daß es einer Naturkatastrophe gleichkommt. Und wenn all die Dummchen, die er, Blödmann, zu verführen versucht/die ihn zu verführen versuchen, wenn all diese Dummchen nur wüßten, wie fad, unfähig und uninteressant er geworden ist und wie gleichgültig *dem einen gegenüber*! Würden sie ihn dann auch noch um Autogramme anbetteln?

Einfach ein Blödmann, sonst nichts, faßte sie zusammen und streckte sich genüßlich in der Wanne aus.

Es gefiel ihr, wie das grünliche, leicht schaumige Wasser ihre ziemlich breiten, sanft gerundeten Schultern umspülte. Die Schultern gehörten zu ihren besonderen Vorzügen. »Ich sollte schulterfreie Abendkleider tragen«, dachte sie und versetzte sich ins neunzehnte Jahrhundert. Eng an ihr vorbei durch eine Menge intriganter Aristokraten drängte sich schwer schnaufend und schwitzend Honoré de Balzac und spähte anzüglich in ihr Dekolleté. »Das Balzac-Alter – was heißt das eigentlich?« überlegte sie. Wann beginnt es, präzisierte sie und öffnete die Augen. Wann hat meine Haut begonnen, im Frühling zu *erblühen*? Gut, daß ich noch einige Frühlinge vor mir habe.

Gut, daß man in diesem grünen Frühlingswasser liegen konnte. Und Hauptsache Wasser, soviel man wollte, heißes und kaltes. Nicht wie in Lemberg. Hier gab es Wasser nicht stundenweise, sondern jederzeit. Diese Millionäre vermögen ja alles. Mich würde interessieren, wann er sich uns zeigt. Und wie er aussieht. Wahrscheinlich so was Kahlgeschorenes, großer Bauch und Schlitze anstelle der Augen. Eineinhalb Meter groß. Speckfalten im Nacken usw. Das sind ja meist ehemalige Sportler, Kämpfer. Schwer, sich im Bett mit einem Kämpfer vorzustellen. Da muß man immer unten liegen. Aber ein Unabhängigkeitskämpfer, das wäre was, witzelte sie.

»Das ist mein Körper«, dachte sie, als sie aufstand und sich konzentriert einseifte.

»Warum ist das gerade mein Körper?« begann sie zu philosophieren. »Das ist doch komisch: über sein *Ich* nachdenken, was ist das *Ich*, warum bin ich *Ich*. Hier verbirgt sich etwas, uns bleibt ein letztes Ding verborgen. Dieser Körper könnte irgendwem gehören. Warum ist es meiner?«

Ihr Körper hatte mit den Jahren etwas an Gewicht zugelegt, aber nicht übermäßig viel. Sie war immer noch attraktiv, ohne Zweifel, der mit einem Dunstschleier überzogene Spiegel ließ Lügen nicht zu (in Wirklichkeit log der Spiegel natürlich doch, wie die meisten Fragmente der verzerrten GEGENWELT: Er streckte und verschlankte die Figur – diesmal gerade genug, damit Pani Roma völlig zufrieden war mit ihrem Körper).

»Blödmann«, dachte sie, »hoffnungsloser Idiot und absoluter Blödmann.«

Sie war nicht einfach attraktiv, sie war sexy. Denn sexuelle Anziehungskraft – das ist vor allem Selbstbewußtsein. Das hatte sie vor einer Woche in der »ELLE Ukraina« gelesen. Ihr gefiel die Formulierung wegen ihrer Klarheit und Genauigkeit: »Sexuelle Anziehungskraft, das ist Selbstbewußtsein.« Und wirklich, verdammt, überlegte Pani Roma, was sollte sexuelle Anziehungskraft denn anderes sein als Selbstbewußtsein, jemanden, der nicht selbstbewußt, aber trotzdem sexy ist, kann man sich gar nicht vorstellen! An jenem Tag hatte sie beschlossen, selbstbewußt zu sein. Sie hatte so viele Jahre in Unsicherheit gelebt, daß ihr heute gar nichts anderes übrigblieb, als sich selbstbewußt zu nehmen, was übriggeblieben war. »Warum gehen uns die entscheidenden Wahrheiten so spät auf?« Sie schnitt dem Spiegel eine Grimasse und streckte sich die Zunge heraus. Die Zunge erinnerte sie an ein Eisbällchen, das lange, leidenschaftlich und von allen Seiten abgeschleckt wurde. »Das ist aus dem Fernsehen«, stellte Pani Roma richtig fest.

Dann hatte sie Lust, auf einem Bein zu stehen, Übungen zu machen, das *Schwälbchen* zum Beispiel. Hundert Jahre hatte sie kein *Schwälbchen* mehr gemacht. Die Konturen des Halses, der Arme, des Rückens, des Pos und der Beine bildeten wunderbare Bögen, Halbkreise und Rundungen. Sie entdeckte ihre Biegsamkeit. Von Kindheit an hatte man ihr eingeredet, sie sei tolpatschig. Wer sich wohl diese Albernheit zuerst ausgedacht hatte? Der geliebte Papa mit seinen Marasmen? Die verhaßte Mama mit ihren Miasmen? Aber vielleicht hat *er* es ihr angehext, um sie an der kurzen Leine zu halten, der alte gelbzahnige Zauberer?

Pani Roma konnte sich nicht daran erinnern, ob sie schon vor Kolja als tolpatschig gegolten hatte oder erst danach. Schon vor der Heirat oder erst danach? Schon vor der Schule oder erst danach? Schon vor der eigenen Geburt? Vielleicht hatte jemand es so für sie festgelegt – und Schluß?

Er hatte über jede ihrer Bewegungen gewacht, ihr nicht erlaubt, mit anderen zu tanzen, und selbst konnte er nicht. Darum hatte *er*, der alte Schweinehund, allen gesagt, daß seine Frau nicht tanze, daß sie sich – haltet mich! – ihrer Bewegungen schäme! Und jetzt, verreckter alter Zauberer, schau her – wie ich – haltet mich! – ein *Schwälbchen* mache!

Natürlich rutschte sie aus und stürzte schwer in die Wanne, Schaum spritzte, und gut ein Drittel des Wassers schwappte auf den Badvorleger mit der Aufschrift »Grüß Gott«. »Idiot«, dachte sie, »was für ein Idiot, Narr und Blödmann!«

Als sie dann unter der Dusche ihren nicht allzu stark geprellten und davon nicht weniger attraktiven Allerwertesten massierte, fügte sie hinzu: »Ich stehe zwischen ihnen beiden.« Sie wollte diesen Gedanken weiterführen, war aber wie hypnotisiert.

Später, als sie sich mit allen fünf Handtüchern abtrocknete, bewegte sich ihr Gedanke ein Stückchen weiter: »Den einen liebe ich, der andere gefällt mir.«

Aber irgend etwas fehlte. »Einer von ihnen liebt mich«, dessen war sie sich sicher. Bei dem anderen wußte sie es nicht, deshalb kein Wort über ihn. Einen von ihnen liebe ich. Einer von ihnen liebt mich. Der Körper wurde trocken und warm. Es war ohne Zweifel *ihr* Körper. Gut, daß es *ihrer* war.

Wieder stand sie vor dem Spiegel. Sie rieb sich mit ihrer Lieblingscreme ein.

– Du hast eine erwachsene Tochter, – näselte es hinter ihrer Schulter.

O Scheiße, fluchte sie auf deutsch. *Er* hier! Sie ahnte, daß *er* sich jetzt von hinten an sie klammern und beginnen würde, ihr in den Nacken zu atmen und sie mit dem hängenden gelben Schnurrbart im Genick zu kitzeln. *Er* ist im Spiegel nicht zu sehen, aber *er* ist da. Sie wollte sich nicht umblicken.

– Du hast eine erwachsene Tochter, – schnarrte er. – Denk daran, wie alt du bist. Du gehörst mir.

– Nimm die Hände weg, – dachte sie und erschauerte unter dem kalten Druck auf ihre Taille. – Hau ab, verschwinde. Es gibt dich nicht.

Aber machtvoll wurde wiederholt:

– Du gehörst mir.

»Alles, nur das nicht«, dachte sie, als sie spürte, wie *er* sie nach vorne bog; sie versuchte sich zu wehren, aber er hatte tausendmal mehr Kraft in den kalten Händen, diese maschinenkalten Hände umschlossen ihre Brüste, eine Hand drückte ihren Kopf auf die Ebonit-Oberfläche des Toilettentischs vor dem Spiegel. »Bitte nicht«, dachte sie flehend, als sie spürte, wie etwas noch Kälteres, viel kälter als die Hände, ein Eiskolben mit kugelförmigem, hartem Kopf, sich abmühte, von hinten in sie einzudringen. Einen Moment lang glaubte sie, Sträuben sei zwecklos, jetzt würde passieren, was ihr schon öfters im Traum passiert war und jedesmal in einem schändlichen Orgasmus der Kapitulation geendet hatte. Aber als ihr dies bewußt wurde und sie die ersten mitleidlosen Stöße des verhaßten und süßen Kolbens spürte, wurde ihr noch etwas anderes bewußt: daß es nur ein Traum war und daß sie jederzeit aufwachen konnte – sie mußte nur wollen.

Deshalb befreite sie die rechte Hand von der tödlich-kalten Bürde und griff blind nach den Vorhängen rechts vom Spiegel, um *ihn* mit den Strahlen des Tageslichts zu verjagen. Sie hörte noch, wie die unzähligen, überwiegend wienerischen

Flakons, Sprays et cetera aus den Regalen fielen, wie der ganze Kram lawinenartig ins Waschbecken und auf den gefliesten Fußboden krachte, und dann schnitt ihr die gleißende Helle in die Augen, der Eiskolben wurde plötzlich weich, schlaff und glitt schmerzlos aus ihr heraus.

Das Wasser in der Wanne war abgekühlt. Pani Roma öffnete den Heißwasserhahn, und langsam zu Bewußtsein gelangend, wunderte sie sich nicht einmal, als sie überall, auf dem Boden, im Waschbecken, die Spuren des Kampfes entdeckte, von dem der Blödmann, Blödmann, Blödmann und absolute Idiot im Nebenzimmer nicht einmal etwas ahnte.

Der Regisseur Jartschyk Magierski las an diesem Morgen nochmals die Drehbuchentwürfe für den Videoclip, den er hier oben drehen wollte. Es handelte sich um eine mehrminütige Reklame für den *wundertätigen* »*Warzabytsch's Balsam*« – ein erstaunlich ekelhaftes und der Gesundheit des Verbrauchers kaum zuträgliches Gesöff, das in der letzten Zeit auf dem Spirituosenmarkt aufgetaucht war, sich aber noch nicht gegen die anerkannteren und berühmteren Konkurrenten hatte durchsetzen können. Da halfen weder der lächerlich niedrige Preis von sechs Hrywna fünfundsechzig Kopeken noch die dunkel-sumpfige Farbe des Produkts, die nach Meinung des Herstellers mit karpatischer Langlebigkeit assoziiert werden sollte, und nicht einmal der durchaus sympathische Slogan »Seit jeher und für immer«, der in pseudoslawischer Schrift das Etikett zierte. Retten konnte die Situation nur noch eine laute und aufdringliche Werbekampagne. Das *Produkt*, das man bei Magierski bestellt hatte, war für alle Fernsehsender des Landes bestimmt, obwohl – und daraus machte der *Vertreter des Auftraggebers* kein Geheimnis – das eigentliche Ziel sein Erscheinen auf NTV, STS, TVN, RTL, El Dschasira und sogar MTV war.

»Nimm eine *Puppe* oder besser zwei«, hatte der *Vertreter*

des Auftraggebers seine Wünsche geäußert, ein bulliger Typ, dem an der linken Hand der Zeigefinger und an der rechten der Mittelfinger fehlte. »Nimm zwei *Puppen*, zieh sie als, du weißt schon, Huzulinnen an, bring sie auf ne Alm und ...«
Mehr sagte der *Vertreter des Auftraggebers* nicht; er goß *Ballantines* in ein dickwandiges Glas und warf sich Erdnüsse in sein Haifischmaul, die er dann mit allen vier Zahnreihen gleichzeitig zermalmte. Was nach seinem unbestimmten *und* passieren sollte, fiel offensichtlich in die Kompetenz des Regisseurs. Sie vertrauten ihm als Kulturschaffendem, und der *Vertreter des Auftraggebers* vergaß nicht, dies zu betonen. Das war in Lemberg gewesen, vor siebeneinhalb Wochen.
Und jetzt las Jartschyk Magierski im Drehbuchvorschlag Nr. 1 folgendes: »An einem sonnigen Almmorgen laufen zwei blutjunge, in farbenprächtigste huzulische Volkstrachten gekleidete Mädchen fröhlich durch das Gras. Um sie herum flattern Schmetterlinge. Die Mädchen lachen sehr fröhlich. Sie tragen schöne Stiefelchen bis zu den Knien. Die eine pflückt schöne Blumen. Die andere flicht daraus schöne Kränze. Als die Kränze fertig sind, setzen die schönen Mädchen sie auf. Die eine legt die Hände auf die Schultern der anderen, die wiederum die Taille ihrer Partnerin umfaßt. Sie fangen an, sich im Wirbel eines Huzulinnentanzes zu drehen. Knie. Der Tanz wird immer schneller. Die Mädchen drehen sich mal in die eine, mal in die andere Richtung. Knie plus. Die Musik wird noch schneller. Schließlich fallen sie sich in die Arme, und ihre Lippen finden sich in einem Kuß. Sie küssen sich immer leidenschaftlicher. Sprecherstimme: *Seit jeher und für immer: liedreiche Gegend der freudigen fleißigen Arbeit.* Eine Flasche ›Warzabytsch's Balsam‹ erscheint auf dem Bildschirm. Daneben die Mädchen, die sich immer noch lüstern küssen. Sprecherstimme: *Warzabytsch's Balsam ist wie der Kuß einer Tochter der Berge.*«
»Wieviel sie diesen Hosenscheißern für so ein Geschmiere

wohl bezahlen?« dachte Jartschyk Magierski, als er Drehbuchvorschlag Nr. 1 angewidert zur Seite schob und sich in Vorschlag Nr. 2 vertiefte.

»An einem sonnigen Almmorgen flattert ein Pärchen blutjunger Mädchen in fröhlich schwarz-gelb gestreiften Röckchen und mit durchsichtigen fröhlichen Flügelchen auf dem Rücken fröhlich von Blume zu Blume. Auf einer Blume fangen sie an, sich im Wirbel eines Huzulinnentanzes zu drehen. Hüfte. Der Tanz wird immer schneller. Die Mädchen drehen sich mal in die eine, mal in die andere Richtung. Hüfte plus. Die Musik wird noch schneller. Schließlich fallen sie sich in die Arme, und ihre Rüsselchen (auf dem Papier stand fälschlicherweise »Nüsselchen«, aber Jartschyk Magierski ließ sich nicht irremachen) finden sich in einem Kuß. Sie saugen immer leidenschaftlicher. Sprecherstimme: *Seit jeher und für immer: Keine Chance für Drohnen.* Eine Flasche ›Warzabytsch's Balsam‹ erscheint auf dem Bildschirm. Daneben die Mädchen, immer stärker mit ihren Rüsselchen arbeitend (also doch Rüsselchen, stellte Jartschyk befriedigt fest). Sprecherstimme: *Warzabytsch's Balsam ist wie der Honig des Vaterlandes.*«

»Ohne Politik ging's wohl nicht«, verzog Jartschyk Magierski das Gesicht, gleichzeitig mußte er zugeben, daß der zweite Vorschlag schon besser klang. »Nur – wie die dämlichen Schlampen zum Fliegen bringen?« stellte er eine völlig berechtigte technische Frage.

(Und hier die fällige Erläuterung. Das Budget für den Videoclip sah Honorare vor, die ausgereicht hätten, zwei anständige Models, wenn schon nicht bei einer Kiewer, so doch wenigstens bei der erstbesten Lemberger Agentur zu engagieren. Im Ausführen solcher Aufträge erfahren, hatte Jartschyk Magierski sich längst einen schöpferischen Umgang mit dem Budget angewöhnt und manövrierte ungeniert zwischen den einzelnen Posten. So hatte ihm ein Geschäftemacher, den er kannte, ein ehemaliger Vorsitzender des Organisationskomitees für Massenkultur in Tschortopil, zwei lokale Jammergeschöpfe zugeschanzt, eine schwarzgefärbte Blondine und eine blondgebleichte Brünette, »Lili« und »Marlen«, wie er sie getauft hatte. Sie waren zu allem bereit, denn wegen der Fastenzeit hatten sie schon seit eineinhalb Monaten keinen Freier mehr gehabt. Diese beiden hatte er gerade in Gedanken dämliche Schlampen genannt.)

Aber in der Mappe lag noch Drehbuchvorschlag Nr. 3: »In tiefer Almnacht, irgendwo in der verzauberten karpatischen Abgeschiedenheit, findet ein geheimnisvolles Biker-Ritual statt. Sie rasen um ein riesiges Lagerfeuer, dann steigen sie von den Maschinen, beginnen zu tanzen und lassen alle möglichen Flaschen kreisen (»Jim Beam«, »Courvoisier«, »Acapulco«, »Smirnoff«) und trinken nacheinander daraus. Ein Kaleidoskop von Gesichtern, Feuerschein auf den Steinen und im Gras, das Auflodern von unterschiedlich gefärbten Flüssigkeiten. Die Wahl fällt auf zwei Mädchen. Eins schwarz wie ein Rabe, das andere weiß wie ein Täubchen. Das stellt sich heraus, als sie ihre Motorradhelme absetzen. Sie bleiben in der Mitte des Reigens und schälen sich, von den Flammen umzüngelt, aus der Lederkluft. All die bärtigen Kerle um sie herum sind erstarrt in angespannter Erwartung, die Münder in den geilen Visagen weit aufgesperrt. Aber schon tanzen beide einen Huzulinnentanz, gekleidet in die farbenprächtigste traditionelle huzulische Volkstracht. Alle drehen sich wieder im Tanz, und herumgereicht wird jetzt nur eine Flasche, eine *wohlbekannte* Flasche. Der Rest aus dieser Flasche wird ins Feuer geschüttet, die Flüssigkeit explodiert, über der Feuerstelle erhebt sich eine leuchtende Säule, und plötzlich beginnt die Erde sich zu bewegen. Die Mädchen tanzen weiter, während sich aus der Erde ein gigantisches Skelett erhebt, das in Sekundenschnelle Fleisch, Haar und Kleidung ansetzt und sich blitzartig durch alle Stadien und Zustände der menschlichen Physiologie zurückentwickelt, das Antlitz eines Toten mit dem Antlitz des Alters vertauscht und dieses mit dem Antlitz der Reife und so weiter – und da haben wir schon einen jungen Prachtburschen vor uns, der die beiden Mädchen, das schwarze und das weiße, im unheimlich rasenden Wirbel des Huzulinnentanzes dreht und sie dabei kraftvoll mit den Händen um die Taille faßt. Die Musik wird immer schneller. Sprecherstimme: *Seit jeher und für immer: unser Land, unsre Heimat*. Eine Flasche ›Warzabytsch's Balsam‹ erscheint auf dem Bildschirm. Daneben der lächelnde Bursche und die glücklichen Mädchen in seinen Armen im Bett. Sprecherstimme: *Warzabytsch's Balsam ist wie Lebenswasser. Sogar Tote kriegen einen hoch.*«

»Klasse«, dachte Jartschyk Magierski, »da kann ich mich austoben. Enya, Marilyn Manson, Ruslana. Stanley Kubrick. Steven Spielberg. Freddy Krüger. Spezialeffekte, Grafik, Animation, Photoshop, Coral Draw. Zwei Dutzend anständige Motorräder zu finden ist auch kein Problem, plus ein paar gute, unrasierte Biker-Fressen. Ne tolle Leiche wird sich finden und 'n alter Bock auch. Aber woher den Prachtburschen nehmen?«

Tatsächlich entsprachen die Männer in seiner Umgebung kaum noch den mythologischen Standards. Es gab zwar einige recht ansehnliche Schauspieler, die aber hatte man in der letzten Zeit so oft und völlig beliebig für Reklamespots engagiert, daß ihre verbrauchten Gesichter einfach nicht mehr wirkten und der ganzen Welt, zumindest aber einem gewissen Land, zuwider geworden waren.

Jartschyk Magierski hatte zweifelsohne recht, wenn er über das Problem des männlichen Hauptdarstellers nachdachte, als er sich die fuchsig behaarte Brust kratzend loszog, um die Küche und das vertraglich zugesicherte Frühstück zu suchen.

– Echt in Ordnung, – sagte Lili, ein nicht reinrassiges, aber ziemlich anmutiges Kätzchen, während sie sich im Bett räkelte.

– Normalno, kann schon sein, – stimmte Marlen zu, Kätzchen Nummer zwei, nur schwarz, sie kam unter dem Spiegeltisch hervor, wo sie einen goldenen Ohrclip gefunden hatte.

Sie waren beste Freundinnen und zankten sich niemals, denn sie liebten sich wie Schwestern. Und nicht nur das.

– Echt wie in Tschechien, – fügte Lili hinzu. – In Tschechien sind die Hotelzimmer auch so: die Möbel, die Zimmer.

Sie war tatsächlich einmal nach Tschechien aufgebrochen, wo man ihr einen Platz als Tänzerin im *Hauptvarieté der Stadt Prag*, wie die Werber es nannten, versprochen hatte. Aber es gelang ihr nicht, die slowakisch-tschechische Grenze zu überwinden, und fast ein halbes Jahr fristete sie ihr Dasein als sogenannte Tellerwäscherin (*hundert Dollar im Monat und alle ficken dich*) in einer Absteige in der Nähe von Liptovsky Mikuláš. Aber das wußte nur sie allein.

– Tschechien is klasse, oder? – fragte Marlen, als sie sich vor dem Spiegel den Clip ans Ohr steckte.

– Wie in Bundes, – schnappte Lili, – oder fast.

Sie hatte diesen Vergleich irgendwo gehört, in irgendeinem Zug. Dort fuhr so eine weltkundige Dame, die dem ganzen Wagen verkündete, daß man *in Tschechien wie in Bundes* lebte. Lili nutzte jetzt diesen Erinnerungsblitz.

– Polen is auch o.k., – versicherte Marlen. – Da kriegt man dreihundert im Monat.

– Du auch? – fragte Lili zweifelnd.

– Klaro, – sagte Marlen bestimmt, sie tat, als bemerke sie die Zweifel der Freundin nicht. – Mal mehr, mal weniger.

– Und haste da auch getanzt? – Lili stellte ihre Falle neu.

– Klaro, – wiederholte Marlen ihre Lieblingsantwort. – Klasse Schuppen, Valuta-Bar. So hieß sie auch bei denen – Bar Valutovy. Solide Kunden. Westler und so.

– Und wieso behauptet Ruslan, du hängst auf Bahnhöfen rum? – Lilis Falle schnappte zu.

– Ruslan? – fragte Marlen und griff leicht genervt ihren Kosmetikbeutel.

– Sagt, er hätt dich auf'm Bahnhof aufgelesen, – erklärte Lili gähnend.

– Der labert viel, – antwortete Marlen. – Glaubste dem etwa? Dem Deppen!

– Depp oder nich, er hat schon die dritte neue Karre, – argumentierte Lili.

– Das ist keine Kunst, 'ne neue Karre, – parierte Marlen und schüttete den Inhalt ihres Kosmetikbeutels auf dem Tisch aus. – Soll doch lieber erzählen, wie sie ihn mit den Heringen um tausend Dollar beschissen haben.

Lili räkelte sich katzenhaft und setzte sich auf.

– Pani Walewska? – fragte sie nach einer Minute, als sie sah, daß Marlen sich ans Tuschen der Wimpern machte.

– Esti Lauder, – sagte Marlen, die beschlossen hatte, ihrer Freundin in nichts recht zu geben.

– Für mich is Max Faktor besser. Oder Revlon. – Lili zog ihr zu kurzes Nachthemd über den Kopf. – Esti Lauder is bei uns fast immer getürkt, – sagte sie beiläufig.

– Is aber nich von uns, – trumpfte Marlen auf. – Hab's geschenkt gekriegt. So'n Mann aus Bennilux, Bisinessmän.

– Ich sag dir, im Ausland isses wurscht, wie du zu Kohle kommst, – wandte sich Lili wieder dem Thema zu, nachdem sie am Kopfende des Bettes auf dem Fußboden schließlich ihren symbolischen, wie sie es nannte, *Sleepie* gefunden hatte. – Hauptsache, sie zahlen gut.

– Du hast Speck am Bauch, – stellte Marlen fest. – Solltest Gymnastik machen.

– Manchen gefällt's, – wehrte Lili ab.

– Du kommst nicht mehr gut rüber auf der Bühne, – Marlen konnte ihren Rachedurst nicht unterdrücken.

– Is mir scheißegal. – Lili kochte fast. – Hab sowieso kein Bock, mich mein Leben lang vor Männern zu Musik auszuziehen.

– Bist du blöd, – Marlen zuckte die Schultern, nachdem sie die Arbeit an ihren Wimpern beendet hatte und zum Lippenstift übergegangen war. – Du kannst doch sonst nix! Oriflame, – sagte sie nach einer Weile und zeigte Lili ihren Lippenstift.

– Na und. – Lili ließ sich nicht unterkriegen, stand auf und hakte ungestüm ihren BH zu. – Weißte noch Leska aus der dreiunddreißigsten Gruppe im Technikum? So eine mit gefärbten Haaren, nix Besonderes. Stell dir vor, die is jetzt in Italien, in, na so 'ner Stadt mit Wasser wie Venedig. Arbeitet in 'nem WC, sitzt den ganzen Tag nur rum. Und hat klar schon 'n Mann gefunden, Armenier, Grieche oder so. Und können konnte die nix, auch nich sich auf der Bühne ausziehen ...

– WC? Und nur rumsitzen? – Marlen hatte sogar kurz mit dem Schminken aufgehört.

– Nur rumsitzen! – führte Lili ihre Attacke fort, wobei sie ihre Fäuste nach Art ihrer Vorfahrinnen in die Hüften stemmte. – Bißchen Ordnung halten, Jetons verkaufen ...

– Is trotzdem Arbeit, – schüttelte die eigensinnige Marlen den Kopf.

– Und wir arbeiten nich? Sag schon – wir arbeiten nich? – Lili schüttelte ihre helle Mähne, ließ aber ihre Hüften nicht aus den Händen. – Samba! Rumba! Bumssa! Jeder will dich umsonst begrapschen, und dann noch ficken wie blöd! Und den Schotter kriegen die Luden, und wir – weißte, wieviel wir kriegen?

– Jau, – sagte Marlen.

– Nix weißte, blödes Huzulenweib, – widersprach ihr Lili. – Sechseinhalb Prozent kriegen wir, kapiert? Sechs komma fünf!

– Selber Huzulenweib, – brach es aus Marlen heraus, und sie schleuderte den leider leeren Kosmetikbeutel auf Lili.

Aber Lili zeigte ihr nur den Mittelfinger – eine Geste, die sie ihrem Bekannten Pascha von der Steuerfahndung abgeschaut hatte – und verschwand im Badezimmer.

– Zähneputzen nicht vergessen! – schrie ihr Marlen hinterher.

Sie sah den noch mal von hinter der Tür gezeigten Finger nicht, hörte aber, wie lautstark die Klospülung betätigt wurde.

Kolomeja Woronytsch oder, wenn Sie wollen, einfach Kolja verspürte schon seit geraumer Zeit großen Hunger, und so zog sie, nachdem sie es aufgegeben hatte, Anzeichen des Beachtetwerdens oder wenigstens des Aufwachens aus dem Zimmer der Alten abzuwarten, auf eigene Faust los, ihrem Abenteuer entgegen. Sie brauchte nicht lange, um das Frühstück zu finden – nachdem sie an der Tür zum DEFLORATIONSRAUM vorbeigehuscht war und einer anderen mit der Aufschrift LASCIATE OGNI ESPERANZA kaum Beachtung geschenkt hatte, fand sie sich in einem Erkerzimmer wieder und stürzte sich sofort auf die wurmstichige Kredenz. Kolja hatte gerade gedacht, daß sie die größte Lust auf Topfenstrudel hätte – und schon war er da. Der Topfenstrudel war ziemlich frisch, jemand hatte schon ein paar Stücke abgeschnitten, der größere Teil lag jedoch noch unberührt auf dem Teller. Außerdem hatte sie Lust auf Milch, doch dieser Wunsch fand kein Gehör, und so mußte sie mit einem Glas dunkelgrünen Tannenhonigs vorliebnehmen, was sich auch nicht schlecht anließ.

Kolja setzte sich an den Tisch am Fenster, brach Stücke vom Topfenstrudel ab und tunkte sie in den Honig. Draußen sah sie die Berge, die vom getauten Schnee nasse Wiese, den Wind, der fast ohne Unterlaß in den Wacholdersträuchern herumtobte. Es war ein sonniger Tag, und Topfenstrudel und Honig schmeckten ausgezeichnet. Kolja bemühte sich, nicht zu schmatzen, obwohl sie schrecklich hungrig war und unbändige Lust hatte, genau das zu tun. »Topfenstrudel«, dachte sie. »Topfenstrudel ist geil.«

Ihr gedanklicher Höhenflug wurde rücksichtslos unterbrochen durch das Erscheinen des alten, korpulenten Herrn Doktor. Er kam herein, putzte seine Zwischenkriegsbrille und blinzelte glücklich im Sonnenschein.

– Welch Schönheit! – sagte Doktor. – Meine Verehrung dem lieben jungen Fräulein. Schmeckt der Topfenstrudel?

Kolja hatte den Mund voll fester süßer Masse und konnte nur mit einem wenig aussagekräftigen »Mhm« antworten.

– Morgen und Jugend, – ließ Doktor nicht locker und machte es sich neben ihr am Tisch bequem. – Die Ingredienzien echter Poesie. In Ihrem Alter bestimmt die Poesie jede Seelenregung. Lieben Sie die Poesie?

– Ja, – antwortete Kolja, nachdem sie heruntergeschluckt hatte.

– Ja! – nickte Doktor begeistert. – Jene Periode, deren Sie, liebes Fräulein, sich zu erfreuen das Glück haben, nannte ein gewisser junger Dichter einst Grüße an das Leben. Sie wissen sicherlich, von welchem Dichter ich spreche?

Doktor richtete seinen Blick über die Brillengläser hinweg auf Kolja, wie ein wohlmeinender Prüfer beim Examen.

– Ja, – antwortete Kolja ein bißchen unsicher.

– Ich wußte es, ich wußte, daß Sie es wissen! – freute sich Doktor aufrichtig. – Leider kennt sich unsere Jugend in letzter Zeit mit diesen Persönlichkeiten nicht gut aus. Aber Sie sind nicht so eine, davon bin ich überzeugt. Essen Sie doch, ich bitte Sie, essen Sie weiter, der Topfenstrudel schmeckt offenbar sehr gut, von diesem wunderbaren Berghonig ganz zu schweigen!

– Bohdan-Ihor Antonytsch, – sprach der Professor nach einiger Zeit weiter, er ergötzte sich sichtlich an ihrem jugendlichen Appetit, – war und bleibt in unserem Bewußtsein vor allem als Dichter des Frühlings und der Jugend lebendig. Dichter des Frühlingsrausches – so nannte er sich selbst, und besser kann man es nicht sagen.

Kolja wußte nicht, was sie antworten sollte, außerdem hatte das Wort »Rausch« in der Interpretation ihres Stiefvaters für sie eine etwas andere Bedeutung, aber zum Glück fuhr Doktor fort:

– Ihr jungen Leute beachtet den Frühling nicht einmal. Euch scheint, als wäre der Frühling etwas Immerwährendes in dieser Welt, also nehmt ihr ihn als gegeben hin. Erst später, viel später erst folgt die Einsicht nach, daß unsere Frühlinge gezählt sind wie unsere Jahre. ›Noch ist mein Lachen jung und grün die Seele‹, schreibt unvermutet hellsichtig der Dichter Antonytsch. Ich bitte Sie, über dieses *noch* nachzudenken. Ist es nicht der Beginn der in ihrem Grundwesen tragischen Erkenntnis, daß wir alle der Vergänglichkeit anheimgegeben sind?

Der Professor blickte Kolja unverwandt lächelnd an, und davon wurde ihr sogar der Honig bitter. Sie dachte fieberhaft darüber nach, was sie sagen sollte, denn der alte Hobbit begann ihr leid zu tun; schließlich fragte sie:

– Möchten Sie vielleicht ein Stückchen Topfenstrudel? Es ist noch genug da ...

– Ach, herzlichen Dank, – winkte Doktor ab. – Ich darf nichts Süßes essen. Zucker, wissen Sie. Früher habe ich Süßes geliebt, besonders den Mohnkolatschen meiner Tante. Doch schauen Sie nur, wie herrlich es draußen ist! Was für wunderschöne Berge! Was für eine Sonne! Berge und Sonne – zwei Dinge, mit denen wir beschenkt wurden, damit wir uns in vollen Zügen an der kurz bemessenen Existenz erfreuen. In die Berge, der Sonne entgegen – so hat es der Dichter Antonytsch formuliert. Und außerdem hat er gesagt: Es kreist des Frühlings ewig' Karussell!

Sie schwiegen eine Weile. Kolja tat so, als ob sie den Topfenstrudel gründlich durchkaue. Aber der Professor konnte offensichtlich nicht lange schweigen.

– Bemerkenswert ist auch, – fuhr er eine Minute später fort, – welche rational nicht erklärbaren Bilder der Dichter findet, wenn er vom Frühling schreibt. Zum Beispiel des Frühlings zwölf Ringe. Genau so: des Frühlings zwölf Ringe! Haben Sie, liebes Fräulein, schon einmal bis zwölf gezählt?

Kolja zuckte die Achseln und dachte, daß sie noch nie einen dämlicheren Gesprächspartner gehabt hatte. Aber der Anstand gebot, daß sie sich zusammennahm, und sie antwortete:

– Habe ich.

– Fabelhaft! – Der Professor sprang fast vom Stuhl auf, als habe er nur auf diese Antwort gewartet. – Dann versuchen Sie, die zwölf Ringe des Frühlings aufzuzählen, von denen der Dichter Antonytsch spricht.

– Da kannst du lange warten, – dachte Kolja; sie sagte, was ihr in den Sinn kam:

– Also, der erste Ring – das ist vielleicht ... der Keuschheitsgürtel der Mädchen.

Sie wußte selbst nicht, warum sie das sagte.

– Fabelhaft! – Doktor hüpfte wieder wie ein Springteufel. – Und der zweite Ring?

– Und der zweite ... Der zweite ist vielleicht ... so ein Tanz, wo alle im Kreis tanzen. Also, ein Tuch wird auf dem Boden ausgebreitet, und alle küssen sich.

– Phänomenal! Der dritte, der vierte? – ermunterte sie Doktor.

Kolja konzentrierte sich und sagte:

– Ich muß nachdenken.

– Das soll Ihre Hausaufgabe sein, liebes Fräulein, – rieb sich der Professor die Hände. – Versprechen Sie, daß Sie bis zum Ende unseres Ferienaufenthaltes alle zwölf Ringe aufzählen können! Ach nein – versprechen Sie nichts – da rutschen mir, entschuldigen Sie, meine garstigen Dozentenmethoden heraus. Versprechen Sie nichts – schauen Sie einfach und genießen Sie!...

Um den komischen alten Herrn nicht zu enttäuschen, blickte Kolja angespannt hinaus, in die Welt vor dem Fenster. Es schien ihr, als drehte sie sich auf einem schwindelerregenden Karussell irgendwo direkt unter dem Himmel. Das ganze Land mit Wäldern, Wasserläufen und winzigen Bahnstationen lag unter ihr. Aber das änderte sich schnell – fast gleichzeitig nahm sie den feuchten Geruch von Schlüsselblumen wahr. Es blieb nur die kleine Gestalt eines Unbekannten, die langsam den immer steiler werdenden Hang vom Wald in Richtung Pensionat heraufstieg.

– Oder, sagen wir, die Gerüche, – erriet der Professor ihre Halluzination. – Der Frühling in den Bergen schenkt uns eine so ungewöhnliche und betörende Palette! Kennen Sie den Duft von Wacholder? Und von Tannennadeln? Und von nassen Tannenzapfen? Oder von jenen Schlüsselblumen dort? Oder, sagen wir, von Gänsefingerkraut? Oder wie Lehm riecht, gewöhnlicher Lehm, aus dem wir alle hervorgegangen sind und in den wir zurückkehren? Und all das ist uns nicht einzeln, sondern zusammen gegeben, als die eine pulsierende Substanz! Interessant, daß Antonytsch für all diese Gefühle ein und dasselbe Epitheton findet – »berauschend«. Aber treffender läßt es sich nicht sagen. Treffender kann man es nicht ausdrücken, stimmt's?

– Stimmt, – sagte Kolja und schob das dreiviertel geleerte Honigglas, an dessen Wänden dunkle Ströme herabkrochen, von sich weg.

– Oder, sagen wir, die Geräusche – der Professor rollte leicht mit den Augen. – Windböen, das stetige Rauschen der Bäume und des Wassers, das Blöken der Schafe und die Glocken der Kühe. Sie werden sie nie zu Gesicht bekommen, diese unsichtbaren Kühe, aber Sie hören, wie sie mit ihren Glocken bimmeln. Fügen Sie vom Wind hergetragene menschliche Stimmen oder Vogelschreie hinzu. Sie, liebes Fräulein, lieben natürlich die Vögel?

– Ja, – sagte Kolja, – jedenfalls manche.

– Man muß alle Vögel lieben, – stellte Doktor milde fest. – Und welche Vögel lieben Sie am meisten?

– Adler, – sagte Kolja nach längerem Nachdenken, um den Alten nicht mit einer unangebrachten Antwort zu beleidigen. Obwohl es sie sehr danach gelüstete, »Pinguine« zu sagen.

– Pinguine erwähnt der Dichter Antonytsch auch, – erriet Doktor ihre Gedanken. – Im Gedicht »Polarien«, glaube ich, vielleicht auch woanders. »Polarien« oder »Arktika«. Was meinen Sie? Pinguine oder Robben?

– Ich weiß nicht mehr. – Kolja hob schuldbewußt die Schultern.

»Ich muß unbedingt Pepa nach diesem Antonytsch fragen«, dachte sie. Normalerweise gab sie dem Drängen ihrer Mutter nach und nannte ihren Stiefvater vor anderen Papa. Aber in ihrer Seele bewahrte sie sich die Freiheit: Kein anderer Name paßte so gut zu diesem Lumpenhund wie sein eigener Nachname. Pepa.

Der Professor sah sie lächelnd an. Sie wandte den Blick ein paarmal ab, beschloß dann aber plötzlich, sich nicht zu ergeben, und schaute ihm mit einem tapferen und langen, sogar ein bißchen dreisten Blick auf die Brille – ein Blick, den sie manchmal mit ihrer Freundin trainierte, bevor sie abends in die Stadt gingen. Von Hobbits wußte sie, daß sie ein bißchen hasenfüßig sind. Nach unerträglich in die Ewigkeit gezogenen zehn Sekunden begann der Professor zu blinzeln und wurde verlegen, sein Lächeln zitterte, verzog sich zur Grimasse, dann kapitulierte er. Kolja hatte sogar den Eindruck, daß er ein bißchen errötete.

»Komischer Opa«, dachte sie.

Vor dem Fenster war es schön wie zuvor, nur die Gestalt

am Hang war erheblich näher gekommen, und Kolja wäre jede Wette eingegangen, daß es der österreichische Bekannte ihrer Mutter war, mit etwas Gelbem und Weißem in der Hand. (Karl-Joseph kehrte gerade von seinem morgendlichen Erkundungsgang zurück und trug einen Strauß noch feuchter Krokusse – raten Sie mal, für wen.)

– Nun gut, – murmelte Doktor schließlich, ließ seinen verschämten Blick heimlich über Koljas nackte Beine gleiten und erhob sich steif. – Ich danke, liebes Fräulein, für die wundervolle Gesellschaft. Es war sehr interessant, mit Ihnen zu sprechen.

– Gern geschehen, – sagte Kolja nicht ganz passend.

Der Professor verbeugte sich genauso steif und glitt halb rückwärts, halb seitwärts durch die Tür, unsicher, als ob er sich in seine eigene Kleidung verheddert hätte.

– Ich schenke Ihnen bei Gelegenheit meine Monographie über den Dichter Antonytsch, – versprach er ihr schon auf dem Flur.

– Schenk sie doch deiner Tante, elender Pauker!, – antwortete Kolja und wurde so vergnügt, daß sie nochmals zum Honigglas griff.

– Was hier für Spinner rumlaufen, – fügte sie gutmütig hinzu.

Danach brach es völlig unerwartet aus ihr heraus:

– Und der dritte Ring – das sind Umarmungen meines fernen Liebsten ...

Dann hörte sie auf der Veranda den schweren Salamander-Schritt des vom Frühling und den Krokussen ganz erfüllten Zumbrunnen.

6 Erste Gerüchte von Bohdan-Ihor Antonytschs Kommen beschäftigten das lokale Lemberger *Milieu*, so scheint es, schon im Jahre 1928, ein Jahr also bevor der Dichter sich tatsächlich in dieser Grube steingewordener Löwen niederließ. Ein solcher Vorgriff ist nichts Ungewöhnliches – Antonytsch wurde in Lemberg vorausgeahnt, der Stadt fehlte es damals in höchstem Maße an einer Gestalt wie ihm, und derweilen trafen aus Przemyśl, Sianok und Drohobytsch die frappierendsten Nachrichten über immer neue Eskapaden dieses *enfant terrible* des galizischen *Underground* ein. In dem bekannten Brief von Bruno Schulz an Antoinette Spandauer, datiert vom März desselben Jahres 1928, findet sich zum Beispiel eine sehr aussagekräftige Passage darüber, daß »Drohobytsch – und das mehr als einmal – unter seinen [Antonytschs] wilden Streichen erbebte. In allen maßgeblichen Salons wird nur über ihn und seine letzte Performance mit dem abgeschlagenen Schweinskopf und der gepfählten Małgośka geklatscht. ⟨...⟩ Trotz aller Absonderlichkeiten ist und bleibt er aber eine im lyrischen Ausdruck reine Erscheinung. Und angesichts seiner noch nicht ganz neunzehn Jahre erweckt er große Hoffnungen, allerdings wirken die exotischen Blumen in seinen Armen in dieser trüben provinziellen Misere ein bißchen erfroren ⟨...⟩ Erst gestern haben er und ich eine wahrhaft merkwürdige Aktion in der ›Roten Lampe‹ veranstaltet und dabei radikal sämtliche provinzielle Vorstellungen von Anstand und – was viel wichtiger ist – das Genörgel meiner rigorosen Adela ignoriert. Ich will an dieser Stelle nicht in die Einzelheiten gehen – Sie, meine Gnädigste, werden ja alles früh genug aus den Klatschspalten erfahren. Es genügt anzudeuten, daß mir das Ballettrikot diesmal wie angegossen paßte und daß das Klirren der Fesseln und das Pfeifen der Peitsche die akmeistische Eruption ja förmlich verursachen mußte. Und bitte – heute ist das ganze Städtchen in Aufruhr, und das sogenannte *establishment* würde sich am liebsten in den Arsch beißen vor Wut und Ohnmacht.«

Diese einzige uns bis heute aus den Briefen des drohobytschen Mannequin-Meisters bekannte Erwähnung Antonytschs sagt viel über die Rolle, die der heimatlose Jüngling unter den erschwerten Bedingungen des von der sogenannten *galizischen progressiven Gesellschaft* tagtäglich aufgeführten moralistischen Theaters gewählt hat. Gab er anfänglich den *bad boy* und irgendwie sympathischen Brausekopf (NB – von vielen heimlich geliebt!), so bekam seine Rolle mit den Jahren (aber was für Jahre denn! – Antonytschs Leben verlief so rasant und seine Entwicklung so steil, daß man nicht von Jahren, sondern von Monaten wenn nicht Wochen sprechen muß!), mit den Monaten also gewann seine Rolle eine immer ernstere und sogar tragische Dimension, bis sich schließlich den Aufmerksamsten unter uns die Katastrophe einer Persönlichkeit enthüllte, die völlig und ganz der Weltgemeinschaft der *verfemten Dichter* angehörte. Genau dort muß man die Spuren von Antonytschs Gegenwart suchen, unter ihnen, in ihrem illegalen Nachtclub, wo Baudelaire sich mit Opium betäubt, George schöne Jünglinge halluziniert, Rimbaud sein ewiges Vorläufertum auskotzt, Trakl den betäubend herben Äther aus den Mullbinden inhaliert und Jim Morrison lebensgierig und leichtsinnig den Indianertod in sich einläßt. Genau dort, wo es um radikale *Bewußtseinserweiterung* bis zum völligen Verlust desselben geht, dort unter ihnen, den Verlorenen und Bisexuellen, hat Antonytsch dauerhaft seinen Platz, irgendwo zwischen dem mit explosiven Alkoholmischungen besudelten Tresen und dem schäbigen Podium der Stripperin ohne Herz und Nase. »*Laß ein, laß ein mich Wanderer und Vagabunden, / laß ein den Dichter von Verzweiflung, Pracht und Aufruhr*«, wendet sich Antonytsch an den Wirt des Etablissements, und nachdem er sein persönliches Geheimzeichen an die Pforte gemalt hat, überschreitet er für immer die Schwelle.

Nicht 1928 also kam er nach Lemberg, wie das oft in bohemehaften Kreisen behauptet wurde, sondern ein Jahr später. Es existiert ein ganzer Stapel ziemlich widersprüchlicher Zeugnisse, wer ihn wann und unter welchen Umständen als erster gesehen und – welche Anmaßung! – *willkommen geheißen* hat. Es lohnt nicht, auch nur einem dieser Zeugnisse und Gerüchte Glauben zu schenken, am allerwenigsten denen, die in den Fluren und Auditorien der Universität gestreut wurden. All diese (interessanterweise aus späteren Jahrzehnten datierenden) Versuche, Antonytsch als *Musterstudenten* darzustellen, der immer und für alles eine fertige, wohlüberlegte Antwort parat hatte und keine einzige Vorlesung in Vergleichender Sprachwissenschaft versäumte, zeugen nur von dem naiven und krampfhaften Bemühen ebenjenes galizischen *Theaters*, seine angestammten Werte zu verteidigen, gemäß deren ein großer Dichter einfach nichts anderes sein kann als ein Musterstudent, woher käme sonst seine dichterische Größe? Ja, genau dieser heuchlerischen und philisterhaften Vorstellung davon, wie ein Dichter – *Sprachrohr und Herr der Gedanken des Volkes* – zu sein hat, verdanken wir die später verbreiteten Legenden vom furchtsamen und schüchternen Jüngling, von Hauspantoffeln, Schlafröcken, dem zu Migräne neigenden, ewig mit einem Handtuch umwickelten, spärlich behaarten Kopf, von beginnender Korpulenz, von der Tapsigkeit und der fast animalischen Angst vor allem und jedem auf der Welt: Hunden, Mädchen, Autos, Bazillen, Durchzug, in erster Linie aber vor seiner despotischen *Tante*, in deren Haus in der Horodozka-Straße 50 er angeblich zu wohnen genötigt war.

Diese Version veranschaulicht die Unverfrorenheit aller postantonytschianischen Falsifikationen besonders deutlich. Denn tatsächlich konnte von einer Tante keine Rede sein. Die Person, bei der der Dichter in der Horodozka-Straße wohnte, war vielmehr seine langjährige (1929-1933) Geliebte, die in fleischlichen Genüssen ungezügelte und in konditorischen

Einfällen unübertroffene Witwe eines kaiserlichen Postbeamten, die ungekrönte Königin von Silvesterbällen und Wohltätigkeitslotterien der Jahrhundertwende; sie war es, der unser unreifer, lebenshungriger Bursche aus dem Lemkenland mit seinen unermüdlichen nächtlichen Diensten das letzte Auflodern des Altweibersommers versüßte. Der Umstand aber, daß sie Antonytsch auch nach dem Ende ihrer körperlichen Beziehung weiter bei sich wohnen ließ, spricht für ihre über das Fleischliche hinausgehende Verbundenheit mit dem jungen Untermieter. Außer der Vorliebe für Absinth und starke, lange, selbstgedrehte Zigaretten bewahrten sie sich noch viele andere platonische Gemeinsamkeiten. Manchmal spielte er ihr auf der Geige vor, manchmal, wenn sich ihre schwere Erbkrankheit meldete, brachte er ihr Kaffee mit Schlagobers ans Bett. Einer den meisten heimlichen Liebschaften eigenen konspirativen Gewohnheit folgend, nannte er diesen Vamp tatsächlich mutwillig *Tante* – so wie sie ihn *mein junger Kater* rief –, dies aber gewiß nicht, weil sie den ursprünglichen Nachnamen seines Vaters, Katz, kannte! Doch nur Jaroslaw Kurdydyk, einer der Vagantenbrüder und engsten Freunde des Dichters, erkühnte sich in seinen bisher nicht publizierten Erinnerungen, den angetrunkenen Antonytsch zu zitieren, wie er sich ungefähr ein Jahr vor seinem Tod zu einem seltenen Bekenntnis über die *Tante* hinreißen ließ: »Es gibt nichts, was wir nicht zusammen getrieben hätten.« Um zu ergänzen: »Von allen Phänomen das erstaunlichste ist doch – die Existenz.«

Gerade seinen, Kurdydyks, Erinnerungen an Antonytsch können wir heute wohl am ehesten Glauben schenken, wenn auch nicht ohne Vorbehalt, sind doch auch sie nicht frei von einzelnen Überdrehungen und Falsifikationen. Zumindest aber stecken sie voller Leben, schlagfertiger, rauschhafter Diskussionen und nächtlicher Zusammenkünfte in Proleten- und Banditenklubs, es gibt dort die unglaublich deftige Szene von Antonytschs improvisierter Lesung der »Rotationen« am 11. Juni 1936 (das erste Lemberger Jazzcafé »Hinter der Mauer«, Klarinettensolo von Alfons »der Maure« Kaifman) und auch die unglaublich ergreifende Episode, als der von einer vierundzwanzigstündigen Bacchanalie zu Tode erschöpfte Dichter auf dem Trittbrett der ersten morgendlichen Straßenbahn unter Verbeugungen und Faxen von einer Schar befreundeter Schauspielerinnen und Schornsteinfeger Abschied nimmt mit den ihnen nicht ganz verständlichen, aber absolut prophetischen Worten: »Ich reise schon. Vorübergehend nur war ich hier Gast.« Die Straßenbahn fährt an, und die Bedeutung seiner Worte geht ihnen allen erst einige Wochen später auf, als sie den leichten Körper des Dichters in die Erde des Janiwskyj-Friedhofs betten. Aber in den Erinnerungen eines der Kurdydyk-Brüder stoßen wir auch noch auf etwas anderes: die Anspannung des intellektuellen Ringens, Berge durchgearbeiteter Wörterbücher, den ewigen Kampf gegen die reguläre Betonung und die leise Jagd auf die exotischsten esoterischen Manuskripte in den versteckten Winkeln der Ossolineum-Bibliothek.

Und was nicht weniger wichtig ist – dort finden wir auch Lemberg. Das Lemberg der dreißiger Jahre, eine Stadt, die praktisch nicht mehr existiert. Und sollte sie dennoch existieren, dann irgendwo im Unerreichbaren, von der heutigen Stadt getrennt durch einen unüberwindlichen Abgrund, dessen Name Traum ist.

Lemberg und Antonytsch. War es Liebe oder – ? Niemand wird diese Frage heute ohne Zögern zu beantworten wagen. Man kann sagen, was man will, hier hat der Dichter seine wichtigsten, seine letzten acht Jahre verbracht. Diese acht Jahre haben ihn zu dem gemacht, was er war. Folgen wir allerdings den späteren analytischen Traktaten über Persönlichkeit und Werk (ja, *traktieren* – welch passender Ausdruck!), so muß er sich dort alles andere als wohlgefühlt haben. Ihn bedrückten Stein und Asphalt, die ungeheuren Menschenmengen, *Konditoreien, Kirchen, Börsen.* Viele der wissenschaftlichen Antonytschisten, von Natur aus kluge Füchse, sehen Antonytsch vor allem als eine Art lemkischen Mowgli, bis zur Selbstauflösung hingegeben an alles Tiefgründige, Urtümliche, Ethnographische, Grüne, Auenhafte. Einige belegen sogar anhand dieser oder jener Textstelle, daß mit dem Erscheinen und der Entfaltung eines urbanistischen Weltbildes in den Werken des Dichters ein Todeshauch seinen lebensbegrüßenden Geist anweht und an die Stelle des üppigen Festes des Bios das grau-schwarze tanathische Mysterium tritt im unheilverkündenden Zeichen von Technos und damit auch Chaos.

Diese Konzeption müßte, wie man sich in Kreisen solcher Analytiker auszudrücken pflegt, *zugrunde gelegt* werden, wäre da nicht die Überzeugung, daß sie in Wirklichkeit gewaltsam einem Bild von Antonytsch angepaßt wurde, das schrecklich wenig mit seiner realen (und surrealen) Person gemein hat. Schon allein deshalb, weil dieses Bild eine Schablone ist, in die das *galizische gesellschaftliche Theater* den Dichter teils schon zu Lebzeiten, vor allem aber postum hineinpressen wollte.

Denn in Wirklichkeit zog nichts ihn mit solch grausamer und unwiderstehlicher Macht an wie Lemberg. (Die Anspielungen vieler Analytiker auf Wien, Paris, London oder New York zeigen ja, wie sehr sie die Situation zu verwirren suchen: Der Dichter bereitete sich erst auf die Große Reise vor und schrieb an den Metropoliten Graf Scheptyzky immer verzweifeltere Briefe mit der Bitte um finanzielle Unterstützung seiner zukünftigen Eskapaden, sandte sie aber nicht ab.)

Ja, Lemberg – Stadt der Polizeiblasorchester, der provinziellen öffentlichen Versammlungen, der Volksgaststätten und Genossenschaftsteehäuser, die Stadt mit dem riesigen Gefängnis in der Hauptstraße, unmittelbar neben der lasterhaften Unterkunft des Dichters. Es ist nicht schwer, in dieser Stadt die beiden Sphären zu erkennen, die Antonytsch besonders reizten.

Die erste ist das unterirdische Lemberg, versteckt und überflutet, mit toten Schächten und Gängen, geheimen, halbverschütteten Labyrinthen und dem eingemauerten Fluß, an dessen Ufer noch immer zuckende Schwärme erblindeter Fische stoßen, die von unten gegen die Gebäude drücken und die rissige Haut des Asphalts aufblähen.

Die zweite ist das Lemberg des Proletariats, vielleicht sogar des Lumpenproletariats, also all die schlecht beleuchteten und undurchdringlichen herbstlich-frühlingshaften Vorstädte, Schnapsbrennereien, Gerbereien, Ölpressen und Brauhäuser, die allgegenwärtigen schmutzigen Marktstände und Verkaufsbuden, die liegengebliebenen und für immer im Morast feststeckenden Limousinen, Straßenhandel, Hundekuchen, Mohnkraut, Methylalkohol und Mädchen; natürlich auch eine unbestimmte Anzahl von dunklen und warmen Nestern, wo kahle Männer und ihre Freundinnen, geschminkte Frauen mit blaugefärbtem Haar, Tag und Nacht herumsitzen, sich der erbarmungslos dröhnenden Musik hingeben und ohne Unterlaß Sonnenblumenkerne spelzen.

Nebenbei sei bemerkt, daß es dieses Lemberg war, welches Antonytschs Lebenswandel in vielerlei Hinsicht bestimmte, was die Kommunisten jener Zeit dazu veranlaßte, ihm unablässig Avancen zu machen. Bei ihren Versuchen, ihn um jeden Preis für ihre Presse zu gewinnen – die legale wie die illegale –, geizten sie nicht mit Anerkennung und Teilnahme, wechselten geschickt zwischen Komplimenten und Anwürfen, erreichten aber ihr Ziel nicht.

Heute bleibt uns nichts anderes übrig, als den Zeugnissen des erwähnten älteren Kurdydyk Glauben zu schenken, unter denen folgende Szene in einem der Bordelle in der Lewandiwka äußerst bezeichnend erscheint, die irgendwann um die

Jahreswende 1936/37 stattgefunden haben muß, wohl im Dezember, kurz vor Weihnachten. »An jenem Tag«, schreibt Kurdydyk, »war es ganz besonders düster und grau, schon um drei Uhr nachmittags begann es zu dämmern. Bohdan und ich hatten uns auf den Hetmans-Wällen getroffen und zogen, nachdem wir jeder ein angewärmtes Bier getrunken hatten, langsam auf der Pidwalna-Straße in Richtung Risni-Platz und dann zur Ecke Wuhljarska/Kotelna-Straße, wo sich damals das bei Taschendieben beliebte Kino ›Illusion‹ befand. Bohdan liebte Kino, besonders die Wochenschauen aus unterschiedlichen Ländern der Welt. Unterwegs hatten wir noch eine Flasche ziemlich scheußlichen Beerenweins gekauft – einzig wegen des lächerlich geringen Preises. Als wir im verdunkelten Kinosaal saßen, ließen wir sie vom einen zum anderen wandern und süffelten. Auf der weißen Kinoleinwand wurden anfangs Episoden aus dem spanischen Bürgerkrieg gezeigt. Eine verdammt schlecht ausgebildete Division belagerte ganze vierzig Tage die Festung des Gegners. Alcazar, so hieß, glaube ich, diese Festung, obwohl viele Jahre vergangen sind und ich mich nicht mehr mit Sicherheit erinnere. Weil Bohdan schlecht sah, saßen wir in der ersten Reihe. Er ging oft ins Kino, und immer saß er in der ersten Reihe. Wir tranken Wein, und manchmal lachten wir. Es war lustig wegen der ungelenken, buckligen Panzer, aber ein paar Diebe hinter uns unterhielten sich laut auf polnisch, bis Bohdan sich umdrehte und sagte, sie sollten die Klappe halten. ›Paß bloß auf‹, gab der Gröbste von ihnen zurück, und daß Bohdan sich nach der Vorstellung auf etwas gefaßt machen könne. Die Diebe gehörten zu einer Bande aus der Gegend um den Krakauer Markt. Diesmal schwieg Bohdan, aber ich würde nie auf die Idee kommen, daß er es aus Angst tat. Dann lief eine Wochenschau aus Abessinien, wo es der italienischen Armee irgendwie nicht gelang, mit den schwarzen Stämmen fertig zu werden. Als die schwarzen Krieger gezeigt wurden, wie sie mit Pfeil und Bogen auf die italienischen Flugzeuge schossen, brüllte die Bande hinter uns so richtig los. Bohdan trank den Rest des süßen Beerenweins in einem Zuge aus, drehte sich um und zog dem größten die leere Flasche über den blöden polnischen Schädel, daß die Funken stoben. Bevor die Diebe wußten, wie ihnen geschah, rannten Bohdan und ich auf die Straße und gelangten durch irgendwelche nur ihm bekannten Tore und Winkel zum Anfang der Janiwska-Straße, wo wir uns davon überzeugten, daß wir nicht verfolgt wurden. Danach ließen wir uns bei unserem Bekannten Fedj in der ›Heiligen Babylon‹ nieder, wo wir wie üblich Bockbier (Dunkles) bestellten und dazu Trinkspiritus ›Bon Gut‹. Drinnen saßen schon verdammt viele Trinker, ein Junge von der Straße brachte die Abendzeitung und schrie durch die ganze Kneipe, ein japanischer Minister prophezeie den Krieg. ›Slawko, Slawko‹, sagte Bohdan und rieb sich die schwer gewordene Stirn. ›Etwas Ungutes bereitet sich vor auf der Welt: Spanien, Abessinien, Japan.‹ Und von Zeit zu Zeit wiederholte er ›Rom, Berlin, Tokio‹. Ich erinnere mich nicht mehr, wie lange wir dort saßen und was wir noch tranken. Dafür erinnere ich mich, daß wir uns in tiefster Nacht in einem gewissen Club in der Lewandiwka wiederfanden. Üblicherweise kamen Bahnarbeiter hierher, aber auch ein paar Ingenieure, ebenfalls von der Bahn. Mädchen mit lustigen Kokarden an den Hintern kamen die Treppe herunter. Ich nahm mir, wie üblich, die schlaksige Oryska, denn ich mag mich nicht dauernd an einen neuen Arsch gewöhnen müssen, und spendierte ihr einen Likör. Bohdan hingegen wiederholte nur sein ›Rom, Berlin, Tokio‹ und konnte sich nicht entscheiden, bis der Ingenieur Signalski spottete: ›Sucht der Herr Dichter wohl hier nach seiner Muse?‹ Zornig nahm sich Bohdan die kleine, knochige Luisa, Tochter eines trunksüchtigen Notars aus der Lewandiwka, die noch keine fünfzehn Jahre alt war. Diese Luisa war schrecklich dumm und lutschte am Daumen. Meist nahm sie niemand, es hieß, sie habe die Fallsucht. Wir plauderten eine Weile freundschaftlich mit den Eisenbahnern, und als es Zeit wurde, mit den Mädchen in die Schlafzimmer zu gehen, kaufte Bohdan der kleinen Luisa einen Lutscher, damit sie aufhörte, den Daumen in den Mund zu nehmen. So gingen wir auseinander, und Bohdan sagte immer noch ›Rom, Berlin, Tokio‹. Ich war in meiner Jugend ein Heißsporn, und so kam ich schon nach ungefähr einer halben Stunde in bester Stimmung wieder herunter, um auf Bohdan zu warten, hatten wir doch verabredet, nicht lange dort zu bleiben. Ich sitze eine Stunde – er kommt nicht, ich sitze eine zweite, da denke ich mir: Na, irgendwas stimmt hier nicht, und gehe wieder nach oben, zu Luisas Schlafzimmer. Es war nämlich ein Etablissement, wo die Klienten manchmal ausgeraubt oder, wenn es sich ergab, sogar vergiftet wurden. Ich stehe vor der Tür, und drinnen deklamiert Bohdan: ›*Auf Haufen schwarzer Arme, schwarzer Beine rotes Blut und gelber Schaum / auf Lippen tödlich schleim'ger Schaum, zerfetzt vom Kuß der Kugel*‹. Ich klopfe an die Tür und trete in höchster Sorge ein, und er weiter: ›*Der Hölle Schoß entsprangen Tulpen – es explodieren Minen, Feuerbüschen gleich / aus Erdentiefen grüßen Salven laut und unbesiegbar.*‹ Und was sehe ich? Bohdan steht mitten im Zimmer auf einem Hocker und rezitiert ein frisch verfaßtes Gedicht, und die kleine Luisa liegt wie ein Engelchen im Bett, die Decke sorgsam festgesteckt, an Bohdans Lutscher nuckelnd schaut sie ihn aufmerksam, voller Respekt an und hört zu. Es war, wie ich heute weiß, ›Das Lied vom schwarzen Heer‹, das auch ich bis zu Ende anhören mußte, und dann noch ›Das Lied von Alcazar‹ – beide Gedichte hatte Bohdan in dieser Nacht geschrieben. Und bevor er nicht fertig war, konnten wir nirgendwohin gehen. Zum Abschied verbeugte sich mein unvergessener Freund und Kollege feierlich, stieg majestätisch vom Hocker, neigte sich über das Kind und küßte es auf die Stirn. Er sagte nicht ›Gute Nacht‹, er sagte nur, die *reizende Nymphe* möge ihn und uns alle in ihre Gebete einschließen. Später hat mir jemand erzählt, sie sei während des Krieges von einem Deutschen auf offener Straße erschossen worden. Bohdan und ich aber machten uns auf den Weg und schleppten uns bei Schneeregen bis zur Horodozka-Straße, die wir etwa gegen vier Uhr morgens erreichten. ›Weißt du‹, sagte er zu mir, als wir im Torbogen unter der Nummer 50 zusammen unsere letzte Zigarette rauchten, ›manchmal habe ich das Gefühl, als ob mir jemand die Gedichte ins Ohr flüstert. Buchstäblich flüstert.‹ Ich bekam eine Gänsehaut, er aber sprach noch einmal sein ›Rom, Berlin, Tokio‹, und mit diesen Worten ging er hinein, ein bißchen geduckt, er ahnte wohl schon, welche Szene ihm seine Tante machen würde.«

Interessant, daß Antonytsch dieselben Worte – vom Einflüstern der Gedichte – mindestens noch zwei weiteren Leuten gegenüber gebraucht hat. Denn wir finden sie auch in den Erinnerungen eines anderen Freundes, des Künstlers Wolodymyr Lasowskyj, und der Verlobten des Dichters, Olha Olijnyk.

Wolodymyr Lasowskyj, Autor der außergewöhnlich detailreichen und deshalb überzeugenden Abhandlung »Die zwei Gesichter Antonytschs«, stand dem Dichter zu seinen Lebzeiten nicht weniger nah als die Brüder Kurdydyk. Es sei nur erwähnt, daß Lasowskyj von Antonytsch gebeten wurde, die graphische Gestaltung seiner Gedichtbände zu besorgen. Um so erstaunlicher, daß aus seinen, Lasowskyjs, Aufzeichnungen eine entschieden andere Person ersteht – ebenjener Musterstudent und Klassenprimus, disziplinierter Neffe seiner Tante, typischer galizischer Popensohn mit eindeutiger Neigung zur staubigen Gelehrtenexistenz, zu Hauspantoffeln, Schlafröcken und Korpulenz.

Vergleicht man, wie Lasowskyj und wie Kurdydyk das Verhalten Antonytschs beschreibt, so kann man sich des faszinierenden Eindrucks nicht erwehren, daß von zwei verschiedenen Menschen die Rede ist, die in ihrem wirklichen Leben so weit voneinander entfernt sind, daß sich ihre Umlaufbahnen auch zufällig kaum je schneiden würden. (Auf dieses Geheimnis nimmt Lasowskyj wohl Bezug, wenn er sich des Bildes von den »zwei Gesichtern« bedient.)

In der Tat: Erscheint Antonytsch bei Lasowskyj vor allem matt, sogar irgendwie apathisch, so erscheint er bei Kurdydyk wunderbar lebendig, ja, wie von einem namenlosen inneren Begehren verzehrt. »... Plötzlich entwand er dem Zigeunervirtuosen Ferenz Geige und Bogen und begann, die Teufelstrillersonate herunterzufiedeln und danach einen Arkan, so daß die Anwesenden von ihren Stühlen aufsprangen, um ihm zu applaudieren«, schreibt zum Beispiel Kurdydyk über Antonytschs Improvisationskunst im Restaurant des Hotels »George« im Frühjahr '36.

Ist Antonytsch bei Lasowskyj vor allem langweilig und verschlossen, unfähig, ein Gespräch zu beginnen, geschweige denn, es zu führen, so ist er bei Kurdydyk unglaublich einfallsreich und oft sehr witzig: »Wie haben wir uns alle gebogen vor Lachen, als Bohdan in die Zirkusarena sprang, in rotgrün karierten, viel zu weiten Clownshosen, die ihm auch noch herunterrutschten. An jenem Abend hatte er mit Hawryljuk und Tudor, den beiden kommunistischen Schriftstellern, gewettet, daß er sich ohne Hosen in der Öffentlichkeit zeigen werde. Und, klare Sache, er gewann.«

Bei Lasowskyj ist Antonytsch unnatürlich furchtsam (man braucht sich nur vorzustellen, wie er, fast gelähmt vor Angst, über die Lemberger Bürgersteige trippelt, mit letzter Kraft versucht, sich von den Automobilen möglichst fernzuhalten, und sich deshalb mit dem ganzen Körper an die Hauswände preßt!). Hingegen haben wir es bei Kurdydyk mit einem eher unbesonnenen und waghalsigen Charakter zu tun. Die zitierte Episode mit der auf dem Kopf eines Kriminellen zerschlagenen Flasche kann als bester Beweis dafür dienen. Obwohl nein, es gibt einen noch aussagekräftigeren: Da kriecht er als erster auf das Dach eines vom Feuer erfaßten Gebäudes und rettet ein vierjähriges Mädchen, das ein kleines Kätzchen an seine Brust drückt (der heiße Sommer '35, nicht weit vom Kaiserwald).

Lasowskyj schreibt, daß Antonytsch der Ruf eines ziemlichen Geizkragens vorauseilte, und wenn es einem aus seiner Clique gelang, ihn in ein, sagen wir, Kaffeehaus zu schleppen, so machte Antonytsch beim Zahlen unausweichlich jede Menge Probleme, legte sein Gesicht in Falten, errötete und brummelte etwas vor sich hin – ganz zu schweigen davon, daß er meist den billigsten, bläßlichsten Tee bestellte, ohne Zitrone. Kurdydyk betont nicht nur Antonytschs hypertrophe Verschwendungssucht – aus seinen Erinnerungen ergießen sich von Antonytsch bestellte und bezahlte Ströme von Bier, mit Nebenflüssen von Schnaps, Punsch, Kognak und Brandy; sein Antonytsch wirft das Geld auch sonst mit vollen Händen zum Fenster hinaus, leistet sich extraordinäre Pariser Fummel, die teuersten Huren von der Teatralna-Straße oder, sagen wir, iranischen Haschisch aus dem Kolonialwarenladen in Samarstyniw.

Und wenn Antonytsch bei Lasowskyj insgesamt als ein vorzeitig gealterter, bebrillter und dicker Stubenhocker dargestellt wird, so erscheint er bei Kurdydyk unbestreitbar als Frauenheld und Herzensbrecher, als fahrender Sänger und Handwerksgesell, der in jedem Dorf und jedem Städtchen niedergetrampelte Blumenbeete hinterläßt, schlaflose Nächte, verweinte Augen und uneheliche Kinder. Schließlich beschreibt es der Dichter selbst am besten: *Es brannten alle Mädchen in des Glückes Rausch. / O weh, den Brautkranz haben viele sich verdorben!*

Allerdings bringt Lasowskyj sein ziemlich unsympathisches Bild taktvoll mit einer einzigen, dafür aber entscheidenden Antithese wieder ins Gleichgewicht. Sein Antonytsch ist zugleich auch Dichter. Und nicht nur Dichter, sondern nächtlicher Visionär, dessen wahres Leben sich in den Träumen entfaltet. »Morgens setzte Antonytsch im Halbschlaf die Brille auf, erhob sich vom Bett und ließ sich sogleich am wackeligen Tischchen nieder, um eilig die Poesie niederzuschreiben, die im Traume reif geworden war«, schreibt Lasowskyj, wobei er sich, milde gesagt, gewisse romanhafte Ausschmückungen erlaubt (warum muß das Tischchen unbedingt wackelig sein!), gleichzeitig aber die Prioritäten gebührend würdigt. Was Kurdydyk betrifft, so suchen wir bei ihm ein tieferes Eindringen in die Metaphysik des Dichters vergeblich. Antonytsch war für ihn vor allem ein Kumpel, mit ihm konnte man trinken und durch die Stadt streifen, in Skandalgeschichten geraten, vor der Polizei weglaufen, mehr aber auch nicht. Zwar kommen auch bunte Szenen und das *Rezitieren* von Gedichten vor – wenn nicht im Bordell, dann in der Kneipe –, doch sie alle fügen sich nicht in die reale Chronologie von Antonytschs Schaffen und wecken deshalb begründete Zweifel bei allen, die die Materie besser als nur oberflächlich kennen.

Auf der Suche nach einem Schiedsrichter wenden wir uns den Zeugnissen einer weiteren Person zu – Olha Olijnyk, der Verlobten des Dichters. Dieses nach damaligen Begriffen hochmodisch frisierte Fräulein mit dem rundlichen Gesicht, das äußerlich, geht man nach den Fotografien, an Nebendarstellerinnen im Kino erinnert, deren Namen heute selbst unter Historikern des Genres unwiderruflich vergessen sind, hätte die *wichtigste Gefährtin* in Antonytschs Leben werden sollen. Die Hochzeit war für Herbst '37 geplant, und ohne den Tod des Dichters im Juli wäre die Sache unentrinnbar auf eine *glückliche Ehe* zugelaufen. Antonytsch widmet ihr einige Zweizeiler aus dem »Ersten lyrischen Intermezzo« im Sammelband »Das grüne Evangelium«, allen voran das »Hochzeitslied«, wo er gespielt keusch jegliche Erotik vermeidet. Es sei denn, man betrachtet folgende Worte als erotische Anspielungen: *In deine Haare, meine Liebste / hat sich der krause Mond verflochten* oder *warum nur beben deine Hände.*

Wir können wohl davon ausgehen, daß der Dichter mit seiner Verlobten keinerlei vorehelichen sexuellen Kontakt hatte. So forderte es die damalige Moral, die unerträglich bigotten Spielregeln, eingeführt von den grauen Eminenzen des *galizischen gesellschaftlichen Theaters*. Selbst so ein *beastly bad boy* wie Antonytsch konnte nichts dagegen ausrichten. Alle seine Versuche, das prinzipienfeste Fräulein zu vorzeitiger intimer Nähe zu verführen, scheiterten an ihrer unerschütterlichen Anständigkeit: ihre Würde wurde ihm zur Hürde. Man muß davon ausgehen, daß Olja es den Umständen niemals erlaubte, sie mit ihrem Verlobten allein zu lassen. Nein, immer war jemand zugegen – Freundinnen, Erzieherinnen, Basilianer-Nonnen und nicht zuletzt ihre Eltern. Alle hatten sie die abscheuliche Angewohnheit, Antonytsch mit unverhohlener Mißbilligung zu mustern, als hätten sie einen Minotaurus oder Fantomas vor sich, der sich daranmachte, ihr unvernünftiges Kind auf sein Lotterbett zu zerren. »Und wovon lebt er?« bohrte Frau Olijnyk nach und fixierte ihre Tochter durch ihr Lorgnon. Die unbedeutende Prämie der Schriftsteller- und Journalistengesellschaft oder das rein symbolische Stipendium von Seiner Exzellenz dem Metropoliten Graf Andrej konnten sie natürlich nicht zufriedenstellen.

Es verwundert also nicht, daß Antonytsch in den Erinnerungen seiner Verlobten vor allem fad erscheint. Es gefällt ihr, seine Weichheit, Güte und Verträumtheit zu betonen. Oder wie emsig er studierte, wie er ganze Abende und Wochen nicht aus den Bibliotheken herauskam (Vermutungen über die wahren Motive und den wahren Ort seiner allzu häufigen Abwesenheit drängen sich von selbst auf). Aus allen verwaschen-undeutlichen Phrasen Antonytschs, die angeblich in ihrer Gegenwart gesprochen wurden, bleibt nur eine wirklich in Erinnerung, die sie aber vielleicht selbst nur bei ebenjenem Kurdydyk gelesen hat: »Weißt du, manchmal habe ich das Gefühl, als ob mir jemand ins Ohr flüstert. Buchstäblich flüstert.«

Müßig zu sagen, daß Antonytsch die Beziehung als schmerzliches Drama erleben mußte. Er, der eine genaue Vorstellung von seinem besonderen Platz in der metaphysischen Gemeinschaft der *verfemten Dichter* besaß, die von den Dämonen der Revolte und der Zerstörung in alle Winde zerstreut worden war, sah nur zu deutlich, was kommen würde: Hochzeit, Alltagstrott, Langeweile, Verzicht auf das Allerwichtigste, Kapitulation und schließlich das schmachvolle Altwerden als Lehrer irgendwo bei Kolomyja, im Kreise einer unendlich fremden und fordernden Familie. Ebensolche Stimmungen wehen die Aufmerksamsten von uns an, wenn wir folgende Zeilen lesen: *In meinem Kopf das Brautbett zweier Schlangen* oder noch deutlicher: *Das Bild vom Blümchennest anständiger Familien / Kanarienvogel, Bett, ein Schoßhund und triviale Liebe.* Das wichtigste aber – und hier übertrifft das Drama sich selbst – ist die Ausweglosigkeit, die feste Überzeugung, daß alles so kommen werde, daß es gar nicht anders kommen könne.

Der Sommer 1937 sollte der letzte Sommer in Freiheit werden. Seine Hochzeit rückte unerbittlich näher. Durchbrechen konnte er die Abhängigkeit nicht mehr – das uns bereits bekannte Theater der zwischenmenschlichen Beziehungen hätte ihm Fahnenflucht nicht verziehen, man hätte ihn nicht gehen lassen, und selbst wenn, wäre ihm trotzdem keine Luft mehr zum Atmen geblieben. Die Situation verkomplizierte sich spürbar durch eine neue stürmische Liebschaft, die mehr zu werden drohte als eine bloße Liebschaft. Antonytsch hatte sie in den Schluchten der Innenstadt getroffen, zwischen gespenstischen Häusern und bedrückenden Höfen mit engen und feuchten Stufen, irgendwo auf der Wirmenska- oder Serbska-Straße.

Seine Liebschaft hieß Fanny, sie war etwas über dreißig und hatte zwei Kinder, die sie aus ihrem mit Kunstblumen überladenen Kämmerchen in den Hof hinunterjagte, sobald einer ihrer regelmäßigen Freier sie besuchte (es handelte sich um den Revierpolizisten, einen ewig beschwipsten Karrenschieber vom Halyzky-Markt, ein paar Medizinstudenten und den Hängearsch von Chorleiter der Uspenski-Kirche). Nachdem Antonytsch in ihr Leben getreten war, hörte Fanny auf, sie zu empfangen, und zog damit den furchtbaren Zorn vor allem des Revierpolizisten auf sich, der als einziger ihren Körper kostenlos benutzt und sich dabei auf seine besonderen Amtsvollmachten berufen hatte. Fanny hatte Beine, lang wie Ströme aus Milch und Honig, einen seidig-warmen Bauch und eine samtene, saubere Möse, und ihre Haut war so weiß, daß man, wie es in einem mittelalterlichen Roman geheißen hätte, zusehen konnte, wie der Rotwein ihre Speiseröhre hinunterfloß, wenn sie trank. Früher einmal hatte man sie zu überreden versucht, Tänzerin im Nachtclub »Goldener Bock« zu werden, aber sie lehnte das Angebot als unehrenhaft ab.

Im Verlauf der Wochen und Monate erschloß Antonytsch in ihr immer neue geheime Quellen. Dabei haben sie wohl kaum jemals über Poesie gesprochen – sie waren ja selbst Poesie, und das genügte. Wenn sie sich auf Bergen künstlicher Blumen liebten, erlangten sie jene verlorene Ganzheit zweier Hälften wieder, von denen in religiösen und medizinischen Traktaten so häufig und so nutzlos die Rede ist. Für beide war es etwas, das ihnen zum ersten Mal im Leben widerfuhr, früher hatten sie höchstens davon gehört. Was aber noch wichtiger ist: Jedem von ihnen wurde eines Tages und fast gleichzeitig klar, daß es ein großer Zufall war und daß sie dergleichen kein weiteres Mal, niemals und mit niemandem je wieder würden erleben können.»Wann hast du Hochzeit?« fragte Fanny Anfang Juni, in einer jener Nächte, die schon in die Morgendämmerung übergehen, ohne überhaupt richtig angefangen zu haben. Genauer gesagt war es tagsüber, denn Fanny hätte niemals mitten in der Nacht die Kinder *in die Tiefen des Hofes* gejagt, deshalb trafen sie und Antonytsch sich nur tagsüber.

»In dreieinhalb Monaten«, antwortete Antonytsch und spürte, wie ihm der Atem stockte. Gerade da scheint sich der *Plan* bei ihm eingenistet zu haben.

Ende Juni trat er zur verabredeten Stunde bei ihr ein, und sie verschlossen sorgfältig alle Fenster und Türen. Beim Ausziehen sprachen sie kein Wort. Dann schrieb Antonytsch mit Kohle seine letzten sechs Worte an die Wand, die an Bedeutung vielleicht die gesamten *Sechs Strophen seiner Mystik* übertreffen:»*Niemand ist schuld, sucht keinen Verbrecher!*« Er drehte den Gashahn auf, und sie legten sich aufs Bett. Nein, natürlich, da war noch die Platte – Fanny legte den »Blauen Engel« aufs Grammophon, ihr Lieblingsstück mit dem Klarinettensolo von Alfons »der Maure« Kaifman. Sie liebten sich so hingebungsvoll und konzentriert, daß der Tod – oder die ewige Leere – sie unmittelbar nach dem letzten Klarinettenschluchzer und einem letzten, betäubenden Ausbruch zudecken mußte. All das hatte er schon in der »Ballade vom Tod in Blau« beschrieben, wovon sie wahrscheinlich nichts ahnte.

Alles hatte er beschrieben, bis auf das Finale, das selbst er vor mehreren Jahren nicht hatte vorhersehen können. In Ohnmacht versinkend – sei es vor Liebe, sei es wegen der Vergiftung – hörten sie, wie draußen, in der schon nicht mehr existierenden Welt, krachend die Tür aufgebrochen wurde. Und nur einen Moment später, als ihnen alles gleichgültig geworden war, drang in Fannys Kämmerchen eine Schar leicht benebelter *Retter* mit verzerrten Gesichtern, angeführt vom herumbrüllenden Revierpolizisten. Doch selbst seine schrekkenerregenden Befehle konnten Fanny nicht mehr zurückholen – es war schon nicht mehr möglich, zu ihr durchzudringen.

Antonytsch indessen wurde eilig in die Klinik in Kulparkiw gebracht (der Rettungswagen hupte fast ununterbrochen in der von Fußgängern, Bauernkarren und Straßenbahnen verstopften Stadt), wo eine Schar der prominentesten und entsprechend zynischen Ärzte auf einem kurzen Konsilium den Entschluß faßte, den Kampf um das Leben des Verletzten aufzunehmen. Dies bedeutete vor allem *Entgiftung*, völligen Blutaustausch. In den folgenden eineinhalb Tagen steckte Antonytsch in einem schummrigen Korridor zwischen zwei Welten fest, unter aufmerksamer, aber machtloser medizinischer Beobachtung und einer gewaltigen, nichtsdestoweniger zerbrechlichen Konstruktion aus gläsernen Röhren.

In Lemberg verbreitete sich die Nachricht von seiner Einlieferung ins Krankenhaus in Windeseile. Doch die *Leitung des Theaters* konnte die Wahrheit über die Katastrophe nicht akzeptieren: Versuchter Selbstmord hatte in den hehren Gefilden der nationalen Literatur nichts zu suchen. Andererseits gab es keinerlei Möglichkeit, die Tatsache der *schweren Erkrankung* zu verschleiern oder zu verbergen. Sich bewußt ihren eigenen Antonytsch modellierend, brachten die *Theaterschaffenden* die erstbeste Version in Umlauf, die ihnen in den Sinn kam und einen ausreichend unschuldigen, folglich neutralen und plausiblen Eindruck machte: Operation wegen akuter Blinddarmentzündung. Man ging nämlich davon aus, daß der Kranke nach dem erfolgreichen Blutaustausch ungefähr so lange würde in der Klinik liegen müssen wie nach einer Operation. Freilich war völlig unklar, wie sich der Patient selbst nach seiner Entlassung aus dem Krankenhaus verhalten würde – vor allem, ob er nicht anfangen würde, sich über die wahre Ursache seines Vagierens zwischen Licht und Finsternis zu verbreiten. Doch die Entschlossensten unter den Manipulatoren gingen daran, auch hier Vorsorge zu treffen. Am dritten Tag nach dem Unglück entsandten sie eine Delegation, die, sein Bett umlagernd und ihn von allen Seiten mit Pfingstrosen und Apfelsinen bedrängend, schließlich ein Kopfnicken als Zeichen der Unterwerfung von ihm erzwang.

»Er sieht elend aus, seine Haut hat eine lehmige Farbe, aber sein Geist ist munter, und er wird der großen gemeinsamen Sache noch lange dienen«, so schilderten die Mitglieder der Delegation ihre Eindrücke, und die meisten Blätter griffen diese Formulierung auf. Währenddessen sich Antonytschs Zustand schon in der darauffolgenden Nacht dramatisch verschlechterte und er wieder das Bewußtsein verlor. Sein Körper wollte sich nicht mit dem Fremdartigen abfinden – vielleicht war bei der Transfusion ein Fehler mit der Blutgruppe unterlaufen. Auch die bekannten Möglichkeiten des Mißbrauchs sollten nicht von vornherein ausgeschlossen werden: Es waren die Jahre, in denen die Stadt von Gerüchten über den Schwarzmarkt der Spender und Machinationen mit inneren Organen überschwemmt wurde.

Die hochtrabenden Versicherungen der Ärzte, alles werde sich zum Besseren wenden, wichen schon am nächsten Tag unverhohlen panischen Bulletins über die plötzliche Verschlechterung seines Zustands. Das *Theater* reagierte darauf fast augenblicklich mit einer neuen Wendung: Ja, die Blinddarmoperation war erfolgreich verlaufen, der Dichter hatte sich bereits auf dem Wege der Besserung befunden, da wurde seinem erschöpften Organismus eine neue schwere Prüfung auferlegt: Lungenentzündung. Eine für Anfang Juli nicht gerade typische Erkrankung, was die Autoren dieser Falsifikation indes nicht sonderlich zu beunruhigen schien. Wie alle mittelmäßigen Belletristen und Lügner mußten sie ihre Handlung um immer neue, nebensächliche, der Rechtfertigung dienende Umstände ergänzen und ausbauen, wodurch sie ihr ohnehin nicht allzu stringentes Konstrukt überstrapazierten. Daher der Einfall mit der Zugluft im Krankenhaus, in der, hieß es, der Dichter einige Tage zu liegen gezwungen war, was dann die erwähnte Komplikation herbeiführte. Hier aber protestierten ihre Ärztekollegen scharf: Das Bild vom ewigen Luftzug, der nicht nur in den Fluren, sondern auch in den Krankenzimmern der Klinik umgeht, wollte so gar nicht zu ihrem Selbstverständnis von Redlichkeit und Sterilität passen. Die Geschichtenerfinder mußten den Faden also weiterspinnen: Nein, die Bedingungen im Krankenhaus sind hervorragend, aber allen ist doch bekannt, was für ein kränkliches und sieches Geschöpf dieser Antonytsch ist und wie panisch er jede Zugluft fürchtet, und sei es die schwächste, das pfeifen in Lemberg doch die Spatzen von den Dächern. In diesem Moment tauchen die ersten Zeugnisse von Antonytschs chronischen Erkältungen auf, von Katarrhen, schwachem Herzen und – Gipfel ihrer Einbildungskraft – von seiner Gewohnheit, den von Migräne geplagten Kopf mit einem Handtuch zu umwickeln. Und dieses völlig sinnlose Getue über des Dichters sterbendem Leib sollte nach Ansicht der Teilnehmer einer außerordentlich wichtigen Sache dienen, nämlich der Rettung seiner Moral.

Antonytsch war allein in seinem Sterben, auf allerhöchsten Ratschluß schon unerreichbar für alle Retter dieser Welt. Keine ihrer sinnlosen Bemühungen konnte ihn mehr dorthin zurückholen, wo er sich als »Gast, vorübergehend nur« gefühlt hatte, in der Gewißheit, daß sein wirkliches Haus *nicht hier* sei. Einige Jahre früher, in dem ironisch »*Ars Poetica*« genannten Gedicht, hatte er auch diese seine letzten Stunden vorhergesehen, er schrieb *und du, wie immer, wirst allein sein, alles zu vergessen*. Vor allem jene zu vergessen, die ihn an die Erde fesseln wollten, wobei sie sich hektisch und schludrig bemühten, ihn zu binden und zu zähmen.

Sein Tod trat in der Nacht vom 6. auf den 7. Juli ein. Einige haben darin ein weiteres Anschwellen der nicht mehr einzudämmenden Zeichenflut gesehen – Johannisfeuer und Tanz des Urwalds um das letzte Lager, Einladung in den erregten Strudel des Grünen. Das *Grüne* war zu ihm gekommen, um ihn zu holen und in sich aufzunehmen.

Die Wirklichkeit: eine sechsstündige Agonie, über deren Grenzen zu blicken uns nicht gegeben ist, denn wir können nur die untersten Stufen dieser Metamorphose beurteilen, die mit ganz faßbaren Dingen zu tun hat, mit Kreislauf, Herz, Gehirn, Nieren und dem beginnenden Verfall.

Am nächsten Tag wurde er nach Hause in die Horodozka-Straße gebracht, wo unter der Ägide des *Theaters* die ganze in solchen Fällen übliche und streng zensierte Prozedur durchgeführt wurde. Gut die Hälfte der Anwesenden konnte gar nicht glauben, daß *es* wirklich passiert war. Einige unter ihnen kamen, um *Abschied zu nehmen*, in der Überzeugung, daß es sich nur um eine weitere Performance handele – eine gotteslästerliche vielleicht, aber auch sehr typische für diesen schamlosen Schelm. Es schien, als müsse er sich jeden Moment im Sarg aufrichten und seine schönsten, zweifellos jambischen Strophen deklamieren und danach alle in die »Heilige Babylon« oder sonstwohin einladen, um seinen Geburtstag Nummer zwei gebührend zu feiern. So lag er ja auch da, festlich in Schwarz und Weiß gekleidet, leicht geschminkt, ein wenig künstlich in seiner Wächsernheit, aber all das hatte schon immer zu seinem Repertoire gehört, diese Kunststücke und Masken, Kostümierung und Pantomime. Nur die Anwesenheit der nahen und fernen Verwandtschaft, die zu halblautem Flüstern gedämpften Gespräche, das geschäftige Treiben mit Kränzen, Kerzen, Papierchen und der Aussegnung, vor allem aber die im entferntesten Zimmer erstarrte *Tante* (bis zu ihrem Tod wird sie kein einziges Wort mehr sprechen) deuteten darauf hin, daß *es* wirklich geschehen war, kein Scherz hätte so weit gehen können.

Sein Begräbnis war von seltsamen Erscheinungen begleitet. So erinnert sich Oksana Kertsch an die lang andauernde und ergebnislose Suche Olha Olijnyks nach seinen letzten Manuskripten. Die Verlobte erinnerte sich, daß Antonytsch bis vor kurzem an zwei Gedichtbänden gleichzeitig gearbeitet hatte, wovon der erste – »Das Grüne Evangelium« – praktisch fertig war, der zweite – »Rotationen« – zu etwa einem Drittel. Aber sie konnte nichts finden! Beim mehrmaligen und immer ungeduldigeren Durchwühlen von Schubladen und Schränken fiel ihr nur aller möglicher Plunder in die Hände, alte Rechnungen, Zeitungsannoncen und, äußerst peinlich, allzu offenherzige Photographien mit Straßenschönheiten. Die Lippen zusammengepreßt und den Tränen nah, war Olja fast schon bereit zu glauben, daß es niemals irgendwelche Manuskripte gegeben hatte, daß alles, was zu deklamieren er sich, stets auf die gespitzten Ohren der Anstandsdamen achtend, hatte hinreißen lassen, nichts als Fiktion und Traum gewesen war. Eine Stunde bevor der Körper hinausgetragen wurde, gab sie plötzlich einer inneren Stimme statt (Schatten einer Tulpe? Rascheln von Linnen? Hummelflug?) und ging zu seinem Schreibtisch (jenem, der laut Lasowskyj *wackelig* war), und dort lagen am allersichtbarsten Platz, pedantisch Seite auf Seite geschichtet, beide Manuskripte, das vollendete und das unvollendete. Wie waren sie dort hingekommen? Sie hatte doch schon tausendmal auf dem Tisch nachgesehen, ohne sie zu finden! »Das war er«, sagte sie zu Oksana Kertsch, »jemand, den er an seiner Stelle dagelassen hat, hat soeben die Manuskripte auf den Tisch gelegt.«

Eine andere Absonderlichkeit beschreibt der Dichter Hawryljuk. Auf dem Weg zum Janiwskyj-Friedhof, als er nicht in der allgemeinen Prozession ging, sondern auf dem Bürgersteig, regelmäßig in die am Weg gelegenen Etablissements einkehrend, um sich mit einem weiteren Gläschen zu stärken, erschien ihm mehrere Male Bohdans Gestalt – wenn nicht in der Menschenmenge, dann in einem Hoftor und einmal sogar an der Spitze der Prozession, als ob der alte Freund sie tatsächlich hinter sich herführte. »Seit diesem Tag denke ich über unsere Spiegelung nach«, schrieb Hawryljuk einige Monate später (sic!) in sein Tagebuch, »und als ich danach seine Gedichte wiederlas und auf die Zeilen *aus der Umrahmung des Portraits / auf Leinwand in dem Silberkreis / ruft mich mein Doppelgänger her* stieß, da verstand ich, daß es nichts Realeres gibt als die Poesie.«

Man wollte seine Geige mit ihm begraben, um so, nach der Vorstellung der Regisseure des Begräbnisses, auf seine fünf Jahre alten Worte zu antworten: »*Schon legt mich unser Gott / ins Futteral wie eine Geige*«. Also wurde sie zusammen mit dem Bogen ins Futteral gelegt – viele Zeugen verfolgten diese rituelle Geste – und danach in den Sarg. Wie konnte sich die Geige nur wieder in der Wohnung in der Horodozka-Straße befinden, als die verweinte und bedrückte Gesellschaft vom Friedhof zurückkehrte *auf ein Täßchen Tee*? War etwa nur das leere Futteral begraben worden?

Diese und andere Ungereimtheiten, gesät in den fruchtbaren Boden des Lemberger *Milieus*, mußten ihre Fortsetzung finden. Im Verlauf der nächsten Monate und Jahre wurde die Stadt immer wieder von Gerüchten über den *gesichteten* Antonytsch heimgesucht. Er erschien überwiegend im Menschengedränge, schon beim ersten Annäherungsversuch aber löste er sich auf. Meist wurde er nur von hinten gesehen, einigen gelang es, eine plötzliche Halbdrehung des Kopfes einzufangen, doch danach verflüchtigte sich alles. Nur einmal erblickte ihn Swjatoslaw Hordynskyj, nicht in der Menge, sondern allein, in einer Entfernung von gut dreihundert Schritten – er stand auf dem Hügel am Wald, nicht weit von Pidholosko, den Hut über die Ohren gezogen und vor Kälte zitternd, die Hände in den Taschen seines von oben bis unten zugeknöpften Jacketts vergraben. Es war ein nebliger und naßkalter Tag, wohl der 13. März. Nachdem er einige Zeit regungslos dagestanden hatte, zog er die Hände aus den Taschen und winkte ein paar Mal wie mit Flügeln. Hordynskyj schreibt, daß diese Geste nur für ihn, den einzigen Beobachter, bestimmt gewesen sein konnte. Gerade als er den *unbezweifelbaren Antonytsch* rufen wollte, wandte der sich ab und ging federleichten Schrittes auf den Wald zu, wo er unter Baumstämmen, Nebelfetzen und dem schmutziggrauen Schnee auf den Ästen verschwand.

Die Gespräche über ihn verebbten erst gegen Ende des Jahres '39, als sich die neue Obrigkeit entschlossen daranmachte, den Köpfen der örtlichen Gesellschaft den metaphysischen Unsinn auszutreiben, und viele von denen, die ihn persönlich gekannt hatten, Lemberg für immer in westlicher und leider auch in östlicher Richtung verließen. Das *gesellschaftliche Theater* wurde fast völlig zerschlagen – übrig blieben getrennte, in alle Welt versprengte Grüppchen, die nie eine vollständige Wiedergeburt zustande brachten. Die Alpträume der folgenden Jahre mit Krieg und Repression waren seiner Wiederkehr, und sei es auch nur in der Erinnerung oder in Visionen, nicht gerade förderlich. Zwar erschien in Krakau ein Gedichtband, doch der geachtete Herausgeber, ein Literaturprofessor, hatte es bei den unkommentierten Texten bewenden lassen. Noch später, zur Zeit der *gedankenlosen Zerstörung des historischen Gedächtnisses*, bekamen anonyme Brigaden in wattierten Jacken den Auftrag, den Janiwskyj-Friedhof umzugestalten, und neben Hunderten anderen unerwünschten Gräbern wurde auch das von Antonytsch dem Erdboden gleichgemacht.

Als dann Anfang der sechziger Jahre eine unverhoffte Gemeinschaft seiner neuen zwanzigjährigen Adepten mit Hilfe von Friedhofsbüchern und Inschriften auf erhalten gebliebenen Grabsteinen seine Begräbnisstätte entdeckt und ihm einen neuen Stein setzt, ahnt keiner von ihnen, daß sie im Widerspruch zu der verlorenen Legende handeln, nach der er in Wirklichkeit gar nicht gestorben sei, sondern die ganzen Jahre in Lemberg gelebt habe und weiter hier lebe und sein Geheimnis eines Tages gelüftet werde.

7 War es an diesem oder doch schon am nächsten Vormittag, als sich die ganze Gesellschaft schließlich zum Frühstück im großen Speisesaal versammelte? Der große lag im nordöstlichen Teil des Pensionats, im ersten Stock, Fenster zur Hochalm; an den Wänden flämische Stilleben, Hirschgeweihe und Teller unterschiedlichster Form und Machart, von Keramik bis Kupfer, in memoriam eines unbekannten Blasorchesters.

Sehen wir uns mal genauer an, wer wo saß. An den Kopfenden des rechteckigen Tisches hatten, einander gegenüber, selbstverständlich der ehrenwerte Professor Doktor und – warum auch immer – der Videomaker Jartschyk Platz genommen. Zur Linken des Professors (entsprechend zur Rechten Magierskis) saß vollzählig die Familie: Pani Roma, Artur Pepa, ihre Tochter Kolomeja. Rechts vom Professor die anderen: Karl-Joseph Zumbrunnen (Pani Roma direkt gegenüber, so hatte es sich ergeben), Lili Schwarz und Marlen Weiß.

Dann gab es noch zwei Typen vom Personal, natürlich kurzgeschoren, beide in schwarzen Rollkragenpullovern, Mobilnyk am Gürtel. Wir können sie ignorieren, denn sie trugen nur schweigend Kaffee, Tee und verschiedene Gerichte herein und Tabletts voll schmutzigen Geschirrs wieder hinaus.

Der Gastgeber war wie immer abwesend, was jedoch niemanden mehr wunderte. Zwar hatte jemand beiläufig nachgefragt, aber die Antwort des wortkargen Dieners fiel erschöpfend aus: »Der Herr kommen noch.« Das Thema war vom Tisch.

Die schweigsame Atmosphäre des Hauses übertrug sich unwillkürlich auch auf die Gäste. Karl-Joseph, der aufgrund der Sprachbarriere sowieso nichts sagen wollte, suchte Pani Romas Blick und erbebte, von den anderen unbemerkt, wenn er beim Entgegennehmen eines Tellers oder der Salatschüssel für einen Moment ihre Finger, ihren Handrücken oder ihren Ärmel berührte. Pani Roma, ziemlich selbstbewußt und daher unaussprechlich sexy, das Haar noch naß vom Baden, erfüllte sporadisch ihre Dolmetscherpflichten und kündigte speziell für Zumbrunnen auf deutsch »Wurst!« oder »Käse!« oder »Frühlingssalat« an – als sähe er das nicht selbst. Lili, die ihre beste Freundin ausgestochen und sich schnell neben den ausländischen Fotografen gepflanzt hatte, dachte angestrengt darüber nach, wie sie es anstellen sollte, ihn zu verführen. Marlen dachte nichts, freute sich aber klammheimlich, daß Lilis Versuche *für den Arsch* sein würden. Kolja beobachtete die beiden verstohlen und fällte ein vernichtendes Urteil über das unsägliche Make-up. Das wurde ihr bald langweilig, und sie verkroch sich, typisch für Mädchen ihres Alters, tief in sich selbst. Der Regisseur Magierski aß viel. Artur Pepa bemühte sich zu verbergen, daß er nicht mehr ganz nüchtern war, was seinem Gesicht einen höchst ironischen Ausdruck verlieh. Sein Messer rutschte andauernd vom Kopf des eingelegten Pilzes ab und schrammte unangenehm über den Teller; Pani Roma warf ihm einen genervten Seitenblick zu. Nur Professor Doktor störte das stille Mahl von Zeit zu Zeit milde lächelnd mit laut geäußerten Überlegungen wie den folgenden:

– Ich bitte die geehrte Gesellschaft, die hier vorhandenen Gegenstände zu beachten. Welch wunderbare und umfassende Raffinesse! Noch für unsere Großeltern war ein »Haus«, ein »Brunnen«, ein ihnen vertrauter Turm, ja ihr eigenes Kleid, ihr Mantel unendlich mehr, unendlich vertraulicher. Fast jedes Ding ein Gefäß, in dem sie Menschliches vorfanden und Menschliches hinzusparten. Nun drängen, von Amerika her, leere, gleichgültige Dinge herüber, Schein-Dinge, *Lebens-Attrappen* ... Die belebten, erlittenen Dinge, unsere Gefährten, geraten in Vergessenheit und können durch nichts ersetzt werden. Wir sind vielleicht die letzten, die solche Dinge noch kannten.

Oder:
– Die Hinwendung Nietzsches zum Bild des voriranischen Propheten Zarathustra ist also nicht zufällig. Schöpferische Persönlichkeiten wie Rudyard Kipling und Joseph Conrad haben in Großbritannien eine wahre Welle sogenannter exotischer Kultur ausgelöst. Eine ganz eigene Spielart der symbolistischen Exotik hat uns der bekannte iberoamerikanische Dichter Rubén Darío eröffnet, dessen Werk ein merkwürdiges Geflecht antiker, mittelalterlicher und einheimischer, das heißt indianischer und afro-amerikanischer Motive darstellt.

Oder unvermittelt:
– Auch Bohdan-Ihor Antonytsch konnte, und das ist völlig verständlich, bei dieser für seine Zeit symptomatischen Suche nicht abseits stehen. Bei der Lektüre einiger seiner Strophen sieht man unwillkürlich alte Seekarten vor sich, wo aus den Tiefen und den Wogen des weiten Ozeans widerwärtige und absonderliche Geschöpfe auftauchen, schreckliche Monstren und Mißgeburten, Schlangen, Drachen, Melusinen – das gesamte Meeresbestiarium, das nicht nur die Phantasmagorien der surrealistischen Malerei seiner Zeitgenossen, sondern auch den später patentierten Hollywood-Horror vorwegnahm.

– Huschi-Muschi, – meldete sich Artur Pepa zu Wort und prustete über seinem Teller.

– Was, schon? – Pani Roma warf ihm einen vorwurfsvollen Blick zu. Es war ihr unglaublich peinlich.

– Schon? – fragte der entlarvte Artur zurück. – Was meinst du, Schwälbchen?

– Schon früh getankt! – erklärte Pani Roma, die der Schwälbchen-Vergleich nicht überzeugte, sondern beunruhigte.

– Aber nein, was du nur wieder hast, ich hab heut noch keine betankt, – erklärte Pepa voller, so schien ihm, hamlethafter Ironie und zwinkerte Lili zu, sie saß ja zufällig gegenüber.

Lili verzog keine Miene. Nicht übel, der Typ, dachte sie.

– Sie haben vollkommen recht, – sagte der Professor und lächelte Pepa direkt an, – wenn Sie meiner soeben geäußerten These widersprechen. Ich habe sie absichtlich aufgestellt, gewissermaßen als intellektuelle Provokation. Ihre Replik ist genau das, was ich zur Radikalisierung unserer Diskussion brauche. Aber kann man denn der Tatsache widersprechen, daß Antonytsch erstaunlich häufig Meeresmetaphern benutzt?

– Aber es hat ja niemand widersprochen, mein Herr, – versetzte Pepa so ironisch wie möglich. – Ihr seid wohl Schwestern? – fragte er Lili und Marlen.

– Banusch, – verkündete Pani Roma etwas zu laut auf deutsch, – ist eine typisch huzulische Speise, eine Spezialität sozusagen, etwas wie italienische Polenta ...

– Parlevufronsä, – kommentierte Pepa nasal.

– Ich kenne Banusch, – beeilte sich Karl-Joseph zu versichern, dem manchmal etwas Ukrainisches glückte.

– Schwestern? – fragte Lili zurück.

– So ähnlich, – bejahte Marlen.

Pepa schnappte sich ihre Hand, die auf dem Weg zur Kaffeekanne über dem Tisch schwebte, pfiff anerkennend und rief, nein, rülpste fast:

– Das sind aber Nägel! Warum hast du so schwarze Nägel, Schwälbchen?

– Artur! – rief seine Frau mit Stentorstimme und stieß mit dem Ärmel ihres Leinenkleides ein Saftglas um, diesmal ein leeres.

– Artur? – fragte Pepa, dann pflichtete er ihr bei. – Ja, das bin ich. Schon seit siebenunddreißig Jahren.

»Ganz schön alt, aber noch gut in Schuß«, dachten Lili und Marlen, wobei es letzterer gelang, ihm ihre Hand zu entziehen.

– Beachten Sie seiner nicht, – sagte Pani Roma kalt, anstelle der in einer solchen Situation durchaus möglichen Entschuldigung.

– Beachten Sie ihn nicht, – verbesserte Pepa. – Akkusativ – ihn. Genitiv – achten. Achten Sie seiner nicht. Hübsche Mädel, was?

Pani Roma tat so, als sei die Frage nicht an sie gerichtet, und stand geräuschvoll vom Tisch auf. In der Tat – wie lange sollte dieses Frühstück denn noch dauern? Sie trat ans Fenster, wo man an diesem selten klaren Tag weite Teile des Berglandes und die mit Schnee bedeckten Gipfel auf der ukrainischen Seite sehen konnte.

Die beiden Freundinnen wechselten vielsagende Blicke, aber Professor Doktor sprang auch hier wieder in die Bresche.

– Wie wundervoll, daß Sie das Wort so achten, Herr Pepa, – sprach er überwältigt. – Das verrät, daß Sie mehr sind als ein Durchschnittsdichter. Erinnern Sie sich, bei Antonytsch heißt es: *Die Worte dann geschwind und treffend / kreuz ich wie Klingen mit dem Donner* –

– Aber, aber, mein Herr, – wehrte Pepa das Lob bescheiden ab. – Woher denn! Was für ein Donner? Das Kreuzen allerdings, muß ich zugeben, interessiert mich bisweilen ...

Aber diesmal gelang es ihm nicht, Lilis oder Marlens Blick zu finden: Kaum hatten sie erfahren, daß dieser angesäuselte Knilch bloß ein Dichter war, kommandierten sie in Gedanken unisono »*Wegtreten!*«. Dichter hatten sie in der Schule auswendig lernen müssen, und das war gar nicht *geil* gewesen. »Zum Teufel mit euch, ihr Häschen, blöde Schnepfen«, antwortete Pepa in Gedanken und steckte sich eine ganz brutale

»Pryluzka« an, von der er sich noch stärkere Betäubung, besser gesagt: Bewußtseinserweiterung versprach.

Karl-Joseph sah zum Fenster, denn er wünschte sich über alles, Roma nah zu sein und das zu sehen, was nur sie sehen konnte.

– Es ist heute so unglaublich sonnig, daß wir auf der Terrasse sitzen könnten, – sagte Pani Roma zu ihm, ohne die Folgen zu bedenken.

Aber das Wort Terrasse hatten auch die anderen verstanden. Lili und Marlen assoziierten es sofort mit ihren fantastisch knappen Bikinis. Artur Pepa träumte davon, sich in eine Chaiselongue zu lümmeln und die andere Hälfte des unter der Badewanne versteckten Nußschnapses einfach so aus der Flasche zu süffeln. Kolja wäre fast »Der vierte Ring: Umarmungen des warmen Windes, Kreislauf der Kräfte« herausgerutscht. Jartschyk Magierski aber, der Profi, der sich soeben das siebte große Sandwich mit kaltem Braten, Käse, Tomatenscheiben, Salatblättern, Mayonnaise, Sardinen und Ketchup geschmiert hatte, richtete unvermittelt eine Frage an Professor Doktor:

– Sie haben, äh, gesagt, Sie schauen, äh Hollywood-Produktionen? Ich hab hier eine Kassette mit meinem, also, meinem neuen Clip. Über den, Ihren, äh, »Alter Antonytsch« heißt er. Wollen wir uns den, äh, vielleicht ansehen?

– Ich habe nur gesagt, daß jedes Bild ein tiefes Gefühl widerspiegeln muß, – entgegnete der Professor mit wohlwollendem Lächeln, – und »tief« bedeutet »wundersam«, »wundersam« wiederum »unbekannt« und »unerhört«. Damit ein Kunstwerk unsterblich wird, muß es die Grenzen des Menschlichen transzendieren.

– Mhm, – nickte der Regisseur, – eben. Und Sie, äh, Herr Artur? Ihre Meinung ist mir auch, also, äh ...

– Sag du zu mir, Alter, – sagte Pepa.

Darauf versanken wieder alle in Schweigen, sogar Professor Doktor – wahrscheinlich, um die strengen Typen vom Personal nicht zu reizen und sie nicht dabei zu stören, behäbig-distanziert all das abzuräumen, was vor einer halben Stunde noch den Namen Frühstück verdient hatte.

Über den riesigen Flachbildschirm von »Telefunken« flimmerten schwarzweiße oder eher sepiabraune Bilder, die man mit gleich mehreren populären Stilrichtungen assoziierte, vor allem mit *Retro* und *Underground*. Dieser technische Trick war an sich nichts Neues, Legionen von Filmemachern hatten ihn schon bis zum Überdruß verwendet, von Bergman bis Tarkowskij und kürzlich erst der Regisseur von »Moulin Rouge«. Neu war, daß all das in Lemberg spielte: Dauernd tauchte ein anderer Hintergrund auf, eine typische Gasse, ein uralter Innenhof, Müllhaufen, unterirdische Labyrinthe, einmal das Rathaus mit dem Trompeter, das jäh umkippte und dem Zuschauer fast auf den Kopf fiel, dann flog der Pulverturm in die Luft, ein Drachenflieger stürzte sich auf die Industrieruinen von Pidsamtsche, seine künstlichen Flügel zersplitterten in Einzelteile, die an Fabrikschloten und Baukränen hängenblieben. All das sollte man als Zeichen verstehen: Der Geist der Katastrophe regiert die Welt, das letzte Ende, Vorgeschmack der Apokalypse.

Jartschyk Magierskis *Videoapoclip* gehörte zu dem Lied »Alter Antonytsch« der Gruppe »Königliches Karnickel«, ein lokaler Hit im Stil des typisch Lemberger *Independent* mit Anklängen an alle denkbaren musikalischen Trends und Moden des letzten Jahrzehnts. Hauptsächlich flimmerte die Band selbst über den Bildschirm, allen voran der irgendwie hermaphroditische Leadsänger, der eine Dornenkrone aus Plastik auf dem Kopf trug; die Musiker erschienen mal mit Instrumenten, mal ohne, mal in den heruntergekommenen Räumen einer verlassenen Villa, mal auf den Stufen der zerstörten katholischen Kirche oder vor einer mit englischen

Schimpfwörtern vollgeschmierten mittelalterlichen Mauer. Und sie sangen ungefähr Folgendes:

> *der alte Antonytsch er lebt immer noch,*
> *er ist noch nicht tot er hat Arhythmie*
> *er hat auch Jazz und trinkt wie ein Loch*
> *und küßt so süß wie Huren nie.*

Danach kam als sechzehnmaliger Refrain *der alte Antonytsch!*. Auf dem Bildschirm küßten sich alle möglichen Monster, weißgepuderte Huren drängelten sich in fremdländische Limousinen mit dunklen Scheiben, Sektkorken knallten, jemand setzte sich auf dem versifften Fliesenboden einer öffentlichen Toilette einen Schuß, einmal zog die Fassade des »Grand Hotel« vorbei, lianenbewachsen und mit unglaublichen Rissen, eine Schar Obdachloser tanzte vor der Oper um ein Lagerfeuer. Diese Szene amüsierte Artur Pepa besonders, in der Pause zwischen Frühstück und Filmvorführung hatte er sich über den Nußschnaps hergemacht und klopfte jetzt energisch den Takt mit den Füßen, konnte aber nur einzelne Worte verstehen, etwa:

> *der alte Antonytsch er schläft niemals ein*
> *von Bar zu Bar schleicht er dreihundert Jahr*
> *und Eulen und Käuze umkreisen ihn da*
> *der alte Antonytsch ist immer allein.*

Und da war er wirklich, dieser angebliche Antonytsch – ein hochgewachsener Alter in Hut und Mantel, Ringe in den Ohren, ein urbanistisches Phantom; er ging durch die Stadt, stieß mit dem Fuß die Türen der Kaschemmen auf und tauchte in ihre Hölle hinab, ganz so, als absolvierte er seinen persönlichen Patrouillengang (»Wie heißt der Schauspieler?« fragte auf Bitten von Karl-Joseph halblaut Pani Roma), und ohne

Hut oder Mantel abzulegen, machte er Liebe mit einer halbtoten, tätowierten Schönheit, um die sich das Spruchband rankte: MY NAME IS FANNY – I'M REALLY FUNNY. Als verhältnismäßig origineller Einfall des findigen Magierski konnte die gelegentliche Verwendung von Farbe im insgesamt schwarzweiß schmutzigen Bild gelten; als Antonytsch aus einem hohen Kelch Wein trank, war die Flüssigkeit rot; rot floß sie auch durch die Speiseröhre seiner gläsernen Geliebten; es gab gelbe Blumen auf rauchenden Müllhaufen unter einem verhüllten Denkmal; goldfarbenen Sternenstaub, der wie Schnee auf die dämmrige Stadt fiel, aber das kam später, als der vereinsamte Antonytsch schon im Mondschein verschwand (»Sie kennen ihn sowieso nicht, ein Laie«, antwortete der Clipmaker ebenfalls halblaut).

Inzwischen neigte sich die Handlung ihrem Ende zu. Von überall her wälzten sich Ströme unterirdischen Wassers heran, die Stadt und alle ihre Sünder und Sünderinnen ertranken in der schwarzen Tiefe, im schaumbedeckten Wasser wirbelten tote Vögel, Kondome, Spritzen, alte Grammophonplatten; übrig blieben nur die Musiker auf der Bühne eines ausgestorbenen Clubs, vielleicht auch der Oper, der Leadsänger riß sich seine provisorische Krone vom Kopf und schleuderte sie verzweifelt ins Wasser, die Kamera entfernte sich in rasendem Tempo und schuf dadurch eine metaphysische Raumperspektive – die Bühne als winziger Punkt über der Sintflut; die letzten Worte wurden im Stockdunkeln und mit dumpfer Cellobegleitung gesungen, wie unter Wasser oder auf einem alten ausgeleierten Band:

> *der alte Antonytsch er geht auf der Welt*
> *und weiß noch nicht ob es sich lohnt*
> *da ist ein Mädchen das ihm gefällt*
> *sein Tod blickt schon herab vom Mond.*

Das war das Ende. Alle atmeten auf. Artur Pepa konnte es sich nicht verkneifen, als erster zu reden, ihm juckte die Zunge:

– Weißt du, Jarko, alles super, wär da nicht der letzte Reim – *lohnt – Mond*; *löse – Möse* wär viel besser gewesen ...

Er hatte homerisches Gelächter erwartet; statt dessen kam nur Romas Bemerkung: »Sehr witzig!«

– Hier auf der Kassette sind noch, äh, ein paar Erklärungen, also ... eine Art Kommentar, – antwortete Magierski, spulte vor und stoppte an der Stelle, wo er selbst, in einen Sessel im Fernsehstudio gelümmelt, den Zuschauern seine Ideen erklärte.

– ... und noch was. Ich habe mich dieser Arbeit über Jahre hin angenähert, – sagte Jartschyks Bildschirmdoppelgänger, den ein sorgfältiger Schnitt von allen »alsos« und »ähs« befreit hatte. – Diese universelle Geschichte von einem ewig lebendigen Idol, einem Dichter zum Beispiel, hat mich fasziniert. Jetzt interessieren sich zum Beispiel schon Producer von NTW und MTV für unsere Arbeit. Ich bin sehr froh, daß das »Königliche Karnickel« ... also äh (hier hatte der unbekannte Cutter versagt) diese Metapher gefunden hat.

Dann erschien der Leadsänger des »Königlichen Karnikkels«, ein Mädchen, wie sich herausstellte, Bierflasche und Zigarette in der Hand. Man hatte sie irgendwo in der Altstadt aufgenommen, vor der erwähnten englisch beschmierten Mauer.

– Als Kinder hat man uns mit dem alten Antonytsch Angst gemacht, – erzählte sie, sich mit häufigen Zügen und Schlukken unterbrechend. – Ich weiß noch, wenn meine Eltern glaubten, ich hätte mich schlecht betragen, dann sagten sie: »Warte nur, bis der alte Antonytsch kommt und dich mitnimmt in seinen dunklen Keller.« Offensichtlich ist in unserer Stadt mal ein Mensch begraben worden, der dann überall wieder auftauchte. In jeder Familie wußte man davon. Er lebte in irgendwelchen Kellern, sammelte leere Flaschen und allen möglichen Schrott und trug einen langen Mantel. Und redete in einer richtigen Vorkriegssprache mit allem Drum und Dran. Manchmal hatte ich wirklich Angst vor ihm, oft aber auch nicht. Einmal war ich gerade dabei, vor unserem Haus meine Geheimzeichen in den Sand zu malen, ich hatte sie mir selbst ausgedacht und zerstörte sie dann wieder, verwischte sie im Sand. Ich hatte also gerade so ein Zeichen gemalt und wollte es auswischen, als ich spürte, daß jemand über mir war. Das war er, der Mann im langen Mantel. Zuerst hatte ich Angst, denn er sagte: »Mit diesem Zeichen hast du mich gerufen. Was wünschest du?« Ich fing an, mich wie wahnsinnig zu entschuldigen, allen möglichen Quatsch zu erzählen, daß ich zufällig, ich hätte ja gar nicht gewußt, und er seufzte nur und ging seiner Wege. Heute glaube ich, daß ich das alles nur geträumt habe. Und trotzdem kann ich ihn nicht vergessen. Der Titel unseres zweiten Al...

Hier brach die Aufzeichnung ab, ein rauschendes, grauweißes Geflimmer füllte den Bildschirm, aber alle blieben sitzen, zum Teil deshalb, weil Pani Roma für Zumbrunnen immer noch den groben Inhalt der Geschichte übersetzte. Allerdings war ihm die Geschichte egal – Hauptsache sie, Roma, wandte sich ihm zu. Das genügte.

»Interessantes Schneckchen«, Artur Pepa sann über das Mädchen mit dem Bier nach. »Hat nicht mit der Wimper gezuckt. Man müßte mal...«, aber er war zu faul, seinen Phantasiefaden weiterzuspinnen und sich auszumalen, wie sie sich kennenlernen, wie sie rauchen und trinken und über Poesie reden würden, über Musik, Mystik, Sex und so weiter – Schluß, aus, kein Interesse.

– Was meinen, äh, also... Sie, Herr Professor? – meldete sich Magierski zu Wort, während er die Kassette aus dem Player nahm.

– Meiner bescheidenen Ansicht nach haben wir es hier mit einem ganz behutsamen Vordringen in die Welt der Archetypen zu tun, – hub Doktor freudig an, und schon bedauerte Magierski, ihn überhaupt angesprochen zu haben. – Nach C.G. Jung verkörpern sie den Inhalt des sogenannten kollektiven Unbewußten. Ihr unverstelltes Aussehen, das uns im Schlaf und in Tagträumen überrascht, weist individuelle, unbegreifliche und sogar naive Züge auf. Der Archetypus repräsentiert im Grunde einen unbewußten Inhalt, der im Prozeß seines Werdens durch das Bewußte und Sinnliche ersetzt wird, und zwar im Geist jenes individuellen Bewußtseins, in dem er entsteht.

– Haben Sie, äh, also vielen Dank. – Magierski schüttelte den zottigen Kopf.

– Dieser wunderliche Mondliebhaber, – ließ sich der Professor nicht stoppen, – dieser geheimnisvolle Unbekannte im Mantel ist zweifelsohne ein Archetypus, der an der Grenze zwischen Unbewußtem und Bewußtem dauerhaft in der Phantasiewelt der halberblühten Weiblichkeit von Mädchen existiert, die sich im Stadium fiebernder Erwartung befinden.

Bei diesen Worten ließ Professor Doktor seinen anzüglichen Blick über die extrem langen nackten Beine von Kolomeja gleiten und sah ihr dann direkt in das leicht gerötete Gesicht. Diesmal war sie es, die kapitulierte.

– Wollen wir nicht lieber auf der Terrasse weitermachen? – fragte energisch Pani Roma, der das Ganze nicht geheuer war.

Aber auf der Terrasse machte niemand weiter – alle wurden von einer so unbezwingbaren und grenzenlosen Faulheit befallen, wie sie nur die Frühlingssonne hervorbringen kann. Abdriften in den Schlaf, Durchlässigwerden, wohliges Erschlaffen der Seelen und Körper, glückseliges Schweben im Nirwana, ein Zustand, der irgendwo in der Feinstruktur der Knochen beginnt, das gesamte Gewebe ergreift, Blutfluß und Herzschlag verlangsamt und statt dessen die Rezeptoren aktiviert. Haut und Nase werden empfindlich wie bei warmblütigen Tieren: so viele Berührungen und Gerüche und keine Namen dafür!

Was war überhaupt mit dem Wetter los? Warum war dieser Ort, bekannt für seine Wirbelstürme, seinen unablässigen, durchdringenden Wind, für den Kampf der Elemente an den Wetterfronten, heute so warm, ruhig und transparent? Warum erreichte die Temperatur in der Sonne zweiundzwanzig Grad? Warum war der Wind kein Wind im Hochgebirgssinne des Wortes, sondern – nur unseren Dichtern kann so ein außergewöhnlich schönes Wort einfallen – ein Hauch? Warum war alles ringsum, die zackigen Felskämme, die weißen Gipfel der Zweitausender und die wilden Grate, so plastisch hervorgehoben und ungewöhnlich deutlich zu sehen? Warum blieb von allen Geräuschen und Klängen auf dem Boden dieser Stille nur das eintönige Murmeln und Tröpfeln des Schmelzwassers? Und keine Vogelschreie! Wie konnte das sein? Wie konnte es sein, daß selbst Professor Doktor nicht laut ausrief: »Stille, das ist die Sprache, in der Gott zum Menschen spricht«?

Wie dem auch sei – ewig konnte es nicht dauern. Das Schweigen der Welt wurde gestört von den schweren Tritten eines Männerkörpers auf der Treppe: Artur Pepa erschien mit einem großen Schachspiel.

– Aha, alle da! – rief er und betrachtete die zerstreute menschliche Konfiguration. – Und das genügt euch?! Was ist mit Ansprache, Unterhaltung? Seid ihr etwa zum Sterben hergekommen?

– Artur! – Pani Roma reagierte im Halbschlaf.

Sie saß in der Chaiselongue und hätte sich gern ihr Kleid aus grobem Leinen über den Kopf gezogen und die Schultern freigemacht. »Warum, warum nur habe ich meinen Badeanzug nicht mitgenommen?« dachte sie reumütig im Halbschlaf, bis dieser Blödmann, Blödmann, Blödmann sie unterbrach.

– Ja, ich bin's, – antwortete der Blödmann. – Keine Lust auf eine Partie Schach?

– Was für Schach? – murmelte Roma, ohne die Augen zu öffnen. – Was für Schach denn?

Bei diesen Worten wurde sie wieder vom Halbschlaf überwältigt, sah sich selbst ungefähr aus der Entfernung, in der Karl-Joseph auf der Balustrade saß und mit dem Fotoapparat spielte; also zog sie sich entschlossen das beunruhigend nach Deo und Schweiß riechende Kleid über den Kopf und schleuderte es elegant von sich; der Fotoapparat klickte genau in dem Moment, als sie ihre großen Brüste mit den Armen bedeckte, aber all das im Halbschlaf, Schlaf, Schlaf (ihre Brüste waren im Traum bedeutend größer als in Wirklichkeit).

– Alter, du vielleicht? – stieß Artur Magierski an. – Läufer, Dame, Turm ...

– Äh, also weißt du ... – stotterte der Zottige in seinem Liegestuhl, doch Pepa schlenderte schon weiter zu den Kätzchen im Bikini, die sich in einigem Abstand auf Luftmatratzen sonnten.

– Oho, sportlich, sportlich! – pfiff Pepa. – Eine Partie zu dritt?

Lili und Marlen hoben genervt die Köpfe, räkelten sich ebenso genervt, änderten die Stellung und drehten sich auf den Bauch. Ihrer Meinung nach versperrte dieser ewig besoffene Bock dem Ausländer die Sicht, wo der sie doch gerade im Bikini hatte knipsen wollen.

– Keine Angst vor Sonnenbrand? – ließ Pepa nicht locker. – Los, ich schmier euch ein! Ihr habt doch Sonnencreme dabei?

– Wegtreten, – antwortete eine von ihnen im Halbschlaf.

– Okay, okay, – beruhigte sich Pepa und sackte in sich zusammen, allerdings nur für ein paar Minuten.

Den Professor ließ er in Ruhe, er machte sogar einen großen Bogen um dessen Korbfauteuil. Genausowenig wollte er

Kolomeja zum Spielen auffordern, erstens, weil er überhaupt vermied, mit ihr allein zu bleiben, und zweitens, weil sie vom fünften Ring des Frühlings geschützt war – ihrer grünen Unantastbarkeit. Blieb der Österreicher auf der Balustrade, und Artur fragte ihn, das Schachspiel durch die Luft schwenkend, so daß die Figuren drinnen hölzern klapperten:
– Schachschpilen? Ajne klajne Schachschpilen, ha?
Karl-Joseph legte die Kamera auf die Balustrade und sprang herunter.
– Nu dobre, – erklärte er sich einverstanden. Er tat das, was am einfachsten war, denn eine Absage zu formulieren, und das auch noch in höflichen Wendungen, war ihm so gut wie unmöglich. Außerdem tat ihm dieser beschwipste Kerl, dem niemand Beachtung schenkte, allmählich leid.
– Jawol? – fragte Artur nach und dachte: »Wie zum Teufel bin ich auf die Idee mit dem Schach gekommen? Ich kann ja gar nicht spielen.«
Ein paar Minuten später saßen sie sich schon auf zwei Hockern gegenüber und stellten die Figuren auf. Dann begann das Spiel, über dessen Verlauf man sich nur aus Arturs nicht immer treffenden Ausrufen ein ungefähres Bild machen konnte (»Rössel! Bauer! Gardez! Läufer! Schach! Cejtnot! Cukcvank! Dama! Verschteeen, Dama? Dama!!«). Zumbrunnen hingegen schwieg. Er spielte Weiß – darauf hatte sein Gegner bestanden, denn »du bist doch unser Gast, richtig?« Zumbrunnen war es sowieso egal, ob Schwarz oder Weiß, schließlich hatte er früher viel Schach gespielt, Lokalturniere gewonnen, mit anderen Schülern der Privatschule von Viktor Kortschnoi korrespondiert und die Aufgaben in den Fachzeitschriften ohne Probleme gelöst. In der vierten Minute sagte Artur Pepa: »Entschpil! Kaput!« und forderte Revanche, »jetzt aber ich mit Weiß, klar?«
Klar, daß er auch diese und im Verlauf der nächsten halben Stunde weitere vier Partien verlor, doch dann zog er seine

Geheimwaffe in Gestalt der letzten »Pryluzka«, die zur Abwechslung mit einem hochwertigen Hanfgemisch gestopft war. Gleich nach dem ersten Zug spürte er, wie das Spiel langsamer wurde und einen eigenen, geheimen Sinn annahm. Karl-Joseph schnupperte und fragte:
– Hasch?
– Wolen? – zwinkerte Pepa und reichte ihm die Zigarette.
– Nicht schlecht! – sagte Karl-Joseph anerkennend, nachdem er einen Zug genommen hatte.
– Siehst du! – bekräftigte Artur.

Schon nach kurzer Zeit spürte er, daß ihm die Entwicklungen auf dem Schachbrett weit im voraus bekannt waren. Hundert Partien im voraus. Es machte gar keinen Sinn, die Figuren zu bewegen – alles lief auch so auf ein siegreiches Ende zu. Ohne sich anzustrengen, konnte er alle Züge für hundert Jahre im voraus benennen. Seine eigenen und die seines Gegners. Denn er hatte sich in ein komplettes SUPERHIRN verwandelt, das war's, in was er, Artur Pepa, sich verwandelt hatte. Es war ein verdoppeltes SUPERHIRN: eines saß in ihm drin, und das zweite war einfach Artur Pepa, so hieß er. Von diesem Gedanken wurde ihm ein bißchen bange.

– Hör mal, was haben wir hier bloß angestellt, – sagte Pepa besorgt. – Die Erde brennt unter meinen Füßen!

Er blickte zum Himmel und sah, wie die Sonne hinter dem Paravent der fernen Gipfel verschwand. Artur Pepa wußte nicht genau, was ein Paravent war, aber er war sich sicher, daß die Sonne soeben hinter einem Paravent verschwunden war. Außerdem sah er ringsum Köpfe, die ganze Gesellschaft hatte sich um das Schachbrett versammelt, diskutierte aufgeregt die Lage und betatschte mit Fingern, dick wie Baumstämme, die noch nicht geschlagenen Figuren.

– Schlechtersmajnkopfblajben! Schtrajchmalwiderzurick und bruchschlajfenwanderndzusammen! – sagte Karl-Joseph aggressiv.

Daraufhin grinste Artur schlau und wischte mit einer entschlossenen Handbewegung alle Figuren vom Brett.

Das Duell wurde noch am selben Nachmittag, vielleicht auch erst am nächsten fortgesetzt. Allerdings nicht auf der Terrasse, sondern höher, auf dem an der südwestlichen Seite des Pensionats gelegenen Turm, wohin alle, dem Lauf der Sonne folgend, umgezogen waren. Oben auf dem Turm gab es eine runde Aussichtsplattform, von der sich der Blick in alle Himmelsrichtungen öffnete, einschließlich der transsylvanischen. Hier stellte sich heraus, daß die Welt vor allem aus Bergen besteht. Und außerdem stellte sich heraus, daß es auf der Welt nichts Interessanteres gibt, als die Bewegung der Wolkenschatten auf den halbverschneiten Berggipfeln zu beobachten. Denn am Nachmittag waren Wolken aufgekommen.

Der Regisseur Jartschyk Magierski schaute durch die verdunkelten Gläser seiner Giorgio-Armani-Sonnenbrille in die Wolken und sann darüber nach, wie er das alles inszenieren würde: »Ich setze ihn in 'nen Sessel … da gibt's so 'n paar schöne … so 'n richtiger, also Thron. Und ganz teures Setting, Tapeten, also, äh, Gobelins … Eine vor ihm auf den Knien … oder besser in Hundestellung von, also, hinten? … äh, also jedenfalls auf den Knien … mal sehen. Und, äh, die zweite von äh hinten … hinter der Lehne von diesem … also Thron. Was macht die? … Ihn, äh … umarmen? … Vielleicht nicht von hinten? … Dann klappt's aber nicht mit der, äh, Vertikale … Super Vertikale: Körper eins – dann er selbst – Körper zwei …«

Nicht nur Jartschyk Magierski war in diesem Moment in Gedanken versunken. Berge und Wolken verführten einfach dazu, sich zu verlieren. So waren sie, nachdem sie angesichts des Panoramas erste begeisterte Ausrufe gewechselt hatten, alle verstummt – vielleicht träumten sie vom verlorenen Nirwana der Terrasse.

Doch Artur Pepas neuerliches Erscheinen schleuderte sie von den Wolken zurück auf die Erde, jedenfalls bis zum Turm.

– Aha! – rief Pepa aus, – hier bin ich wieder, du Schakalenfraß!

Schief auf dem Kopf trug er ein Barett, aber das war nicht wichtig, wichtig war, daß er in jeder Hand ein Schwert hielt, echte Kampfschwerter, ein bißchen stumpf und schartig, aber gut einen Meter lang (genauer: einen Meter und sieben Zentimeter, so jedenfalls schien es den anderen); diese Schwerter an sich waren schon gefährlich, aber noch gefährlicher war, daß Pepa in fünffüßigen Jamben sprach:

– Nimm an das Schwert du sünd'ger Österreicher! Ich weiß du schlugst im Schache mich soeben – mal sehn wie gut du mit dem Schwerte bist! Bekannt ist Schach als königliches Spiel. Doch wirst im ritterlichen siegen? Nimm an das Schwert!

Mit diesen Worten warf er Karl-Joseph ein Schwert zu, glücklicherweise mit der Klinge nach unten. Diesem blieb nichts anderes übrig, als es aufzufangen, was er auch tat – und zwar sehr geschickt am Griff.

– Sieh an, du akzeptierst! – freute sich Pepa und fuchtelte mit seinem Schwert in der Luft herum.

– Artur! – rief sich Pani Roma mit brüchiger Stimme in Erinnerung.

– Ophelia – Nymphe, schließ in dein Gebet all meine Sünden ein, – sagte Artur zu ihr. – Du Gast aus Öst'reich hab nun acht!

Entschlossen griff er Karl-Joseph an und drückte ihn dabei gleich gegen das Metallgeländer, hinter dem der Abgrund lauerte. Erst da verstand Zumbrunnen, daß er es ernst meinte.

– Kann das jemand stoppen? – Pani Roma wurde plötzlich blaß. – Bitte, tun Sie doch irgendwas ...

Ihr Flehen konnte nur an Magierski gerichtet sein, den einzigen unter den Anwesenden, der in die Kategorie »Männer« fiel. Professor Doktor zählte nicht, da er allem Anschein nach zu der anderen Kategorie (»Alte, Frauen, Kinder«) gehörte, genau wie die unverhohlen an der neuesten Zerstreuung interessierten Lili-Marlen (»der macht doch Spaß, oder?«) und die aus tiefer Tolkien-Erstarrung gerissene Prinzessin Kolomeja die Erste (»der sechste Ring – das ist der eiserne Ring vom Zweikampf der Riesen«) und Roma Woronytsch selbst (»O Gott, die bringen sich noch um!«).

Aber Magierski hatte es nicht eilig, sich mit bloßen Händen dazwischenzuwerfen – die Situation fesselte ihn vor allem optisch, er trat ein paar Schritte näher und brachte die Kamera in Position (»geiles Bild!«).

Nachdem Zumbrunnen die Herausforderung angenommen hatte, schlug er mit zwei, drei Hieben – aus den Schwertern stoben Funken – die Attacke des Angreifers zurück. Früher war er ein begeisterter Fechter gewesen und hatte bei der Burschenschaft »Teutonia« sogar Spezialkurse für edle Kampfkünste belegt, war dann aber wegen seiner schlechter werdenden Augen gezwungen gewesen, damit aufzuhören. Sein Körper jedoch hatte in seinem Zellengedächtnis genug von der Technik behalten. Nachdem er Pepas ungeschickten Ausfall glänzend pariert hatte (das Barett war etwas zu groß und rutschte Artur über das eine Auge), ging er selbst zum Angriff über und führte – um das Ganze schnellstmöglich zu beenden – von unten einen Schlag auf den gegnerischen Schwertgriff. Artur flog die Waffe aus der Hand, beschrieb über den Köpfen der Anwesenden einen todbringenden Bogen und schepperte hinter ihnen auf den Zementboden. Karl-Joseph aber hatte die Wucht des Schlages falsch eingeschätzt: Aus Trägheit ihren Weg nach oben fortsetzend, traf seine Klinge den unvorsichtig hingehaltenen Kopf seines Gegners, streifte die Stirn und verursachte einen Schnitt, aus dem sofort das Blut quoll: noch eine Lebensfurche.

– Für mich ist Sense, denn der Fremde hat gesiegt! – rief Pepa und fiel sehr eindrucksvoll auf den Rücken.

Karl-Joseph legte sein Schwert vorsichtig beiseite und beugte sich als erster über den blutenden Pepa. Die zweite war Roma, die pausenlos »Blödmann, Blödmann, so ein dämlicher Blödmann, und wenn es ins Auge gegangen wäre« sagte und das Blut zu stillen versuchte – zuerst mit dem unseligen Barett, dann mit ihrem Taschentuch und schließlich (denn die ebenso bleiche Kolja kam nach einigen Minuten mit einem Verbandskasten zurück) mit Watte.

– Alle Details dieses Bildes, – versicherte Professor Doktor bedächtig, – bewirken eine außergewöhnliche Verdichtung des Sinns und vollkommene künstlerische Glaubwürdigkeit.

– Soll ich denn jetzt nicht sterben, sondern leben? – fragte Artur Pepa und erlaubte seiner Frau demütig, ihm den blöden Dickschädel zu verbinden.

– Sei bloß still, Blödmann, idiotischer, – zischte Roma; dann brach sie in unbändiges (oder unangebrachtes?) Lachen aus.

Karl-Joseph zog sich vorerst wieder ans Geländer zurück – wie ein Boxer, der, nachdem er den Gegner niedergeschlagen hat, in seiner, sagen wir, blauen Ecke auf die Fortsetzung oder das Ende des Kampfes warten muß. Von dort beobachtete er schuldbewußt Romas Rettungsmaßnahmen, ihr rotbeflecktes Taschentuch und ihr Lachen (alle anderen lachten auch). Es war ihm alles furchtbar peinlich, und entschuldigend murmelte er: – Perepchoschuju.

– Es ist ja nichts passiert, – beeilte sich Roma zu sagen und überließ sich wieder ihrem Lachen.

– Was heißt hier, nichts passiert? – widersprach Pepa beleidigt und erhob sich. – Passiert, passiert, passiert ist, was passieren mußte. Gleich einem Krieger laßt mich tragen – von vier Hauptleuten, – forderte er dickköpfig.

Als aber keiner der angeforderten Hauptleute erschien,

verzog er sich ohne Geleit und pfiff statt dessen »In den Bergen der Karpaten, ja, da möcht ich gerne leb'n«.
– Wir sollten auch gehen, – schlug Pani Roma vor. – Es hat sich irgendwie abgekühlt.
– *Von Strauch zu Strauch sie springen wild wie Höhlenstiere / das Purpurkleid der Sonne nur das reizt ihr Blut* – zitierte der Professor sehr treffend und begab sich zum Ausgang.
– Wollen Sie uns auch mal knipsen? – Lili bekundete intimes Interesse, als sie die enge Wendeltreppe hinunterstiegen, ganz nah beieinander, Karl-Joseph, der niedergeschlagene Publikumsliebling, zwischen ihr und Marlen.
– Fotos von uns? Au ja! – drängte Marlen mit ihrer Freundin um die Wette.
– Will er nicht, – versprach Pani Roma Zwischenzweimännern nachdrücklich.

Das konnte ja kein gutes Ende nehmen – am selben Abend (vielleicht auch am nächsten), als die Gesellschaft sich zum Tee im kleinen Speisezimmer versammelt hatte, schlug Artur Pepa einen neuen Wettkampf vor.
– Übersetze ihm, – forderte er Pani Roma auf, – daß ich eine Flasche Schnaps austrinken kann. Allein!
– Ich denk nicht dran, – schnappte sie. – Das weiß er auch so.
– Übersetze ihm, daß ich mit ihm um eine Flasche Schnaps wetten will, daß ich allein eine Flasche Schnaps austrinken kann, – wiederholte Pepa. – Auf einen Zug!
– Beruhige dich und laß gut sein, – Roma blieb fest.
– Gut, ich mach's allein, – winkte der verwundete Krieger ab. – Charlie, tschujesch? Hörst du? Ich. Pju. Trinken. Odyn. Pljaschka. Fljasche. Wodka.
– Warum denn? – fragte Karl-Joseph.
Ihm wurde immer einsamer ums Herz. Je länger er hier saß, desto weniger verstand er, was vor sich ging. Nicht nur wegen

dieser Worte in einer schwerverständlichen Sprache. Sondern auch wegen ihr, der Frau, der er im vergangenen Jahr schon dreimal vorgeschlagen hatte, sie solle alles hinter sich lassen und mit ihm nach Wien gehen. »Du kannst Russisch und Deutsch in der Volkshochschule unterrichten«, hatte er dreimal versucht sie zu überreden. »Wir haben jetzt massenhaft Russen, sie kaufen sich Wohnungen im ersten Bezirk und zahlen sehr gut für den Unterricht. Ich gebe meinen großen Bildband heraus. Ich werde genug für uns beide verdienen. Warum können wir nicht für immer zusammensein? Warum sagst du ihm nicht die Wahrheit?« Roma hatte dreimal um Bedenkzeit gebeten und etwas gesagt, was er nicht verstand. Obwohl sie es auf deutsch gesagt hatte. Jetzt, als sich alles entscheiden sollte, war es Karl-Joseph, als stürze er in ein taubes, von allen Seiten mit einer Art lichtundurchlässigem Filz tapeziertes Loch aus Unverständnis und Ungewißheit. Etwas Schweres und Bedrückendes lastete auf ihm, und in diese sackartige, hermetisch abgedichtete Falle drang von außen nur das hartnäckige Blöken ihres Mannes:

– Guck. Das ist ein Fljasche. Ich sage: Ich austrinken, verstehen? Du sagen: najn. Ich sagen. Du wajter: najn. Wetten?

– Wieso? – fragte Karl-Joseph.

– So so, – sagte Pepa. – Aber nicht so! Nicht so! Guck!

Er stellte zwei Wassergläser vor sich hin und füllte sie bis zum Rand mit dem trüben Nußschnaps. Es war seine letzte mitgebrachte Flasche, Artur Pepa spielte Vabanque. Roma griff sich an den Kopf.

Als erste verließ Kolja das Speisezimmer. Hinter ihr, die Achseln zuckend und traurig lächelnd, segelte Professor Doktor hinaus.

– Ich weiß nicht, wie es Ihnen geht, aber für mich wird es Zeit, – sagte er.

Doch konnte er sich im Hinausgehen nicht verkneifen zu zitieren:

– Wir zwei sind einer heut zu viel. Und beide eigensinnig.
– Morgen wirst du verrecken mit deinem Herzen, – warnte Roma.
– Morgen? – Pepa verdrehte die Augen. – Morgen, morgen, nur nicht heute. Charlie!

Er streckte Zumbrunnen die Hand hin. Der andere schlug ein, ohne zu verstehen. Pepa drückte sie fest, und beide erstarrten – im Handschlag, einander in die Augen blickend.
– Schlag durch, – sagte Pepa zu Magierski.
– Bitte nicht, – wehrte Roma den über dem Tisch schwebenden zottigen Schatten ab und tat es selbst. – Topp! die Wette gilt.
– Danke, Schwälbchen, – zwinkerte ihr Pepa zu und erhob sich. – Charlie! Und ihr anderen! Aufgepaßt!

Dann machte er das, wofür er sein halbes Leben trainiert hatte und was er dauernd mit und ohne Anlaß übte. Das auf dem angewinkelten Ellenbogen plazierte Glas wurde mit den Zähnen ergriffen, der verbundene Kopf heftig nach hinten geworfen – und die trübbraune Flüssigkeit floß ungestört hinein. Es arbeitete nur der Adamsapfel, dieser männliche Schmuck. Aber das war noch nicht alles: Nachdem er das Glas geleert hatte, warf Pepa es nicht weniger heftig hoch (eine Bewegung des Unterkiefers) und fing es mühelos mit dem angewinkelten Ellenbogen wieder auf.
– Super! – Lili und Marlen, schon halb erobert, brachen in Beifall aus.

Wieder griff sich Roma an den Kopf. In solchen Momenten war sie, ohne es zu zeigen, ein bißchen stolz auf ihren Mann.
– Jetzt ist aber gut, – sagte sie.

Artur war anderer Meinung. Nachdem er ein paarmal tief Luft geholt und der nussigen Wärme in sich nachgespürt hatte, forderte er »Zählt, *Girls*!«, woraufhin er recht gewandt einen Salto drehte und auf den Händen zum Stehen kam. Und erst als die *Girls* gleichzeitig aus dem Zählen herausgekommen waren, irgendwo nach siebzig, brachte sich Artur in die richtige Lage, indem er sich wieder auf die Füße stellte. Er triumphierte: Lili und Marlen klatschten und quietschten, Jartschyk Magierski trommelte mit den Handflächen auf den Tisch, und Pani Roma hörte endlich auf, sich an den Kopf zu greifen. Sie sah ihn nur an, das war alles.

Karl-Joseph aber verstand erst jetzt, daß er all das unverzüglich nachmachen mußte, sonst hatte er verloren. Erst jetzt ging ihm auf, daß man ihn herausgefordert hatte und daß er an der Reihe war. Gefangen irrte er in seiner tauben Filzzelle herum, verheddette sich – und nahm das zweite volle Glas.

– Aber du sollst das nicht, Karl! – Die Frau, um derentwillen all dies geschah, versuchte ihn aufzuhalten. – Sei klüger, du bist doch kein Idiot, Karl!

Doch er hörte nicht, nahm die Brille ab, und ungefähr nach dem dreiunddreißigsten Versuch, er war schon auf die Größe seines vagen Lächelns zusammengeschrumpft, gelang es ihm, das Glas auf den angewinkelten Arm zu stellen. »Habe ich etwa noch nie im Leben aus solchen Gläsern getrunken?« machte er sich Mut und näherte seine Zähne der ätzend schleimigen Wand. Schon beim zweiten Schluck, als das Wort »Zumbrunnen« nur noch »Zunge, Gaumen, Gurgel« bedeutete, durchzuckte ihn eine Vorahnung: »Dies ist die Nacht, in der ich in der Ukraine am Schnaps sterben werde.« Da er aber nicht vorzeitig sterben wollte, wehrte sich sein Körper, blockierte das selbstmörderische Hineingießen und spie die Reste der giftigen Mischung aus. Tränen traten ihm in die Augen, die Kiefer lockerten sich, und das kaum zu einem Drittel gelehrte Glas rutschte ab in den taub-filzigen Raum, wo es, o Wunder, auf dem Fußboden in Stücke sprang. Es roch nach Alkohol und Nüssen, und nur einer der beiden Freundinnen entfuhr ein lautes, dummes Lachen, ansonsten Stille, und in dieser Stille erkannte Karl-Joseph, daß es sinnlos wäre, jetzt noch einen Handstand zu versuchen.

Ihm wurde noch einsamer zumute. Irgendwo dort, außerhalb des Sacks, in dem er kopfüber steckte, schwatzten sie mit kehligen Stimmen durcheinander (»Nuß, Kuß, Schnaps, ratz, fatz«) – alle außer einer, ihre Stimme fehlte: sie schwieg. Und Karl-Joseph hatte nicht die Kraft, sie anzusehen.

– Fuck, – sagte Karl-Joseph und stand auf. – Ich gehe. Ich kaufe, – sagte er auf ukrainisch, – noch eine Flasche. Horilka für dich!

Er stach mit dem Finger in die Luft – dorthin, wo Artur Pepa sitzen mußte, wo sich aber nur ein großer schmutziger nussiger Fleck bewegte.

– Normaler Zug, – antwortete es mit Arturs Stimme aus dieser Richtung, auch wenn Karl-Joseph nicht wußte, wie er das verstehen sollte. Das heißt, er verstand beide Worte, aber zusammen bildeten sie kein vernünftiges Ganzes. Das ging ihm in diesem Land nicht zum erstenmal so.

Irgendwie gelangte er auf die Veranda, wo er unerträglich lange den Lichtschalter suchte und dann, ohne ihn gefunden zu haben, in immer tieferer Dunkelheit – noch unerträglicher und noch länger – seine Jacke und die Salamander-Schuhe. Warum waren sie ihm auf die Veranda gefolgt – auch Roma? Und während Karl-Joseph sich unerträglich langsam seine Salamander-Schnürsenkel zuband, diskutierten sie unerträglich schnell über irgend etwas, es war ein furchtbarer Streit, furchtbar, weil er überhaupt nichts verstand (»in dem Zustand? Allein? Und wer von uns hat verloren? Dann geh ich mit!«) – nichts, mit Ausnahme der unzählige Male wiederholten Wortverbindung »Kilometer 13«, aber er wußte selbst, daß es so einen Ort auf der Welt gab – Kilometer 13 –, heute war er auf allen geheimen Zumbrunnen-Karten verzeichnet, denn nur dort, bei Kilometer 13, gibt es immer Nußschnaps im Angebot und alles mögliche andere auch.

Wie durch ein Wunder wurde er mit dem Reißverschluß seiner Jacke fertig, dann mit allen drei Schlössern an der Tür und ließ sich selbst hinaus auf den Weg, den er schon einmal gegangen war. Bis es stockdunkel würde, blieb noch eine Stunde – Zeit genug, um über die Hochalm zu gehen und den Wald zu durchqueren.

– Macht, was ihr wollt, – rief Roma Woronytsch, schnappte sich die erste beste Jacke vom Haken und eilte ihm nach. Sei's drum, dachte sie, sei's drum, als auch sie den Hang hinunterlief, und es hallte in ihr nach wie ein aufdringlicher frischgebackener Turkizismus: seisdorum, seisdorum, seisdorum ...

– Ich kapier gar nichts mehr, – ärgerte sich Artur Pepa, der endlich die Wirkung des Alkohols zu spüren begann. – Kein Schnaps, Frau weg, was nun?

Und entschied sich, ein bißchen zu schlafen – bis die zwei die ihm zustehende Flasche bringen würden.

8 Aber kaum hatte Artur Pepa die Augen zugemacht, da wachte er auch schon wieder auf. War es innerer Alarm, ein Ruf aus der Tiefe des Jenseits, das Signal einer beginnenden Herzrhythmus-Attacke? Oder kam es von draußen – von vor der Tür, vom Korridor, aus der ihn bedrängenden Tiefe der Nacht? Denn es war Nacht, und Artur Pepa saß im Stockfinstern angezogen im Bett. Die andere Hälfte des Betts war leer, unberührt. Also war die Nacht noch nicht sehr weit fortgeschritten, andernfalls wären die zwei ja schon irgendwie zurückgekommen, überlegte Pepa erstaunlich nüchtern. Obwohl er – um der Wahrheit die Ehre zu geben – vor allem etwas über dieses Rascheln und Stöhnen vor der Tür herausfinden wollte, vorausgesetzt, es existierte überhaupt. Seine Natur erkunden, fand Pepa die treffendste Formulierung. Genau so, seine Natur erkunden. Und obwohl der in seiner Faust schweißnasse riesige Schlüssel im Schlüsselloch knirschte, so laut er konnte, und die ganze Welt oder zumindest das ganze Pensionat zu wecken versuchte, gelang es Pepa am Ende doch, die unglaublich schweren Eibentüren aufzuschließen und sie zu öffnen, indem er sich mit der Schulter dagegen stemmte. Lautlos wie ein Geist glitt er hinaus in den Korridor.

Auch dort war es dunkel, irgendwer hatte aus Sparsamkeit alle Lichter gelöscht. Dafür gab es viel Mond. »Vollmond«, erinnerte sich Artur Pepa und entdeckte am fernen Ende des Korridors ein gotisches Spitzbogenfenster, durch das die blaß-mehlige Substanz in dichtem Strom hereinfloß.

Und in dieser Substanz watete, dem hohen gotischen Fenster entgegen, der Regisseur Jartschyk Magierski mit seiner Betacam-Videokamera auf der Schulter. Er stapfte bedächtig wie durch Schnee, setzte schwerfällig ein Bein vor das andere und zog die Knie hoch. Die Kamera arbeitete ohne Unterlaß – das erkannte Artur Pepa an dem roten Auge, das über den Korridor huschte wie das Zielfernrohr eines Heckenschützen und für Momente einzelne Objekte aus dem Mondnebel hervorhob: Vasen, Kisten, sogar Feuerlöscher, die es hier zuvor nicht gegeben hatte. Artur konnte sogar das gleichmäßige Surren der Kassette hören, obwohl Magierski gut hundert Schritt entfernt war. Manchmal schien ihm, als blinkte dieses rote Auge nicht in der Kamera, sondern an Magierskis zottigem Hinterkopf. »Symmetrie«, entschied Pepa und schlich ihm nach, den Korridor mit weichen Sprüngen von Wand zu Wand durchmessend und sich manchmal hinter irgendwelchen Wachsfiguren verbergend. Er wunderte sich über seine Behendigkeit, doch als er die weißen Ballettschuhe an seinen Füßen entdeckte, verstand er.

Links am Ende des Korridors war eine Treppe, dorthin wandte sich der Regisseur. Nachdem Pepa die verbleibende Entfernung mit drei schwerelosen Sprüngen zurückgelegt hatte, konnte er gerade noch das rote Blinken unterhalb erspähen, Magierski bewegte sich also im Treppenhaus abwärts. Ein Pfeil an der Wand zeigte in seine Richtung, darüber lief ein Spruchband aus Leuchtdioden, das VOLKSFEST verhieß. Wie besessen stürzte Artur Pepa dem Regisseur hinterher. Auf dem fünften oder sechsten Absatz war der breite, angespannte Rücken plötzlich nur noch wenige Stufen unter ihm, Artur wollte vorsichtig abbremsen, aber eine mächtige Luftwelle trieb ihn vor sich her, so daß er, nachdem er Magierski fast über den Haufen gerannt hätte, in lauter lärmende und buntscheckige Leute hineinlief, vor denen er sich nicht mehr verstecken konnte. Der Raum war eine Art Hochzeitszelt, etwa zweihundert Gäste fanden hier Platz (ungefähr so viele waren es auch) – mit Tischen und Bänken in langen Reihen und einem hölzernen Tanzboden. Das Gelage war offensichtlich schon in vollem Gange, es herrschten ungeheurer Lärm und Geschrei, Wolken von Tabakrauch und alkoholgastronomische Dünste hatten die Luft in eine widerlich dichte, klebrige Masse verwandelt, und Pepa, der sonst nicht zu moralischen Imperativen neigte, dachte, daß es irgendwie nicht richtig sein konnte, in der Karwoche so ausschweifend zu feiern. Das schlimmste war, daß er in dem Tohuwabohu den Regisseur aus den Augen verloren hatte, er war samt Videokamera von der Bildfläche verschwunden, obwohl sich solche Typen doch sonst gerne frank, frei und gratis auf allen erdenklichen Volksbelustigungen herumtreiben unter dem Vorwand, etwas für *zukünftige Generationen* aufzuzeichnen. Aber es ging längst nicht mehr um Magierski.

Pepa selbst war ins Zentrum eines geschwinden und schwindelerregenden Kreises geraten: hagere alte Frauen mit überlangen, rauchschwarzen Pfeifen zwischen den Zähnen (oder eher in den Mündern, die Zähne hatten sich in den letzten hundert Jahren verflüchtigt), die mit verschränkten Armen und rücksichtslos aufstampfend ihren speziellen *Frauen-Arkan* tanzten. Es waren ihrer vielleicht zwölf, und jede zog Grimassen und zwinkerte dem verirrten Wanderer, der ihnen da so unvermutet ins Netz gegangen war, dreist zu, doch in diesem pausenlosen Geheule und Gedrehe hatte Artur Pepa nicht die geringste Chance, um Aufklärung zu bitten. Erstens interessierte ihn, warum dieses Weibsvolk einen zutiefst männlichen Tanz tanzte. Zweitens, warum, verdammt, sie sich gerade um ihn drehten – genügten ihnen denn ihre eigenen zahnlosen Liebsten nicht? Drittens, wann all das ein Ende nähme. Artur Pepa hatte einmal auf einer Versammlung junger Literaten von einem magischen Arkan erzählen hören, der sieben, acht, ja zwölf Stunden am Stück getanzt wurde, was nur die Stärksten durchhielten – diejenigen, die nicht Blut, sondern Feuer in sich hatten, die mit den Ruten aus Stahl, aber davon konnte hier ja wohl keine Rede sein. Artur blieb nichts anderes übrig, als im Takt zu stampfen, blöde lächelnd mit den Schultern zu zappeln und so zu tun, als ob ihm das alles unheimlich gut gefalle, ist er nicht ein *fixer Dänzer, oijoijoi*. Der hölzerne Tanzboden war nach unzähligen Lustbarkeiten schon so blank gewienert, daß Arturs Füße, die jetzt in glänzenden huzulischen Lederschuhen steckten, ganz heimtückisch nach allen Seiten wegrutschten, und es war absolut unerklärlich, wie es ihm gelang, sich in diesem Schlachtgetümmel auf den Beinen zu halten.

Es gelang ihm, weil ab und zu eine der Alten aus dem Kreis heraussprang und ihn an den Schultern faßte – dann mußte er mit ihr herumhopsen, und Artur Pepa wunderte sich jedesmal, wie leicht man sie drehen konnte und wie gut sich überhaupt mit ihnen tanzen ließ, ungeachtet dessen, daß sie über und über von Falten zerfurcht waren, was man aus der Nähe besonders deutlich sah; ihre Haut erinnerte an zusammengenähte Stücke nachgedunkelter Landkarten, zudem mit Relief. »Joi, Arturtschyk«, sagte ihm eine ins Ohr, »schad um di, süß Bürschle, hast gnomm die Witwe, wär doch gang jed's Mädel mit so'n fein Dänzer, un du ladst dir so was auf, Ärmster!« Artur hatte keine Zeit, darauf zu antworten, denn schon kam eine andere und fuhr fort: »Hast gschmissn dein G'hirn in Brunn, oder verkauft im Basar, daß 'd Witwe di hat behexn könn? Wo hat nur gschlafn dein Verstand, Goldbub, daß 'd zwanzick Jahr Lehrgeld mußt zahln?« Und darauf die dritte: »Nehm, Arturtschyk, ne dicke Peitsch und jags usm Haus, 's Luder, un wenns nit tut wolln, dann laß hockn mit all ihrm Tinnef un Tochter un ganze Land un hau ab ans End von der Welt oder nach Tschechien aufn Bau oder in Krieg nach Tschetschenien!« Und darauf noch eine: »Och wie hamma gwart so lang auf dich, Arturtschyk Schätzle, für wen hast uns sitzn lassn, Liebster-Bester!« Und nach ihr eine andere: »Nix sag mehr, Arturtschyk-Bürschle, nur daß d' heut Nacht bleibst bei uns, Jüngele, süß Liebe machn, bis morgn küssn, mit uns ins Badehaus, schön Liebche, sauber waschn un badn!« Und sie faßte ihm dreist an den Hosensack, wo nichts als Kälte war. »Wie alt bist du denn?« fragte Artur, als ob das von Belang wäre, am ehesten wohl, um Zeit zu gewinnen. Aber er mußte sich bei der Antwort wohl verhört haben, denn sie konnte doch nicht wirklich *siebnunddreißick* sein.

Ja, um der Wahrheit die Ehre zu geben – der magische Tanz war schon längst unanständig obszön geworden, die Arkan-Motive gingen in eine Kolomijka über, die wiederum in einen gemäßigt leidenschaftlichen Karpaten-Ska, und in Vorahnung des Allerübelsten stellte sich Artur eine Banja in einer Kreisstadt vor, abgefallene Kacheln und nicht mehr abzukratzende gelbliche Schlieren, Asseln und Spinnen an den Wänden und an rostigen Hähnen schiefe Ventile, die Abflüsse der gesprungenen Wannen mit Haaren und Watte verstopft (und allein das Gemisch aus Gerüchen – Insektenvertilgungsmittel, Haushalts- und Teerseife!) – und dort der aufgeregte Schwarm nackter Hexen mit hängenden Titten und Ärschen, und diese Armeewaschlappen aus Werg zwischen ihren Beinen, und wie sie sich gegenseitig mit den Ellenbogen stoßen und jede versucht, ihn als erste anzufassen. In letzter Sekunde verfiel er darauf, sich wie ein Korkenzieher zu drehen, um sich der Umarmung seiner Partnerin zu entziehen und unbemerkt zu entschlüpfen, aber die Strafe ließ nicht lange auf sich warten: Wie auf glitschigem Sperma rutschten seine Füße weit auseinander – Pepa schlug rücklings hin und sah über sich seine in die Höhe gerissenen Beine. Nun denn, dachte er, jetzt werde ich vergewaltigt.

Aber anstelle der siegesgewiß grinsenden Bratapfelphysiognomien, die in diesem Moment hätten auftauchen, sich drohend über ihn beugen und Pfeife rauchend fröhlich mit den blauen Lippen hätten schnalzen müssen, sah er, wie sich die Zelttuchdecke auftat und den Himmel freigab, vor allem aber sah er, daß er unter einem Baum lag, und selbst wenn da nicht die nach unzähligen Hochzeiten brüchig krächzende Stimme des glotzäugigen Zimbalspielers zu hören gewesen wäre (»geht das Mädchen in die Kirschen süße Früchte pflükken«), so hätte er trotzdem gewußt, daß es ein Kirschbaum war: so viel Rot im Grün gibt es nur in Kirschbäumen und nur im Juni. Der Kirschbaum wuchs in den Himmel, er füllte den ganzen Raum über Pepa aus und erstreckte sich mit all seinen Sinnesverzweigungen in die ihn umgebende Unendlichkeit; es war eines der wenigen Bilder der Vollkommenheit in Pepas sinnlosem Leben. Doch damit nicht genug: Um das von dem glotzäugigen Zimbalspieler annoncierte Bild zum Leben zu erwecken, setzten die Autoren dieses neuen Videoclips ein geschmeidiges, langbeiniges Mädchen in den Kirschbaum (»und ich helfe ihr von unten, möchte sie beglücken«, verausgabte sich der Zimbalspieler unter vollem Einsatz seiner ausgeleierten Stimmbänder). Mal hielt das Mädchen in einer Astgabel inne und hatte die Beine weit geöffnet, mal kletterte sie von Ast zu Ast, vollgeschmiert mit Kirschsaft, und das Wunder, das Pepa von unten sehen konnte (»und schau hierhin, und schau dorthin – kann schon kaum mehr reden«), brachte ihn vor Begeisterung fast um (»liebe Leute, da im

Kirschbaum schaute ich mein Eden«, fand Kollege Musikant endlich die treffenden Worte für Pepas Zustand). Nein, Pepa konnte ihr Gesicht nicht sehen, aber diese zum Himmel reichenden Beine und das fröhliche Lächeln an der Stelle, wo sie entsprangen, genügten ihm. »Wer bist du?« fragte Artur Pepa in den Himmel, denn etwas Klügeres fiel ihm nicht ein. »Ich esse Kirschen«, antwortete das Mädchen mit der Stimme seiner Stieftochter Kolomeja und ließ eine Handvoll feuchter Früchte auf ihn herabregnen. Unfähig, sich zu rühren, versuchte Pepa, sie mit dem Mund aufzufangen, aber es gelang ihm nicht. Die Kirschen fielen ihm ins Gesicht, es wurden immer mehr, ein sanfter Kirschenregen, in dem Pepa ewig hätte liegen können, wenn nicht ...

– Du schnarchst grauenhaft, – sagte Pani Roma und rüttelte ihn an der Schulter. – Du schnarchst immer, wenn du auf dem Rücken schläfst.

Sie trug schon ihren kugelsicheren Flanellpyjama und war gerade dabei, sich neben ihn auf die von ihm nicht angetastete Seite des Bettes zu legen.

– Aha, ihr seid also zurück, – erinnerte sich ihr Mann an die Umstände von Zeit und Raum. – Wo ist die Flasche?

– Gibt keine Flasche. Schlaf jetzt! – schnitt ihm Roma das Wort ab, denn auf keinen Fall wollte sie diesem Blödmann erzählen, wie der andere Blödmann ihr mitten im Wald eine Szene gemacht hatte, wie sie beleidigt umgekehrt war und ihn allein zurückgelassen hatte, soll er doch bis zum Morgen durch die ärmlichen Dörfer stapfen, wer wird ihm denn schon irgendwas verkaufen mitten in der Nacht.

Aber Blödmann Nummer eins nahm die Nachricht unerwartet friedfertig auf: Froh beeilte er sich, zu dem nur ihm und uns bekannten Baum zurückzukehren, wobei er die Seiten zwischen Wachsein und Schlaf hastig durchblätterte (Korridor, Treppenhaus, was dann?), aber nicht fand, was er suchte.

Statt dessen geriet er mitten in eine heimatkundliche Exkursion, mehrere Dutzend überwiegend fremde Leute. Sie füllten den ganzen *Vorraum*, wo sie sich um eine Reihe von Ausstellungsflächen mit altertümlichen Fotos, Feuersteinpistolen und Hüten drängten und Webstühle, Spinnräder und Hochofenmodelle von allen Seiten genau betrachteten. Pepa hatte schon lange den ersten besten fragen wollen, »wo ist denn hier die Kirsche, so ein Baum?«, aber er konnte sich nicht durchringen: Irgend etwas hielt ihn zurück – vielleicht die miese Akustik des Raums, es schien, als verlören die Geräusche jegliche Ausdruckskraft und versänken im Nichts, vielleicht aber auch die verwaschene Mondbeleuchtung (»Wir sind ja auch auf dem MOND!« stellte Pepa fest). Trotzdem gab er die Hoffnung nicht ganz auf. Während er den anderen folgte, nutzte er die Gelegenheit, sich über alle möglichen, ihm bisher nicht bekannten Details zu informieren, über die karpatische Flößerei, die Besonderheiten der örtlichen Schafzucht, Unzucht und Eifersucht, über die dakisch-phrakischen Wurzeln der Mehrheit der hiesigen Ortsnamen (»Dsyn-n-n-n-dsul«, sprach Pepa genußvoll einen dieser Namen aus), darüber, mit welchen Methoden polnisch-jesuitische Kleriker und sowjetisch-bolschewistische Straforgane Hexenjagd betrieben, sowie über die daraus resultierenden demographischen, ökumenischen und hygienischen Unzulänglichkeiten; schließlich erfuhr Pepa, daß Bucheckern eine besondere, fast narkotisierende Wirkung auf den tierischen und menschlichen Organismus haben. Eigentlich war es ziemlich spannend.

Ein gewisses Chaos war allerdings unübersehbar, und es gab Fehler bei der Präsentation des Materials. So zeigte zum Beispiel die Vitrine mit der Beschriftung »Die Dynamik der Ölförderung im Gebiet Tschortopil. 1939 bis 1985« einen altsteinzeitlichen Rastort des Urmenschen. Unter dem Schild »Zwangskollektivierung der Region in den späten vierziger und frühen fünfziger Jahren« konnte man einige Maschinengewehre, eine Antipersonenmine und eine von allen Seiten durchschossene rote Uniform betrachten. Was die Vitrine »Die besten Vertreter unserer Region« betrifft, so wurden dort sonderbarerweise Fotografien von Schafsrassen gezeigt, vor allem karpatische Merinos. Pepa zuckte die Achseln und schob sich in dem permanenten diffusen Flimmern und Schallen weiter voran.

Nach einigen Stunden hatte er sich langsam an die seltsame Atmosphäre gewöhnt, um so mehr, als er unter den Anwesenden ein paar bekannte Gesichter entdeckte. Es handelte sich um Personen, auf deren Beerdigungen er in der letzten Zeit gewesen war: allen voran jener neugierige Reporter, der nachts von der Waggonplattform gestoßen worden war; außerdem der Nachbar aus der Wohnung über ihm, den man mit zwei Kugeln im Kopf in seinem privaten Taxi aufgefunden hatte, und eine Zeitungssekretärin, im Lift mit Ketten erdrosselt; um der Wahrheit die Ehre zu geben (Artur gefiel der Ausdruck in dieser Nacht besonders gut), um der Wahrheit die Ehre zu geben, es waren auch andere Bekannte und Verwandte da, die, wie man so sagt, eines natürlichen Todes gestorben waren – hinter ihnen allen hatte Pepa in der letzten Zeit Kränze, Kreuze und Sargdeckel hertragen müssen. Ganz abseits stand eine kurzgeschorene, sommersprossige Leiche von vor zwanzig Jahren: ein Armeekamerad, der sich eines Morgens ohne Vorwarnung und Erklärung eine Maschinengewehrsalve ins Gesicht gepustet hatte, nachdem er gerade auf dem ihm zugeteilten dritten Posten eingetroffen war.

Alles in allem war Artur Pepa froh, diese Leute wiederzusehen. Es ging ihnen also nicht schlecht, und in Wirklichkeit waren sie gar nicht verschwunden. Irgendwo auf dem Grund seiner Seele allerdings hegte Artur einen winzigen Zweifel: Es beunruhigte ihn der Gedanke, daß er sie – früher oder später – doch würde begraben und dann jedesmal wieder diese Depressionen und Abgründe durchleben müssen.

Interessant, daß sich viele der Anwesenden (und genau dieses Wort erschien in bezug auf sie das treffendste: Anwesende) mit allen möglichen nützlichen Dingen beschäftigten. Der Vorraum war erfüllt vom Surren und Summen der Spindeln und Spinnräder, daneben drehten sich Töpferscheiben, Handmühlen, Zentrifugen seltsamer Sägeanlagen; einige widmeten sich konzentriert dem Herausfräsen einfallsreich-paradiesischer Muster, andere schnitzten Holzpferdchen oder, sagen wir, modellierten sie aus Schafskäse. »Allmende«, kam es Pepa aus Schulbuchzeiten in den Sinn, wo dieses Wort Jahrzehnte im Staub der Sägespäne auf seine Stunde gewartet hatte, unweit von »Alliteration« und »Almanach«.

Inzwischen erregte ein in nichts außer seiner Hagerkeit und seinem weizenblonden Schnurrbart bemerkenswerter Typ, der einen bestimmt noch in den siebziger Jahren wohl gar von der Kolomijer Nähfabrik hergestellten Anzug trug, Pepas Aufmerksamkeit. Ja, er erregte seine Aufmerksamkeit – aber nicht etwa wegen des Universitätsabzeichens oder der Medaille »Ausgezeichneter Volkspädagoge« am grauen Siebzigerjahresakko, sondern weil er allzu häufig irgendwo in der Nähe auftauchte, in Arturs Blickfeld. Vielleicht nicht einmal deshalb, sondern vor allem durch sein Herumhusten und Ausspeien in ein riesiges zerknittertes, nicht mehr ganz frisches Schnupftuch, das er aus der Hosentasche holte und dann nervös schmatzend wieder hineinstopfte. Ausschlaggebend war aber schließlich, daß der Schnurrbärtige einige Male böse zu Pepa herüberschaute (mit einem Seitenblick erfaßte er alles) und mit näselnd-verschnupfter Stimme ausrief: »Du!« Pepas Vermutung, daß dieser Typ hier so was wie ein Ordner sei, traf also zu.

»Du, du«, wiederholte der Ordner barsch und winkte Artur mit dem Finger zu sich. Pepa wollte beleidigt reagieren, begriff aber rechtzeitig, daß das wohl kaum angebracht wäre. Deshalb hob er nur verwundert die Brauen, tippte sich mit dem Zeigefinger an die Brust und fragte wie ein an die Tafel gerufener Fünferschüler: »Wer, ich?« – »Mitkommen.« Der Mann mit dem weizenblonden Schnurrbart ließ ihm keine Zeit, zu überlegen. Ohne sich umzusehen, glitt er durch den Vorraum (was ist das eigentlich für ein Wort, Vorraum, warum Vorraum, wenn es doch ein Saal war, ein richtiger Saal, in seinen Ausmaßen vergleichbar mit den größten Wartesälen der Welt!), und Artur Pepa blieb nichts anderes übrig, als ihm zu folgen. »Aber warum ich?« wollte er in den ein bißchen buckligen, hageren Rücken rufen, der ungefähr zehn Schritte vor ihm zu sehen war. Doch da entdeckte er eine neue Attraktion: Sie gingen an einer Reihe langer Tische vorbei, an denen Anwesende selbstvergessen Ostereier bemalten, wobei sie die Eier mal in die Farbtöpfe, mal ins heiße Wachs tauchten und dann angespannt den Stichel handhabten, um von der idealen Oberfläche des Eis alles Überflüssige zu entfernen; das Aroma von erhitztem Wachs und selbst hergestellter mineralischer Farbe erinnerte Pepa daran, daß die Feiertage vor der Tür standen. Die fertigen Ostereier rollten in einer speziellen, leicht abschüssigen Rinne den Tisch entlang, was ihnen Gelegenheit gab, zu trocknen, und plumpsten dann in eine geräumige, mit Watte gepolsterte Kiste – jedes in seine eigene Mulde. Nur eines von ihnen – orangefarbene Kreuze und Sterne auf schwarzem, unirdischem Grund und dazu zwei goldfarbene, wellige Borten – erreichte seine Mulde nicht, denn Artur Pepa griff im letzten Moment zu und steckte es in die Manteltasche. »Da hab ich doch schon ein Ostergeschenk für Roma«, konstatierte er zufrieden und völlig überzeugt, daß niemand auch nur das Geringste bemerkt hatte.

Schließlich erreichten sie das große Tor am Ende des Saals, der Ordner zeigte darauf, hustete trocken und befahl: «Raus! Auf der Stelle raus hier!« – »Aber warum ich?« entsann sich Pepa wieder seiner Frage. »Weil du hier keinen Zutritt hast«, erklärte der Ordner. »Wieso dürfen alle, und ich nicht?« Pepa ließ sich nicht einfach so abspeisen. »Du lebst mit meiner Frau?« Der Ordner begann, sich bedrohlich in Rage zu reden, wobei er das Wort lebst irgendwie seltsam betonte. »Raus hier – und zwar sofort!«

Das ist es also. Pepa verstand. Das ist er also, Romas ehemaliger Lebenspartner! Und während er mit verdreifachter Aufmerksamkeit in dieses gereizte Lehmgesicht mit dem hängenden Schnurrbart blickte, brach der Ordner in immer neue Anschuldigungen aus: »Mit meiner Frau schläfst du, Mädchen verführst du, Schnaps säufst du?« Das Wort Schnaps verwandelte er in einen Paroxysmus des Zischens. Artur schwieg, denn er konnte es nicht leugnen. »Geh zurück zu ihnen und treib hier nicht rum wie ein Stück Scheiße im Eisloch!« Der Herr Woronytsch versuchte, seine erkältete Stimme zu heben, brach aber in langanhaltendes Husten aus. »Und gib sofort das Osterei zurück!« verlangte er, nachdem er seinen Auswurf liebevoll in das wohl noch von Roma gesäumte Schnupftuch gespuckt hatte. »Ich wache jetzt auf«, sagte darauf Pepa, denn er hatte genug. »Ich kann jetzt einfach aufwachen, das macht mir gar nichts aus, und du verschwindest!«

Erstaunlicherweise wirkte diese Drohung: Woronytsch verfiel spürbar, seine stechenden Augen wandten sich erschrokken ab, und er begann – im wahrsten Sinne des Wortes – sich zurückzuziehen, zurückzuweichen in die unendliche Tiefe des Saals, wo er sich eilig unter die anderen Anwesenden mischte. Insgeheim triumphierend wegen des kleinen Sieges, den er errungen hatte, vertiefte sich Artur Pepa wieder in das ihn umgebende diffuse mondene Rauschen und Rascheln. Die Episode hatte sein Selbstvertrauen so gestärkt, daß er sich schon bei den hiesigen Personen erkundigen wollte, wo denn nun dieser... sei – aber was suchte er eigentlich? Artur wußte es nicht mehr, die Wellen seiner nächtlichen Wanderungen hatten ihn weit weggespült vom süßesten aller Kirschbäume. Er versuchte krampfhaft, sich zu erinnern, verstrickte sich aber – um der Wahrheit die Ehre zu geben – nur immer tiefer in fruchtlose Spekulationen.

Dann aber sah er (wieder der Seitenblick, jener, mit dem wir uns manchmal selbst nicht im Spiegel erkennen), wie sich auf der gegenüberliegenden Seite des Saals eine von ihm bisher nicht bemerkte Tür öffnete, sie war wirklich vergleichsweise eng und klein, eine Art Personaleingang oder Notausgang, hätte Pepa unter anderen Umständen gewitzelt. Und durch diese Seitentür, von Arturs Seitenblick erfaßt, schob sich seitlich Karl-Joseph Zumbrunnen – mit dem nur ihm eigenen zerstreut-abwesenden Gesichtsausdruck. Außerdem hatte er seine Brille nicht auf und blinzelte blind und schüchtern in den Saal und zu den Anwesenden. Und obwohl so ein Auftritt von der Seite ihm eigentlich ganz spielend hätte gelingen müssen, meldete sich im selben Moment von irgendwoher der Ordner Woronytsch zu Wort, indem er dem ganzen Saal sein »Fertig! Es geht los!« verkündete. Aber dieser näselnde Aufruf mußte ja nicht unbedingt etwas mit dem Erscheinen des Österreichers zu tun haben, versuchte Artur Pepa sich zu beruhigen, ohne wirklich überzeugt zu sein.

Von überall her erklang Musik, und zwar von der Art, wie man sie nach dem Aufwachen niemals wird niederschreiben können. Artur Pepa konnte weder Noten lesen, noch kannte er die Fachterminologie, aber er liebte Musik sehr, vor allem diejenige, die er im Traum hörte. Er bedauerte, daß er nicht rechtzeitig ein Instrument erlernt hatte, und manchmal merkte er sich dies für ein zukünftiges Leben vor. Jetzt, überwältigt vom unglaublich reichen, schwelgerischen Klang des unsichtbaren Riesenorchesters (was war Wagner dagegen!), sah er, wie sich der Vorhang hob (offensichtlich hatte er bislang die Funktion einer Wand erfüllt) und den Blick freigab auf einen grenzenlosen Bühnenraum: Es war der verwunschene Garten, *ein biologisches Poem in zwei Aufzügen* – auf einer sanft geneigten Anhöhe ein verwilderter und berückender Garten voller sich windender Pflanzen und vielfältigster Grünschattierungen, eine ganze Nachtigallenstadt mit zwölf Flüssen unter dem gestirnten Himmel, und in diesem schwülen Schlangenhort erhob sich zwischen dem siebten und dem achten Wasser ein mit Moos bewachsenes und von klebrigen, betörenden Blumen umranktes Postament, um das herum sich zwei weibliche Figuren ringelten (Artur Pepa erkannte die Blonde und die Brünette sofort).

Er erkannte auch den Regisseur: Die Videokamera mit dem rastlosen roten Auge noch immer auf der Schulter, umkreiste Jartschyk Magierski die *Girls*, entfernte sich und kam wieder ganz nah, kroch auf dem Bauch und auf den Knien über den Hügel, durch das dichte, undurchdringliche Gras und Gebüsch – das erlaubte es Artur, ihren Tanz in allen Details zu beobachten; sehr geschickt änderte und wechselte der Regisseur die Einstellungen, riß aus dem nicht faßbaren Ganzen die absurdesten Fragmente, Posen und Grimassen heraus und setzte dann alles wieder zusammen.

Um der Wahrheit die Ehre zu geben: All das erinnerte an einen teuren und aufwendig dekorierten Striptease. Und wirklich befreiten sich die Tänzerinnen langsam von ihren farbigen Gewändern, Federn ihres exotischen Vogelkleids flogen in alle Richtungen – Gürtel, Bänder, Flitter –, und Artur Pepa erriet erst jetzt, daß sie Brautkleider trugen, mit großem Sachverstand ausgesuchte Hochzeitsgewänder, sie hatten also genug abzuwickeln, aufzuschnüren, loszubinden und abzuwerfen (Artur versuchte, sich auf die Namen der Details zu konzentrieren, aber in seinem Kopf kreisten nur »Überrock«, »Unterkleid« und das Wort »BH«, das hier überhaupt nicht am Platze war); das *Grüne* verschluckte diese Details sofort, als ob hinter jedem Baum und Strauch ein vor Verlangen wahnsinniges Fetischistenuntier lauerte; als aber ihm, dem Vielköpfigen, sogar die Unterwäsche zum Opfer dargebracht worden war, stellte sich heraus, daß alles bloß ein Nepp war – selbst dort, wo eine authentische lebendige Braut schon nichts mehr gehabt hätte als den eigenen unberührten Schatz, waren beide Schauspielerinnen noch mit einem goldenen Dreieck an silbrigen Schnüren bedeckt!

Was geschah mit der Musik? Ja, ihre Spannung stieg, Stöhnen setzte ein. Die Tänzerinnen glitten schlangengleich das Postament hinauf, wozu Pepa zwei Wörter einfielen – Serpentarium und Serpentine; Regisseur Jartschyk Magierski in seinem zottigen Pullover tauchte sprühend vor Ekstase und Schweiß immer irgendwo in ihrer Nähe auf, die drei kamen fast gleichzeitig oben an, wo sie schon von einem erregten Liebhaber auf seinem Lager erwartet wurden. »Der Professor?« Artur Pepa wollte seinen Augen nicht trauen, beruhigte sich aber wieder, denn es war ja ein Traum, und deshalb mußte man das alles eher symbolisch verstehen.

Die Mädchen, die den Alten aus den dunklen Kammern der Anabiose hervorgelockt hatten, fielen mit immer exzentrischeren Liebkosungen über ihn her, eine machte es wie Gina Wilde, der *nächtliche Traum aller Rammler*, die andere wie Doris Fant, *die unersättliche Tigerin der Leidenschaften* (Jartschyk Magierski hatte sich nicht umsonst monatelang auf allen möglichen Pornoseiten im Internet herumgetrieben!), sie rissen dem Alten die Decke weg, und sich im eigenen Stöhnen verschlingend, trieben sie sich und die Musik zur Raserei; sie gruben ihre sinnlichen flinken Zungen in seine alte bläuliche Leiste, fanden genau die richtigen Zonen und Zentren; nach nur wenigen Minuten verwandelte sich der Professor in den *Fürsten des singenden Frühlings*, der sich schließlich zuckend aufbäumte, ein satyrhaftes, unkontrolliertes Grinsen im Gesicht, und unerwartet flink und gierig mit ihnen beiden Liebe zu machen begann, mit Lippen, Nase, Händen, Kopf und Schwanz, mit allem, was er hatte, so lange, bis er es nicht mehr aushielt und in alle vierundvierzig Windrichtungen seinen langen, schwarzen Strom der Befreiung verspritzte, auf das Lager, die Blumen, das Moos, die Zweige, auf ihre durch die Ekstase verunstalteten Gesichter und – um der Wahrheit die Ehre zu geben – auf die Videokamera, wonach er zum Abschluß aufbrüllte wie ein verwundeter Saurier, daß es von den Bergen widerhallte.

Dann trat Stille ein, und während der Vorhang sich langsam senkte, konnte Artur den triumphierenden Ruf des Regisseurs hören: »Im Kasten! ›Warzabytsch's Balsam‹ ist im Kasten, ich danke euch!« Das ertönte gerade noch rechtzeitig, denn schon einen Moment später hätte man es wegen der Ovationen nicht mehr hören können. Sie waren so heftig, daß sich im Saal ein ungestümer, durchdringender Wind erhob, er traf Artur in den Bauch und auf die Brust, warf ihm Wolken von Staub, Dornen und widerlichen Heuschrecken ins Gesicht, so daß er die Augen schloß und senkrecht nach oben in die undurchdringliche Finsternis jagte, ängstlich bemüht, kein Härchen auf seinem armen, verbundenen Kopf zu verlieren.

Und als er sie wieder öffnete, war es Tag geworden, er lag angezogen unter der Decke. Wie üblich war Roma schon weg, und fast hätte er sich sogar aufgemacht, sie zu suchen, um ihr seine Traumgesichte zu erzählen – wäre ihm nicht nach kurzer Zeit klargeworden, daß er sich an nichts mehr erinnerte und also etwas hätte erfinden müssen.

III

Caruso der Nacht

9 Ja, Roma war schon weg, sie befand sich weder neben ihm im Bett noch überhaupt im Zimmer. Erst kurz vor Morgengrauen war sie in einen unruhigen Halbschlaf gefallen, nach zwei Stunden aber entschlossen auf die Seite der Wirklichkeit gewechselt. Im Korridor überzeugte sie sich, daß ihre Ahnung sie nicht getrogen hatte: Karl-Joseph Zumbrunnen war nicht zurückgekommen. Und daran konnte weder ihr Horchen noch das vorsichtige (immer forderndere) Klopfen an seiner Tür etwas ändern! Nach einer Viertelstunde entschloß sie sich, die Klinke herunterzudrücken – tatsächlich, kein Schlüssel hatte die Tür seit gestern verschlossen, und von Zumbrunnen keine Spur.

Alle anderen schliefen noch, das Pensionat schwieg.

Roma Woronytsch ging zum großen Speisesaal, wo sie die Wege, die über die Hochalm zum Gebäude führten, in den Blick nehmen konnte. Dabei zerbrach sie eine Tasse und bekleckerte das Fensterbrett mit Kaffee. »Heute wird es wohl kaum warm werden«, stellte sie fest. Gestern abend hatte sie sich in der seltsam kalten Dämmerung, die schnell in nächtliche Finsternis überging, entsetzlich lange durch die Wacholderbüsche arbeiten müssen (wohin, wohin hat es ihn nur verschlagen, diesen Tölpel?), Zumbrunnen mußte wie ein Rasender den Berg hinabgeschossen sein, beunruhigt schaute sie in Richtung Sprungschanze, doch den Gedanken vom letzten Flug verwarf sie gleich wieder; am Waldrand hatte sie ihn schließlich eingeholt, und sie gingen den Pfad gemeinsam weiter. »Ich komme mit«, sagte sie ganz außer Atem. »Sounds cool«, stimmte er zu. Jedesmal wenn ihm etwas nicht paßte, verfiel er auf diese dummen englischen Phrasen. Eine Zeitlang ging er voraus. »Schau, was für ein Mond – man braucht nicht mal eine Taschenlampe«, sagte sie. Keine Reaktion. »Warum sagst du nichts?« fragte sie, nachdem sie noch weitere zweihundert Schritte hinter ihm hergegangen war. »Du mußt dich endlich entscheiden«, antwortete Zumbrunnen und befreite sich entschlossen aus dem schlammigen Morast. Er stoppte vor einer der Schranken und wandte sich ihr zu. »Wovon redest du?« Sie tat, als verstünde sie nicht, und sah angestrengt vor sich auf den Boden. Sie hatte keine Lust, bis zu den Knien oder noch tiefer einzusinken. »Du mußt dich für einen von uns entscheiden«, brach es aus ihm heraus. »Es kann nicht ewig so weitergehen«, sagte er nach einer Weile und beobachtete, wie sie vorsichtig den nächsten Schritt abwog. »Ich hatte den Eindruck, du wärst gern mit mir zusammen. Oder hast du nur so getan?« Ohne eine Antwort abzuwarten, fuhr er fort: »Ich habe geglaubt, es sei mehr. Ich glaube es immer noch. Du mußt es ihm sagen – dann wird es für uns alle leichter.« – »Hast du das für mich zu entscheiden?« Mit Schrecken spürte sie, wie ihr rechter Fuß in den stinkenden Frühlingssumpf einsank. »Na, vielen Dank!« – »Nicht ich. Du selbst hast entschieden. Ich dachte, du hättest dich schon damals entschieden, beim ersten Mal, im Hotel. Und jedesmal wieder. Ich erinnere mich an jedes dieser Male. Ich dachte, du auch. Wenn es aber nicht so ist, dann bist du einfach nur eine ...« – »Was, sprich weiter«, forderte sie und hörte im selben Moment auch unter dem linken Fuß dieses ungute morastige Schmatzen. »Willst du das wirklich?« fragte er und suchte mit beiden Händen an der morschen Schranke Halt. »Ich will, daß du es zu Ende sagst«, schnitt sie ihm den Fluchtweg ab. »Du verlangst so viel von mir, und selbst?« Er stand ganz blaß im Mondlicht. »Wenn es nichts weiter war« – er versuchte vergeblich, seine Lippen zu einem schmalen, zynischen Lächeln zu verziehen – »nur so eine vorübergehende Affäre mit einem Ausländer, den du betreust, dann bist du bloß eine Hure, eine Nutte, mehr nicht, so, jetzt hab ich zu Ende gesprochen!« Darauf dankte sie nochmals, um gleich darauf zu sagen: »Gib mir endlich die Hand!

Siehst du nicht, wie ich hier ...« Also reichte er ihr seine furchtbar kalte Hand, packte sie am Handgelenk, daß es ihr weh tat (die Kälte war sogar durch Jacke und Pullover zu spüren), und riß sie aus dem sumpfigen Abgrund, ließ sie dann aber nicht los, sondern zog sie gewaltsam an sich, seine andere Hand glitt ihren Rücken hinunter bis zu den Pobacken, schob sich gierig in den schmalen Spalt zwischen Strumpfhose und Slip, seine Lippen suchten ihre Lippen, schmatzten ungelenk mal auf die Wange, mal auf den Hals, sie wehrte sich aus vollen Kräften (»ach, eine Nutte bin ich also, ja?«), er bedrängte sie mit dem ganzen Körper, seine Arme umklammerten sie, und die Hände grapschten ihr unter den Pullover und überallhin, offensichtlich war er geil darauf, sie direkt auf dieser vermaledeiten Schranke zu nehmen, sein abgestandener Nußalkoholatem wehte ihr ins Gesicht, aber kaum hatte er seine Finger in den Reißverschluß ihrer Jeans verhakt, gelang es ihr (»nein, das wird dir nicht vergönnt sein!«), ihre Hand zu befreien und ihm mit voller Wucht eine zu kleben, wobei sie seine Brille zu des Teufels Großmutter fegte. Sie wäre aber nicht Roma Woronytsch, hätte all das nicht mit einem gemeinsamen halsbrecherischen Sturz durch diesen *beschissenen Schlagbaum* geendet. Er lag unten, plötzlich ganz ergeben, also stand sie zuerst auf. »Du Tier«, sagte sie, als sie ihre Kleider richtete. »Nimm deine Brille, und wag bloß nicht, mich noch mal anzurühren«, fügte sie so fest wie möglich hinzu. Er setzte die Brille auf (das rechte Glas war gesprungen) und antwortete genauso fest: »Geh weg. Ich will nicht, daß du mitkommst.« – »Zieh doch Leine«, rief sie auf ukrainisch. »Du Arsch! Besoffenes Schwein!« Sie mußte sich beherrschen, um nicht laut aufzuweinen, und ging davon, mitten durch den Sumpf. Jetzt würden die dummen Tränen kommen – das hätte gerade noch gefehlt, daß er das mitkriegt. Karl-Joseph blickte ihr nach, winkte wie eine Vogelscheuche mit dem leeren

Ärmel und stolperte dann leicht hinkend in seine eigene Richtung davon.

Und jetzt war er nicht da. Zwischen zehn und elf fanden sich die anderen im Speisesaal ein, um ehrlich zu sein, nicht alle, sondern nur drei: Artur Pepa, Magierski und Kolomeja. Ein Gespräch wollte nicht in Gang kommen, und das Klirren von Tassen und Besteck machte die Situation vollends unerträglich (»Der sitzt aber gut dort in seinem Kilometer 13« – das war natürlich Artur, dauernd muß er reden, nur nicht schweigen); der Regisseur baute sich stillschweigend immer größere Sandwiches, die Typen in ihren schwarzen Rollkragenpullovern – heute anscheinend andere – zirkulierten zwischen Speisesaal und Küche. Pepa zündete sich die vierte »Pryluzka« dieses Morgens an (»Haben wir einen neuen Mitbewohner?« fragte er, nur um nicht zu schweigen).

Der Professor mußte schon vor Morgengrauen abgereist sein (»Was, sind wir jetzt ganz ohne Antonytsch?« Pepa heftete seinen betrübten Blick auf das Hirschgeweih an der Wand. »Ich hab ihn, also ... verabschiedet«, sagte Jarko Magierski. »Er läßt allen, äh, Grüße ausrichten.« – »Was ist er denn so plötzlich weg«, seufzte Pepa und aschte in einen Trachtenschuh aus Keramik). Einen Moment später bemerkte er Romas abwesenden Blick, wandte sich wieder dem Regisseur zu (»und deine tollen Mädels, kriegen die heute kein Frühstück oder was?«), stellte fest, daß er Roma so nicht ablenken konnte, und blies ein paar Rauchringe in die Luft. Magierski vollendete mit einem Salatblatt die Bauarbeiten an seiner eßbaren Pyramide (»die sind auch, also ... abgefahren. Film im Kasten, und tschüs. So stand's, äh, im Kostenplan ...«), worauf er sein allerneustes Werk mit beiden Händen packte und sich genußvoll in die vielstöckige Struktur verbiß. All das interessierte Pepa einen Scheiß, aber man konnte ja zu diesem Vogelgeschrei dort draußen nicht die ganze Zeit angespannt schweigen (»dann sind sie also zusammen mit dem Alten abgereist?« – »Ja, äh, so ungefähr«, antwortete Jartschyk mit vollem Mund). Artur stellte sich vor, wie Lili und Marlen, von dem gebrechlichen Professor begleitet – bestimmt hält er im Wind mit beiden Händen seinen Hut fest! – in kurzen, hauteengen türkischen Lederjäckchen in den Hubschrauber flattern, wie sie dann den schwächlichen Opa an den Händen hochziehen und wie der Wind ihm im letzten Augenblick doch noch den Hut vom Kopf reißt und in die dichte transsylvanische Dunkelheit davonträgt. So könnte es gewesen sein, dachte Artur.

Kolja ging hinaus auf die Terrasse, stand eine Weile neben einem unbekannten Jüngling mit lockigem Haar (der erzählte wohl etwas Lustiges, denn sie lachten ein bißchen zusammen), kam wieder ins Zimmer (»der siebte Ring – das ist, wenn man sich mit jemandem, den man bisher nicht kannte, so leicht und frei fühlt, als ob man hundert Jahre befreundet wäre«) und wählte aus der Schale zwei Äpfel (»haben wir einen neuen Mitbewohner?« wiederholte Pepa seine Frage von eben). Kolja nahm die zwei größten und rötesten (»mhm, auch aus Lemberg, ist über die Feiertage hier« – »in Gesellschaft?« –»allein, glaub ich«), rieb mit einer Serviette die Wassertropfen ab und ging wieder auf die Terrasse (»Ist das Shampoo bei euch, Ma? Ich will mir die Haare waschen«). Pani Roma folgte ihr mit dem Blick (»mach, was du willst, es steht auf dem Tischchen im Bad«) – und schaute dann wieder zum Fenster hinaus, wo sie nichts sah als diese widerwärtige *unvergleichlich schöne* Landschaft: wechselnde Bewölkung, Aufheiterungen, Wind, ein großer Schatten auf dem gegenüberliegenden Bergkamm, ein kilometerlanger, wohl aus Kieselsteinen gelegter Schriftzug KARPATEN-INITIATIVE: WIR VERSCHMÄHEN DAS UNSRIGE NICHT (»wo kommt das jetzt her: gestern war es noch nicht da – und wie haben sie die vielen Steine da heraufgeschafft?«). Aber gestern ist nicht heute, kam ihr in den Sinn. Gestern war es so, und heute ist alles schon ganz anders.

Irgendwann zwischen eins und zwei wurden die ersten Vermutungen geäußert. Vor allem konnte er sich im Wald verirrt haben. Dort zwischen den Kiefern verlief man sich auch tagsüber und nachts erst recht. Der Wald, das ist so ein alptraumhaftes Labyrinth, ein großes *grünes* Ungeheuer, besonders dieser nicht von Menschenhand gepflanzte Urwald, er nimmt leichtsinnige Wiener Fremdlinge, die nur Walzertanzen auf Palastparkett kennen, in sich auf und will sie um nichts in der Welt wieder gehen lassen. Aber hier ist eben nicht Wien, nicht einmal der Wienerwald, wo alle Wege asphaltiert sind. Der Wald ist das Grüne, und *das Grüne* verschlingt. Aber die Nacht war ja mondhell, widersprach Pani Roma, ich konnte sogar den Sprung in seinem Brillenglas sehen (»oh, wirklich?« – Artur kratzte sich am Kopfverband), aber vor allem ist er doch so ein erfahrener Wanderer, er hat Hunderte von Kilometern auf dem Buckel, und allein in unseren Karpaten hier hat er Dutzende der schwierigsten Routen bewältigt, und zum Feuermachen reicht ihm ein einziges Streichholz. Überhaupt, inzwischen hätte er doch längst herausgefunden aus diesem Urwald, der doch gar nicht so wild ist. Schließlich gibt es ja genügend Orientierungspunkte: alte Bahngleise, Haufen von Metallschrott, Schilder, Schneisen, Schranken. Und so weiter, sagte Artur Pepa und begrub für immer die Version vom zwischen den drei Kiefern verirrten Wiener Stutzer in Zylinder und parfümierten Handschuhen.

Wilde Tiere, sagte Kolja, die, das Handtuch wie ein Turban um den Kopf geschlungen, in den Speisesaal gekommen war. Ja, Säbelzahntiger und Höhlenbären, stimmte ihr *Papa* zu. Nicht unbedingt, widersprach ihm Magierski, es gibt hier auch Wölfe und Luchse und, na, wie heißen sie noch – Wildschweine. Selber Wildschwein, wollte Pani Roma sagen, laut stellte sie aber nur fest, daß sie doch erwachsene Leute seien und man statt zu reden lieber etwas unternehmen solle. Aber Magierski ließ nicht locker: Ihr habt sie doch gesehen, manchmal im Wald, diese, also die Rotwildschädel, Kieferknochen, abgenagten Rippen und Wirbelsäulen! Jemand hat doch – äh, wie heißt das noch mal – dieses Wild gerissen! Oder, sagen wir, so eine, äh, Lawine. Habt ihr mal gesehen, also, wie eine Lawine vom Berg, äh, abgeht? Man muß die, äh, Spürhunde alarmieren, so riesengroße, endete Jartschyk.

Also ich glaube, er sitzt einfach im Kilometer 13 und trinkt Schnaps, versuchte Pepa die anderen zu beruhigen. Oder ist irgendwo eingepennt unterwegs, der verträgt ja nix. Wenn ihr wollt, geh ich und hol ihn da raus. Dann bring ich gleich was zu Trinken mit, denn die Zeit vergeht, und Ostern steht vor der Tür. Aber Pani Roma gefiel die Idee überhaupt nicht, denn sie befürchtete, daß auch dieser Blödmann, genau wie der andere, weggehen und verschwinden könnte. Am allerschlimmsten war jedoch, daß er in bezug auf Zumbrunnen vielleicht sogar recht hatte. Eine Zeitlang war sie völlig beherrscht von der Idee einer entsetzlichen Alkoholvergiftung, Gallonen künstlichen Fusels, Lähmung, Koma – Hirn verbrannt vom Selbstgebrannten. Die Zeitung »Exzeß« berichtete seit einigen Jahren ausführlich über solche Sachen.

Um drei Uhr fünfzehn war er immer noch nicht da, um vier Uhr siebenundzwanzig aber erschien auf dem Abhang eine männliche Gestalt, die auf der alten Militärstraße zum Pensionat emporstieg. Die Gestalt kam unendlich langsam voran, hielt immer wieder an, sah sich nach allen Richtungen um, beschrieb wunderliche Schleifen zwischen den Steinen und den Zwergbirken und beließ Roma auf diese Weise einen Rest Hoffnung. Um vier Uhr achtunddreißig war die Gestalt dann nahe genug herangekommen, und Roma erkannte, daß es der neue Bewohner des Pensionats war, der mit einem großen Strauß blauer und weißer Krokusse (raten Sie mal, für wen?) von einem Spaziergang zurückkehrte.

Um halb sechs kam Jartschyk Magierski mit der Mitteilung herein, daß er in Zumbrunnens Zimmer gewesen sei, wo alle Sachen, einschließlich des Fotoapparats »Nicon F5« und einiger schon belichteter Filme, an ihrem Platz lagen. Er hatte also die Absicht, zurückzukehren, schlußfolgerte Privatdetektiv Artur Pepa. Kolja füllte Wasser in eine Vase und trug sie in ihr Zimmer. Der achte Ring, das ist, wenn sich dein Herz zusammenzieht, dachte sie.

Da schlug Magierski vor, eine Planetnyzja aufzusuchen. Vor einem Jahr haben wir nicht weit von hier fürs erste, äh, Programm so eine gefilmt, für »Tachykardia«, erzählte der Regisseur. »Tachykardia«, das ist so eine Serie über – na, äh – paranormale Erscheinungen. Kenn ich, nickte Pepa, obwohl ich mir so was nie ansehe. Das Erste sehe ich überhaupt nicht, bemerkte er beiläufig. Also, sagte Magierski, ohne beleidigt zu sein, hier gibt's so eine Planetnyzja, sie ist – wie sagt man – äh, eine Telepathin, also, sie telepathiert, für fünf Dollar kann sie – sagen wir mal – jemandem, äh, sein Schaf finden, also, wenn es weg ist, sich, äh, verlaufen hat. Da macht die Planetnyzja, also, einfach nur ihr Abrakadabra und sagt sofort, wo das Schaf ist, alle, äh, dorthin, und dort ist das Schaf dann auch wirklich. Nun, Zumbrunnen ist nun wirklich kein Schaf, holte Kriminalkommissar Artur Pepa den Regisseur auf den Boden der Tatsachen zurück. Das stimmt – Magierski war zum zweiten Mal nicht beleidigt –, also mit fünf Dollar kommen wir nicht durch, äh, das wird schon ganze fünfzig kosten. Hört doch auf, sagte Pani Roma und hielt sich die Schläfen.

Um sechs Uhr zwölf stellte Artur Pepa fest, daß er nur noch zwei Zigaretten hatte und also auf jeden Fall zum Kilometer 13 gehen mußte.

Da gibt's noch eine Möglichkeit, sagte darauf Jartschyk Magierski um sechs Uhr dreizehn. Dort, wo der Weg aus dem Wald herauskommt, ist etwas oberhalb von der, äh, Brücke, einen halben Kilometer ungefähr, so ein Zigeuner-, äh, wie heißt es noch mal. Zwei, drei elende Hütten, ein Müllhaufen und ein paar, äh, Bulleröfen. Und noch irgend so ein Kackloch. Über die gibt's hier alle möglichen, also, Geschichten, daß es in Wirklichkeit ein Zigeunerkönig ist mit seiner Familie, also, äh, Dienern, Harem, einem Haufen Kindern. Es sind nicht einfach irgendwelche Lalleri oder Fallensteller, sondern richtige Halsabschneider. Spezialität, äh, Auftragsmorde, vor allem von Priestern, nein, nicht im, äh, Auftrag von Priestern, sondern, äh, also Morde an Priestern im Auftrag. Außerdem Raub, äh, und Überfälle. Also, dieser König. Da gibt's so eine Geschichte, daß er zwar König ist, aber in, äh also – in der Diaspora. Im Exil, korrigierte ihn Artur Pepa. Okay, in der Verbannung, fand Magierski schließlich das treffendste Wort. Sein ganzer Hof mit dem Palast und, also mit all dem – Goldvorrat, Klunker, das ist alles hinter dem Hügel, in Pennsylvanien. Transsylvanien, korrigierte ihn Artur Pepa. Meinetwegen in Transvaal – nicht wichtig, fuhr Jartschyk Magierski fort. Also, nach ihrer Religion ist die Sache die, also, daß sie nur zu ihrem Hab und Gut zurückkönnen, wenn sie, äh, ein Menschenopfer bringen. Blut, Herz, Organe, ihr wißt schon. Klar, daß das Opfer von einem Fremden kommen muß, das, äh, heißt, also von uns. Ich meine von den Weißen, also Hauptsache nicht Zigeuner. So haben sie sich hier, äh, festgesetzt, zwischen Wald und FLUSS. Die Einheimischen, wie soll ich sagen, also die wissen das längst und machen einen großen Bogen um das Lager. Aber wenn jemand, also, ein Fremder, äh, nichts davon weiß, dann locken sie ihn vielleicht in die Hütte und ...

Ich will nichts mehr davon hören, sagte Pani Roma und wandte sich zum hundertsten Mal vom Fenster ab. Die *Flügel der Phantasie* trugen sie augenblicklich zum Ufer des FLUSSES, und sie erblickte Karl-Joseph, wie er, nicht von dieser Welt, über Haufen leerer Blechdosen hinwegsteigt und dann gebückt in eine der verräucherten schwarzen Elendshütten eintritt, wo sich von allen Seiten schreiende und wuselnde Zigeunerkinder an ihn hängen. Warum sitzen wir hier herum und gehen nicht endlich los, fragte sie. Das habe ich doch schon vor Stunden gesagt, erinnerte Artur Pepa. Gehen wir ein bißchen den FLUSS entlang und dann zu Kilometer 13. Wir können quasi in zwei, äh, Gruppen absteigen, schlug Magierski vor. Die eine geht auf dem Weg durch den Wald Richtung Brücke und die andere auch, äh, aber etwas mehr links – zu diesen, wie heißen sie noch mal, Halsabschneidern eben. Wenn was ist, treffen wir uns an der Brücke.

Ich würde ihm noch eine halbe Stunde geben, sagte Artur Pepa. Er hatte gerade im Futter seiner Jacke, unter der zerrissenen Innentasche, ein vergessenes Päckchen »Pryluzka« ertastet.

Kann ich mit *Papa* gehen, fragte Kolja, während sie ihre Haare, die sich sehr angenehm anfühlten, zu einem kämpferischen Pferdeschwanz band. Nein, du bleibst hier, schnitt ihr Roma das Wort ab, und sitzt auf deinem Zimmer – ich gehe mit *Papa*. Kolja zog einen Schmollmund, aber nicht zu sehr. Denn der neunte Ring, das ist, wenn du mit *ihm* allein bleibst und das nicht ändern kannst.

Und Sie, Magierski, fuhr Roma mit der strategischen Planung fort. Wir müssen es bis zur Dunkelheit schaffen. Am besten gehen wir sofort, nicht erst in einer halben Stunde. Kommen Sie mit oder bleiben Sie hier, Magierski?

Gleich, antwortete der Regisseur, ich geh nur schnell rauf zu mir und nehme, also, das Gasspray usw. Aber Sie, also, warten Sie bloß nicht auf mich, wir gehen, wie soll ich sagen, getrennte Wege.

Dann wurde entschieden, daß Roma und Artur den Fußweg durch den Wald nehmen sollten, und Jartschyk Magierski – quasi die zweite Gruppe – würde weiter links zum FLUSS absteigen und sich dabei an den alten Gleisen, dem Geräusch des Wassers und den Haselsträuchern orientieren.

So, sagte Jartschyk Magierski zu sich selbst, so, so, so. Nichts vergessen?

Niemand ist vergessen, klang oder vielmehr bellte es zurück, als Refrain seiner entfernten Pionierskindheit (Gruppenonanieren in den mit Chlor getränkten Klos). Nichts ist vergessen, gab Jartschyk Magierski seiner Kindheit recht.

Aber diese maltesischen Wunderhosen – was paßte da nicht alles rein! Noch mal: Gesamtcheck. Am linken Hosenbein waren vier Taschen. In der ersten, der tiefen Seitentasche, befand sich der achtfach zusammengelegte und in Polyäthylen eingeschweißte Originalvertrag mit den Unterschriften beider Seiten; ein dünnerer Umschlag mit allen notwendigen Visa und dem Siegel der Stiftung »Karpaten-Initiative«; der dickere Umschlag mit dem Honorar. Außerdem Sandwich Nummer eins, das größte, vierstöckig, mit Mayonnaise.

In der zweiten, der sogenannten Arschtasche, befand sich die Kassette, wegen der all das eingefädelt worden war. Das Filmmaterial versprach zur Bombe zu werden. Genau das, eine Kalorienbombe nämlich, versprach Sandwich Nummer zwei zu werden, mit Kaßler, Oliven, Senfbutter.

Über den Knien gab es noch zwei symmetrische Taschen. In der einen befand sich nur Sandwich Nummer drei, eine Symphonie aus Käse. In der anderen Sandwich Nummer vier (schmeck den Ozean!) und die noch nicht zu Ende gelesene Broschüre »Erweise dich der Erlösung würdig«. Auf der Herfahrt war Magierski bis Seite achtundzwanzig gekommen, aber das Heft hatte ganze zweiundfünfzig, und er wollte gerne wissen, was noch kam und wie es ausging.

Auch am rechten Hosenbein waren noch drei Taschen. Und in der ersten, auch an der Seite und genauso tief, befand sich nicht nur das erwähnte Gasspray (direkt unterhalb der rechten Hand, zieh und sprüh!), sondern noch ein weiterer Behälter, mit Sagrotan, und auch eine Dose (0,5) hiesigen Biers »Warzabytsch Premium hell«.

In der rechten Arschtasche steckte ebenfalls eine Kassette, eine Kopie des Filmmaterials. Dazu natürlich Sandwich Nummer fünf, Cracker-Salami, ein leicht bekömmliches Präludium zur Vollwertkost.

Bleibt noch die Hüfttasche, die letzte am rechten Hosenbein, aber schließlich auch sehr wichtig, denn in ihr befanden sich: Sandwich Nummer sechs, das universale Megasandwich, aus allen Komponenten der bereits aufgezählten zusammengesetzt, Apotheose von Magierskis Kunst; eine Dose (0,7) hiesigen Biers »Warzabytsch seidig« dunkel; ein Vibrator in Form eines männlichen Glieds, Länge 22,5 cm, der für die Dreharbeiten bei der Firma »Vergnügen 2« ausgeliehen worden war; zwei goldene Schamschurze, dreieckig an silbrigen Schnüren, für die Dreharbeiten gemietet bei derselben Firma.

Jartschyk Magierski ließ seinen durchdringendsten Blick durch das Zimmer schweifen, in dem er diese wenigen Tage und Nächte zugebracht hatte. Er machte alle vorhandenen Türen auf, zog die Schubladen heraus, sah unters Kopfkissen und unter den Bettvorleger. Nichts vergessen? Nein, nichts. Stoff. Stullen. Da gab es noch was auf »st«, aber außer Strang fiel ihm nichts ein. Und es blieb auch keine Zeit mehr zum Nachdenken. Hopp hopp, sagte Jartschyk Magierski zu sich selbst, *hopp hopp, los, hau ab.*

Es gefiel Jartschyk, daß er praktisch veranlagt war. Sogar Proviant hatte er soviel mitgenommen, wie ihm zustand, für die nächsten zwei Tage. So sah es der Vertrag auch vor: »... und außerdem Vollwertkost für die gesamte Laufzeit des Vertrags.« Als er die Treppe hinuntertrabte, dachte er zufrieden darüber nach, wie umsichtig er alles eingerichtet hatte. Saubere Arbeit, ging es ihm durch den Kopf, als die Verandatür hinter ihm ins Schloß gefallen war. Weit unten, zwischen Wacholdersträuchern und Waldrand, sah er das komische Paar. Sogar auf diese Entfernung konnte man ihre hilflose

Nervosität erkennen. Jartschyk Magierski lachte in sich hinein und wandte sich nach links.

Karl-Joseph Zumbrunnen lag im Wasser des FLUSSES, ein bißchen unterhalb der Stelle, wo der BACH mündet. Viele Stunden war er von der Strömung mitgeschleift worden, zwei- oder dreimal an Felsvorsprünge gestoßen, erbarmungslos in den Zentrifugen der Strudel geschleudert, vom harten Sand der Untiefen aufgescheuert und einmal schlimm gebeutelt worden, als er an einer besonders engen Stelle in der Strömung hängenblieb, dann aber riß es ihn weiter bis in den FLUSS – obwohl die Uferzweige sich von beiden Seiten ausstreckten und wohl tausendmal versuchten, ihn zu fassen, mal am aufgequollenen Pullover, mal an den Schößen seiner Jacke. Er strandete erst auf den Kalkfelsen mitten im Strom, hier fand sein freies Flottieren – Füße voran – ein Ende: Zumbrunnens Füße und Unterschenkel blieben in den Unterwasserklüften stecken, der Rest des Körpers trieb oben, spielte quer über die Felsen geworfen toter Mann. Die Strömung bewegte nur den herabhängenden, halb untergetauchten Kopf, als versuchte der FLUSS das Glasige und den sinnlosen Versuch eines Lächelns abzuwaschen. Karl-Joseph hatte Glück gehabt: Sein Gesicht war so gut wie unverletzt, jeder hätte ihn erkennen können. Aber das war ihm eigentlich egal.

Komische Sache, Leichen. Mit ihnen haben wir viel seltener zu tun als mit anderen Leuten. Wir sind es gewohnt, daß der Körper eines Menschen seinem individuellen Gestaltungswillen gehorcht. Er bewegt sich im Raum, gestikuliert, schützt sich vor Stößen, hält seine eigenen, vom Bewußtsein vorgegebenen Koordinaten ein. Wir gehen davon aus, daß es sich um ein unteilbares Ganzes handelt, das spricht und lacht, sich an seinesgleichen wendet, Blicke erwidert, sich im Spiegel betrachtet. Diese bewegliche körperliche Hülle ist für uns so wichtig, daß sie alle anderen Interpretationen und Bedeutungen mit einschließt – ja, wir sind vor allem Körper, und deshalb entzieht uns jede Abweichung von der Norm den Boden für Gemeinsamkeiten mit dem Rest der Welt. Ein toter menschlicher Körper, das ist die absolute Abweichung. Er kann sich nicht bewegen und nicht sprechen, er ist passiv und gleichgültig, nicht fähig zu reagieren. Er ist unnatürlich (so scheint es uns), denn er verhält sich nicht so, wie sich ein menschlicher Körper verhalten müßte. Man könnte es Schlaf nennen, aber wie steht es dann mit dem Aufwachen? Gut, nennen wir es Schlaf, aber einen ewigen. Obwohl dann die Metapher, die doch durch den Vergleich mit dem Normalen beruhigen sollte, eine noch schrecklichere Bedeutung bekommt, denn es gibt nichts Unmenschlicheres, nichts Schrecklicheres als die Ewigkeit. Daher sollte man den Tod nicht mit dem Schlaf vergleichen. Höchstens umgekehrt. Der Schrecken wächst aber noch um das Tausendfache, wenn wir einen toten Körper sehen, den wir eben noch lebendig kannten, der sich noch vor kurzem, vor einem nichtig kleinen Moment, wie ein normaler Körper verhalten hat. Wie ist das möglich, und warum? Unser Erstaunen ist grenzenlos – na so was: eine Leiche! Aber das Komischste ist, daß wir alle, besser gesagt, jeder von uns – jeder von uns wird sich einmal einen ähnlichen Scherz erlauben und Leiche werden.

Karl-Joseph Zumbrunnen liebte das Baden im grünlichen Bergwasser. Und überhaupt, wie alle meine Helden, liebte er das Wasser. Sollen wir ihm und uns also Hoffnung lassen? Und schreiben, daß es ihm gutging? Daß sein Körper keinen Schmerz empfand, aber das Fließen spürte? Daß sein Haar in der Strömung trieb wie die Wassergewächse Tarkowskijs? Daß er sich wie ein Fisch in diesem Wasser fühlte?

Endlich ging es ihm gut.

Jartschyk Magierski betrachtete ihn vom Ufer aus und dachte: »Absolut schön.« Was für ein phantastisches Motiv – man sollte es filmen: der zurückgeworfene und unaufhörlich von den Wellen gewiegte Kopf, der effektvoll auf den

Steinen verdrehte Rumpf, der interessant angewinkelte Ellenbogen, der andere, zur Seite gestreckte Arm und die Hand unter Wasser (Jartschyk Magierski wußte nichts von den drei Knochenbrüchen, sie sind auch nicht von Belang, wir haben ja vereinbart, daß es hier keinerlei Schmerz gibt) – Karl-Josephs Hand streichelte also liebevoll einen Flußhund in der Strömung.

Leider hatte er keine Videokamera dabei. Jartschyk Magierski hätte ein großartiges Motiv gedreht – ein Körper im Wasser, Spiel zweier fließender Subjekte, der Tod als Offenbarung des Seins, oder aber Rückkehr nach Hause. Der Tod als Ankunft in der eigenen Nische, Wanne, des Nirwanna (Jartschyk Magierski war überzeugt, daß man dieses Wort mit zwei »n« schrieb). Mit dem Zoom hätte er einzelne Fragmente des eindrucksvollen Umströmtwerdens hervorgehoben, zum Beispiel die kleinen Schauminseln um die Finger. Aber das allerschönste war der Kopf – angetrieben von unsichtbar Einfluß nehmenden Mechanismen, von der Flüssigkeit, also der Kraft der Strömung bewegt, nickte er unaufhörlich und erklärte sich mit allem einverstanden. So ging Physik in Metaphysik über, und Metaphysik in Dialektik.

Aber länger als fünf Minuten konnte Jartschyk Magierski nicht Ästhet bleiben. In der sechsten Minute seiner Kontemplation sagte er sich *hopp hopp, los, hau ab!* Vor allem bekam er es mit der Angst zu tun – an diesem Ufer zu stehen neben einer Leiche, die sich bestimmt gleich aufblähen und giftige Blasen ausstoßen würde. Zumal sich schon die Dämmerung herabsenkte, der die Dunkelheit auf dem Fuße folgt. Es wäre nicht sehr klug, hier allein zu bleiben. Sollte er sie rufen, diesen Alkoholiker und seine Neurasthenikerin? Magierski verzog das Gesicht bei dem Gedanken. Irgendwohin laufen, jemanden informieren? Und dann die unfähigen Bullen mit ihren Ermittlungen – unnötiges Kopfzerbrechen. Nein, besser sich verpissen und abhauen! Es gab noch einen zusätzlichen Faktor, den Urin. Er hatte es im Urin. Und sein Urin hatte ihn noch nie getäuscht.

So auch diesmal. Als ihm etwa ein Dutzend aus den schwarzen Ruinenhütten entsprungene krakeelende Zigeunermißgeburten entgegenkamen, von ihm selbst ja an diesem Abend heraufbeschworen, drehte er sich nicht um und rannte nicht weg: Soviel du auch läufst, sie holen dich ein und erschlagen dich, wie sie schon diesen Österreicher erschlagen haben – das Ufer ist lang, über den FLUSS kommst du nicht rüber. Nein, Jartschyk Magierski ging einfach auf sie und ihr hündisches Winseln zu (*gimme, gimme some money, sir, gimme some candy, some cigarette, gimme your palm, your soul, your body!*), durchbrach energisch ihre Reihen (wobei er einige Verluste erlitt: Sandwich Nummer drei und Sandwich Nummer sechs, zum Teufel damit!), sie stoben nach allen Seiten auseinander, erst dann begann er zu rennen, zwar machte die Zigeunerbrut keinerlei Anstalten, ihm zu folgen, aber das wissen nur wir, hier und jetzt, ihm jedoch war so himmelangst, daß er bloß keuchte (vor ihm tauchte die Brücke auf) und sich nicht umsah; die Zigeunerbuben pfiffen ihm noch ein bißchen hinterher, damit war es dann aber auch genug, denn der Älteste und Größte von ihnen sah jetzt, was Jartschyk schon gesehen hatte: Zumbrunnen im FLUSS.

Erst nachdem er die Brücke im Laufschritt überquert und seinen Fuß auf die Uferböschung des *Festlandes* gesetzt hatte, erlaubte sich Jartschyk Magierski, Atem zu schöpfen. Aber er blieb nicht stehen. Der innere Refrain, der ihn die ganze Zeit nicht losgelassen hatte, trieb ihn weiter, Richtung Tschortopil, leicht variiert und ziemlich schwachsinnig: hopp, hopp, hopp – ein Königreich im Galopp ... In sich gekehrt und völlig vereinnahmt von seiner Meditation, schritt er eilig am Straßenrand dahin und wollte weder bemerken, daß die Wegweiser ganze sechs oder sogar siebeneinhalb Kilometer bis zur nächsten Bahnstation versprachen (und es handelte sich zweifellos um *huzulische* Kilometer!), noch, daß die klimatische Ungewißheit des verlebten Tages sich endlich zur Gewißheit eines Schneesturms zuspitzte. Nach etwa zwanzig Minuten Marsch auf der ausgestorbenen Straße begann es: ein paar Blitze am Himmel, sofort danach Donnerrollen, einmal, zwei-, dreimal, und hätte Jartschyk Magierski sich mehr für Folklore interessiert, wäre ihm jetzt vermutlich die vorösterliche Ausfahrt des heiligen Ilja in den Sinn gekommen. Aber nichts da, er wickelte sich nur fester in seine Jacke und beschleunigte den Schritt. Nach einer weiteren halben Stunde, klatschnaß und bis zu den Wimpern voller Schnee, wurde ihm bewußt, daß er die Straße nicht mehr erkennen konnte – vor seinem ausgestreckten Arm begann das Ungewisse. Selbst das fabrikneue Gasspray half ihm nichts.

In diesem Moment näherte sich hinter ihm, in Donner und Schnee, das erste und offenbar einzige Auto im ganzen *regionalen Straßennetz*. Mit kreischenden Bremsen raste es auf die Böschung zu und hätte ihn fast erwischt. Das Auto dröhnte wie eine Disco, drinnen saßen massenhaft Glatzen (in Wirklichkeit nur vier, aber so betrunken, daß sie ein Vielfaches ihrer selbst abgaben). Er fand sich auf dem Rücksitz zwischen den zwei aufgedunsensten und heisersten wieder, und zum erstenmal bedauerte Jartschyk Magierski nicht, daß er im Pensionat der Versuchung widerstanden hatte, die Videokamera mitzunehmen (der Urin, wieder der Urin, lobte er sich). Die Glatzen, auch der Fahrer, ließen eine angefangene Flasche herumgehen und fingen an, ihn auszufragen – wer er sei, wohin er wolle; ihre Stimmen kämpften gegen den lärmenden Vorhang des Kassettenrecorders (*schtorm balschoje, schtorm balschoje*); das Auto fuhr unvermittelt an und verwandelte sich in kürzester Zeit in eine rüttelnde Jahrmarktsattraktion, die man, um den Effekt zu steigern, in ein Schneechaos geworfen hatte und die jeden Moment irgendwo auffahren oder sich zu des Teufels Großmutter überschlagen konnte. Vor allem, wo der Fahrer das Wort *Parabellum* erst beim dritten Anlauf aussprechen konnte. Nachdem sie Jartschyks Legende vom idiotischen Pilzsucher gehört hatten, der sich ausgerechnet am Tag des Schneesturms verirrt hatte (das brüllende Gelächter und Gejohle hätte die Kneipe auf Rädern beinahe von innen gesprengt), ließen *die Hinteren* ihn einen Schluck aus der Flasche nehmen und versprachen, ihn, wenn's sein muß, zur Hölle zu bringen, wobei sie ihm von links und rechts all das ins Gesicht atmeten, was sich nach zwei, drei Tagen besinnungslosen Saufens und Rauchens in ihren Eingeweiden angesammelt hatte. »Und du bist aus Tschortopil?« wurde er gefragt, schlau wich er aus: »Ich kenne dort paar Leute.« Also rasten sie weiter, und aus dem Kassettenrecorder brach jetzt ihr Banditenpop (»*tak totschno charoschaja rabota Mischa-Mascha*«), und es wollte kein Ende nehmen: die explosive Limousine zwischen vier undurchdringlichen, schneeweißen Wänden, das röhrende Bremsen in den schärfsten Kurven, Alkoholdunst, Sitzen mit halbem Arsch zwischen zwei fetten Ganoven, unangenehm formulierte Fragen, Verwehungen, Leerlauf, Hysterie des Motors, gespielt dümmliche Antworten, Witze, Gelächter – bis alles sich beruhigte, insbesondere das Wetter. Da dachte Magierski bestürzt ans Bezahlen, daß er gleich das ganze dicke Honorarpäckchen würde hervorziehen müssen, daß sie noch aus allerengsten Augenschlitzen den mit Dollars gefüllten Umschlag erspähen würden. Aber es gibt keinen besseren Weg, sich alles mögliche Unheil vom Leib zu halten, als beizeiten daran zu denken und es sich in den kleinsten Details auszumalen. Wieder hatte er Glück: für den Preis zweier Uraltwitze über einen Tschuktschen und einen Moldawier, die größere der Bierdosen und schließlich die Tschortopiler Telefonnummern von Lili und Marlen (*Regisseur, wir brauchen zum Verrecken 'n paar geile Bräute – plötzlich Geld wie Heu, und niemand da zum Ficken!*) wurde er glücklich in die *Freiheit, fuck, Freiheit fuck, Freiheit* entlassen und stand um zehn Uhr abends schon vor dem Haupteingang des Tschortopiler Bahnhofs.

Nach weiteren zwei Stunden, sein noch nicht getrockneter Rücken klebte an der unbarmherzig harten Bank, ganz allein im Abteil des sehr langsamen und einzigen Zugs, sagte er sich: »Auf geht's.« Und als er am Morgen auf dem gräulichen Bahnsteig stand, setzte er den Gedanken fort und vollendete ihn gleichzeitig: »Lemberg«.

Es gelang ihnen, den Körper aus dem FLUSS zu ziehen (das eisige Wasser schwappte über die Ränder in ihre Gummistiefel) und mit dem Gesicht nach oben am Waldrand abzulegen. Vom anderen – verbotenen – Ufer aus war er ganz deutlich zu sehen, wenn also jemand dort vorbeiging, dann würde er auf der anderen Seite im Gras unter dem Weißdorn den großen Donaufisch unbedingt bemerken. Aber erst morgen, denn jetzt beginnt es schon zu dunkeln.

Eines Tages hatte es geschehen müssen. Die Prophezeiung war Jahrhunderte alt: Eines Tages werden die Wasser des FLUSSES einen großen Donaufisch herantragen. Keiner von ihnen hatte verstanden, wie das möglich sein sollte. Denn die Wasser des FLUSSES können nicht bergauf fließen, und auch die Wasser der Donau nicht. So blieb der Sinn der Prophezeiung unklar, mit den Jahren hatten sie sogar die Genauigkeit der Überlieferung bezweifelt und aufgehört, daran zu glauben.

Aber jetzt war es eingetreten – der Donaufisch erwies sich als Mensch, ein Fremder, der noch kürzlich hier am Ufer spazierengegangen und dabei mit seinen teuren und massiven Bergstiefeln schwer aufs Gras getreten war. Und alles, was sie für ihn tun konnten, war, seinen toten Fischkörper mit den wassergefüllten Lungen, den drei Knochenbrüchen und der tödlichen Kopfverletzung aus dem Wasser ans Ufer zu ziehen.

Sollten andere ihn finden und sich um ihn kümmern – morgen. Vielleicht dieser zottige Angeber, der das Ufer entlanggeflüchtet und hinter der Brücke auf der Landstraße verschwunden war? Vielleicht bringt er schon in einigen Stunden ein ganzes Rudel Bullen hierher, und es beginnt das, von dem die Prophezeiung sagt?

Denn es hieß, sie müßten von hier fortgehen, sobald die Wasser des FLUSSES den großen Donaufisch herantrügen. Dies war das Zeichen, daß sich alles geändert hatte und neue Zeiten anbrachen.

So beschworen sie ihr letztes Schneegestöber in diesem Land herauf, suchten die Reste der notwendigsten Habseligkeiten zusammen und durchquerten den Wald, den sie nie zuvor betreten hatten. Trotzdem gingen sie völlig sicher: Um den Wald zu kennen, muß man ihn nicht unbedingt betreten haben. Sie bewegten sich bergauf in einer schweigend zwischen den Bäumen gebildeten Kette aus sieben oder acht Personen, die Minderjährigen nicht mitgerechnet und auch nicht den König. Der Schneesturm deckte sie mit seiner weißen Kappe zu, die atmosphärischen Entladungen beleuchteten Fragmente ihres Wegs, alle Grenzposten der Welt waren bis über den Kopf eingeschneit, die Soldaten und ihre Hunde hatten sich in irgendwelche Unterstände verzogen, vor ihnen aber lagen der Kamm, der Wind und ein zweistündiger Weg auf die transsylvanische Seite, wo eine andere Zukunft auf sie lauerte.

10 Worüber hätten sich zwei Menschen im Wald nach zwölf Jahren gemeinsamen Lebens unterhalten können? Natürlich schwiegen sie.

Der Wald umfing sie mit seiner Dämmerung. Unwillkürlich wurden sie langsamer, aufmerksamer. Abgebrochene Zweige, ein Trampelpfad seitlich ins Gebüsch, ein in einen

Stamm geschnitzter Pfeil oder ein quer zum Weg gestellter und zurückgelassener Anhänger – alles konnte den Wachsamen Zeichen sein und zum möglichen Versteck des verschwundenen Karl-Joseph führen. Aber nichts zeigte und nichts führte!

Also *durchkämmten* Roma und Artur schweigend ihren abendlichen Frühlingswald, manchmal stoppte einer von ihnen und sagte gepreßt »*hörst du?*«, worauf der andere auch stehenblieb und »*was?*« antwortete. Aber da ging der erste schon weiter – »*ach, nichts*«. Alles in allem erinnerte das an ein kindisches, schwachsinniges Spiel, jedoch mit einer tiefen mystischen Bedeutung: *Hörst du? Nein, was? Ach, nichts...* Und so unzählige Male.

Der Wald, besser gesagt: der Urwald voller Symbole und Andeutungen, lieferte allerdings nur den Vorwand für ihr schon viel länger währendes Schweigen. Seine eigentlichen Ursachen waren Müdigkeit, Enttäuschung und die Zeit. Das menschliche Leben insgesamt ist eine schändlich traurige Angelegenheit. Mancher würde sagen, es dauert zu lange, oder es handelt sich in Wirklichkeit um verschiedene, an einer Kette aufgereihte Leben, von denen das nächste immer noch sinnloser und nichtiger erscheint als das vorausgegangene. Warum mußten sie, Artur und Roma, auch ganze zwölf Jahre zusammensein? Warum hatten sie nicht beide auf halber Strecke sterben können, damals, als sie sich noch siebenmal am Tag anriefen, nur um die *Stimme* des anderen zu hören (oder, um der Wahrheit die Ehre zu geben, sich siebenmal am Tag liebten, so sehr wollten sie einander)?

Jetzt waren sie ausschließlich damit beschäftigt, in Gedanken eine Liste von gegenseitigen Vorwürfen zusammenzustellen. Interessanterweise bildeten diese Vorwürfe, wenngleich nie ausgesprochen, eine gewisse symmetrische Struktur. Aber nur Sie und ich können das erkennen.

Romas Vorwürfe zum Beispiel bezogen sich vor allem

auf Arturs immer deutlicher zutage tretende physische Gebrechen, die ihr früher nicht im Traum eingefallen wären. Doch die langen Jahre des Zusammenlebens im *gemeinsamen Wohnraum* hatten sie ans Licht gebracht: Er begann zu schnarchen, dann fielen ihm die Plomben aus den Zähnen, Haare wuchsen aus den Nasenlöchern und Ohren, und sein Penis, der Nichtsnutz, verwandelte sich in ein selbständiges und sehr launisches Wesen, das meistens gegen Pepas Willen handelte (oder, mit gleichem Resultat, *nicht handelte*). Und so weiter – bis hin zu Anzeichen von Arturs endgültiger *Verbockung*, der Angewohnheit etwa, endlos lange auf dem Klo zu hocken (und dieses Zeitungsgeraschel, du lieber Gott!) oder, sagen wir, sich nach stundenlangem Saufen, Rauchen und vielen schmutzigen Witzen mit ungeputzten Zähnen ins Bett fallen zu lassen. Vor allem aber vermißte Roma Woronytsch schmerzhaft *jenen* jungen Burschen (der fünfundzwanzigjährige Artur, der ihr an einem gewissen Abend in der Ausstellung von Farblithographien begegnete, war für sie Bursche, Page, Schiffsjunge und jugendlicher Enthusiast in einem gewesen) – also er, dieser junge Bursche, verschwand allmählich spurlos und ließ an seiner Stelle einen gleichgültigen, zuweilen sogar brutalen Bauernrüpel zurück. Entsetzlich.

Auf Arturs Seite verhielt es sich entsprechend, und so blieb ihm nichts anderes übrig, als sich mit der zynischen Definition des alten Immanuel Kant zu trösten, daß nämlich *die Ehe eine juristische und von der Gesellschaft legalisierte Vereinbarung zwischen Vertretern unterschiedlicher Geschlechter zur gemeinsamen Nutzung der Geschlechtsorgane* sei. Aber auch das war entsetzlich, denn abgesehen von der kantschen routinemäßigen Nutzung war da gar nichts mehr – keine Spur der früheren Freuden, so daß ein anderes Zitat, das von einem anderen Genius der Vergangenheit stammte, unglaublich treffend schien: *you can't give me satisfaction*...

Roma ärgerte sich permanent über Arturs sogenanntes

Bohemetum, sein verzweifeltes Aufbäumen, seinen Absturz in die Schluchten des Vergessens, nachdem er wieder mal den Häuptling der Playboys gegeben hatte. Hand in Hand mit dem Bohemetum ging die Lüge. Roma war davon überzeugt, daß dieser Mann, der sich von früh bis spät in allen nur denkbaren Kneipen und Kaschemmen Lembergs herumtrieb, gar nicht anders konnte, als sie mit irgendwelchen zufälligen Röcken und Ärschen zu betrügen. Die Ärsche steckten ihrer Vorstellung nach in hautengen Jeans und gehörten dummen und ganz und gar nicht wählerischen Minderjährigen, die nur davon träumten, unglückliche alternde Schürzenjäger, denen die Haare aus den Nasenlöchern wuchsen, zu verführen.

Männer um die vierzig sind wie eine offene Wunde – Anfassen genügt. Und Artur Pepa stolperte gerade in diese Phase hinein.

Ihn hingegen störte ihre Häuslichkeit. Er begann, ihre pathologische Neigung zum bewegungslosen hypnotisierten Herumliegen vor dem Fernseher oder einer anderen Quelle der Willenlosigkeit richtig zu hassen. Die Zahl der Freunde, in deren Gesellschaft sie sich beide wohl fühlten, nahm von Jahr zu Jahr rapide ab, bis schließlich überhaupt keine mehr übrig waren; Artur war also förmlich gezwungen, zu lügen und die Spuren seiner imaginären Wanderungen durch die Stadt und die Vorstädte gekonnt zu verwischen, indem er die Gesichter der von Roma ungeliebten *wandernden Komödianten* durch solche ersetzte, die ihr zumindest gleichgültig waren.

Gleichgültigkeit – das war Romas schwerster Vorwurf. Vor zehn Jahren hat er mich geliebt wie ein Hund, dachte sie manchmal. Er brauchte nur zu sehen, wie ich hinter der Schranktür oder dem alten Wandschirm meine Strümpfe anziehe (ausziehe?), um sich dann die halbe Nacht erfolgreich zu verausgaben. Ach was, Strümpfe! Es genügte ja schon ein Lächeln, eine Kopfbewegung, ein bestimmter Tonfall. Jetzt aber *rührt* er mich manchmal monatelang nicht *an*, so weit weg ist er, entrückt in sein hochmütiges Komödiantendasein.

Denselben Vorwurf – Gleichgültigkeit – richtete Artur in Gedanken auch an sie. Wie wir wissen, neigte er dazu, das Verlöschen der Leidenschaft dem Alter und der Gewohnheit zuzuschreiben. In seinem Zorn übertrieb er ihre Unlust und zunehmende Verschlossenheit maßlos. Wissen Sie, wandte er sich in Gedanken an ein imaginäres Schiedsgericht, wenn die Frau den halben Monat ihre Tage hat und den anderen halben Monat erkältet ist, dann fällt es ihrem Mann äußerst schwer, seine Leidenschaft zu bewahren. Besonders nach zwölf Jahren Eheleben. Und kirchlicher Trauung, jawohl.

Manchmal überließ er sich süß-masochistischen Phantasien über die wirklichen Ursachen ihrer Entfremdung und malte sich Szenen aus, in denen sie es mit anderen heftig trieb. Zuerst ihr zu Gott eingegangener erster Mann – er tauchte, während Artur mal wieder nicht da war, in *seiner* Wohnung auf und nahm sie mit dem Recht des Hausherrn einfach auf dem Küchentisch, wobei er durch immer stärkeres Stoßen seines mitleidslos kalten und harten Kolbens kreischende Leidenschaft in ihr entfachte. Aber bald verwarf Artur diese Vorstellung energisch – wollte sie doch nicht so recht ins Bild vom sanften Förderer der Ostereierkunst passen, zu seinen vernachlässigten körperlichen Gebrechen und stark wuchernden geistigen Idealen. Um einiges wahrscheinlicher schien ihm ein grobianischer, allmächtiger *Dekan der Fakultät*, der zwei Drittel seines Lebens darauf verwandt hatte, diese einflußreiche gesellschaftliche Position zu erreichen, und sie nun kurz vor der Pensionierung hemmungslos ausnutzte, indem er ohne Ausnahme alle Untergebenen weiblichen Geschlechts (Studentinnen, die ihm etwas schuldig waren, Doktorandinnen, Assistentinnen, Dozentinnen) zur *Unterwerfung* zwang. Also mußte auch sie sich *unter ihn werfen*, vielleicht auf dem Ledersofa in seinem Arbeitszimmer, er atmet ihr schwer ins Ohr, und die arme Roma muß stöhnen und sich winden und so tun, als vergehe sie vor Lust. Artur sah sich später allerdings gezwungen, auch diese Version zu revidieren – wie sich herausstellte, war nicht irgendein abscheuliches Wildschwein im apoplektischen Stadium des Amtsmißbrauchs Dekan der Fakultät, sondern eine sehr angenehme und distinguierte Dame, Spezialistin für orientalische Sprachen und Literaturen.

Aber die erniedrigenden Phantasien verfolgten ihn weiter. Was war denn mit den hochgelehrten neofreudianischen Kerlen, denen sie bei verschiedenen lokal-internationalen Konferenzen *als Dolmetscherin diente*! Deren *kollektives Unbewußtes* konnte man sich ja vorstellen! Und die Schwärme nimmersatter Studenten in den Wohnheimen und Parks, mit rasierten Köpfen und der Tätowierung FUCK ME auf Stirn und Scham. Alle Männchen dieser Welt, und obendrein noch ein Bataillon Soldaten auf dem Weg vom Badehaus zum Exerzierplatz, konnten sich als Romas Liebhaber entpuppen, denn sie war ja geil wie eine Katze und wollte nur eins, nämlich andauernd irgendwelche *gentlemen* aufreißen, wenn nicht mit Worten, dann mit Blicken, und sie zur Ekstase treiben in Aufzügen, Telefonhäuschen und auf Waggonplattformen.

Komm zur Besinnung, sagte Artur Pepa in solchen Momenten seiner vom Kino zerrütteten und verdorbenen Phantasie. Aber gerade in solchen Momenten spürte er, wie sehr es ihn zu ihr hinzog und wieviel Unerschöpftes noch in ihm war. Ich liebe sie also doch noch, dachte er.

Und jetzt, in diesem Wald, während sie gemeinsam nach dem dritten suchten, mußte er auch daran denken, wie sie ihm gestern den Kopf verbunden hatte. Eine solche Fürsorge hatte er wahrlich nicht verdient. Artur haßte bestimmte Ausdrücke, die wohl nur deshalb erfunden worden waren, um den Umfang der Wörterbücher zu steigern: *hurtiger, annährend, unschwer*. Unter seinen Lieblingen war auch das Wörtchen *wahrlich*. Jetzt allerdings paßte es perfekt zu ihrer Fürsorge, die er *wahrlich* nicht verdient hatte; er erinnerte sich auch, wie geschickt und flink ihre Hände all das taten, was getan werden mußte. Der Teufel soll mich holen, sagte Artur, der Teufel soll mich holen zusammen mit ihr hier im Wald!

Roma dachte ungefähr dasselbe (sehr interessant, daß sie *annährend* immer dasselbe dachten): sein Affentheater gestern den ganzen Tag, Schach, von dem er nicht das Geringste verstand, der Schwertkampf und vor allem – der Handstand. Ist er wirklich um meinetwillen noch zu solchen Dummheiten fähig, fragte Roma ihre leichtgläubige innere Gesprächspartnerin. Oder für wen hat er es sonst getan? Ach ja, die zwei Schlampen aus der Kreisstadt, beschwichtigte sie ihre voreiligen Schlußfolgerungen. Außerdem alle möglichen Rauschmittel: Alkohol, Zigaretten, Haschisch. Bei einer Überdosis verliert er immer gleich den Kopf. Aber gerade dieses *den Kopf verlieren* hatte ihn vor zwölf Jahren in die Arme ihrer jungen Witweneinsamkeit getrieben. Und deshalb mochte sie das am liebsten an ihm, sein *den Kopf verlieren*.

Etwas später wandten sich ihre Gedanken schuldbewußt dem vermißten Karl-Joseph zu. In den letzten Wochen hatte er sich ganz unmöglich benommen, dauernd setzte er ihr zu, sie solle Mann und Tochter verlassen, *diese zwei*, und mit ihm irgendwohin nach Wien, Amsterdam, Lissabon ziehen, hinter die Sieben Berge zu den Sieben Zwergen (*wohin du willst*, hatte er gesagt, *wohin du willst, die Welt ist groß, und wir können immer wieder nach Lemberg zurückkommen, in den Karpaten wandern, unter den Sternen auf den Hochalmen übernachten!*) Und sooft sie ihn auch bat, sich den Blödsinn aus dem Kopf zu schlagen, die blöden *Sterne auf den Hochalmen* zu vergessen und ihre vorübergehenden *Irrungen und Wirrungen* gleich mit, Freunde zu bleiben und weiter gemeinsam auf dem Gebiet der Lemberg-Wiener Annäherung zu arbeiten – er wurde nur ärgerlich, und manchmal schlug er sogar mit der Faust gegen die Wand. »Gut, ich bin einverstanden, daß deine Tochter mitgenommen wird«, sagte er, offenbar nach langem, schmerzhaftem Nachdenken, wobei er die für seine Sprache typische Passivform des Verbs benutzte. Aber Roma reagierte darauf überhaupt nicht wie eine erfahrene Germanistin: »Meine Tochter ist keine Sache und wird niemals *genommen*.« Ich spreche manchmal viel zu scharf mit ihm, das muß aufhören, dachte sie jetzt, wie um Karl-Joseph Abbitte zu leisten. Dann aber wurde sie sich einer anderen brennenden Sorge bewußt – sie hatte ihr Mädchen ganz allein in diesem großen seltsamen Gebäude zurückgelassen, oben unter den Winden. Vielmehr – nicht nur allein, sondern *ganz allein* mit diesem unbekannten Kerl, wenn da nur nichts passierte. *(Der zehnte Ring, das ist eine Gefangenschaft, aus der du unmöglich zurückkehren kannst, ohne etwas verloren zu haben*, stellte Kolja gerade fest.)

Sieh mal, rief plötzlich Artur im schnell düster werdenden Wald. Roma sprang geschickt über einen von menschlichen Spuren aufgewühlten und dann wieder erstarrten Morast. Was denn, fragte sie. Sieh dir das an, Artur zeigte auf eine Schranke, die ist ganz kaputt. Na und, sie tat verständnislos. Die Schranken sind hier alle schon seit hundert Jahren kaputt. Nein, die hier nicht, versicherte er. Gestern so gegen Mittag bin ich hier gewesen, um ein Fläschchen zu leeren. Ach so – ein Fläschchen, versuchte Roma, ihn aus der Bahn zu werfen. Aber er ließ sich nicht irremachen. Ich habe mich auf diese Schranke gesetzt und eine Zigarette nach der anderen geraucht, insgesamt fünf oder sechs. Oh, siehst du, fuhr er fort, eine Kippe, und da noch eine, und hier eine. Er hob die Zigarettenstummel vom Boden auf und sagte, nachdem er sie im verlöschenden Waldlicht eingehend betrachtet hatte: »Pryluzka«. Na und, Roma blieb dickköpfig. Das heißt, daß die Schranke erst vor kurzem kaputtgegangen ist, verkündete Artur mit Nachdruck. Vielleicht infolge eines Kampfes, Schranken gehen nicht einfach so kaputt. Roma schwieg. Nein, ihm die Version vom Wind einzuflüstern wäre zwecklos. Eine vom Wind zerbrochene Schranke – was für ein Quatsch!

Oh, siehst du, rief er kurz darauf. Was denn jetzt schon wieder, fragte sie vorsichtig. Das Gras auf der anderen Seite ist stark niedergedrückt, teilte der erfahrene Fährtenleser Artur mit. In diesem Wald gibt es massenhaft niedergedrücktes Gras, widersprach sie zum dritten Mal. Nein, du verstehst nicht, erläuterte Artur geduldig. Diese Stelle sieht ganz anders aus – als ob hier jemand im Gras gelegen oder sich sogar – wie sagt man – darin herumgewälzt hätte. Aber Blut ist keins zu sehen, versuchte Roma den Fährtenleser auf eine falsche Spur zu locken. Artur ging einige Zeit suchend umher. Schon fuhren ein, zwei starke Böen in die Wipfel der Bäume. Der Himmel war fast schwarz.

Nein, Blut ist keins zu sehen, mußte Artur zugeben. Also hat es auch keinen Kampf gegeben, sagte Roma in scherzhaftem Ton. Artur überlegte. Wenn hier ein menschlicher Körper gelegen hat, er zeigte auf das Gras, dann hat man ihn weggeschleppt. Aber ich sehe keine Spuren. Und wenn er nun selbst aufgestanden und weitergegangen ist – damit hätte sich Roma fast verraten. Dann müssen auch wir weiter, stimmte ihr Mann zu, und nach ein paar Minuten folgten sie wieder dem Waldweg.

Genau da spürten sie – ungefähr gleichzeitig, aber jeder auf seine Weise –, wie sich die ganze Geheimnishaftigkeit unserer Welt über ihnen zusammenzog und verdichtete.

Als sie wenig später aus dem Wald heraustraten, angespannt lauschend und konzentriert um sich blickend, und in Richtung FLUSS gingen, blitzte es über ihren Köpfen, einmal, noch einmal. Das hat uns gerade noch gefehlt, sagte Roma, setzte die Kapuze auf und wickelte sich fester in alles, was sie anhatte. Gleich kracht's, aber richtig, antwortete Artur und blickte beunruhigt auf die plötzlich schwarz gewordene Landschaft. Der Dichter erwies sich auch hier als Prophet: Kaum hatte er es ausgesprochen, da *krachte* es wirklich, und der Donner rollte mächtig über die gesamte Himmelsweite. Der heilige Ilja bringt die Kolatschen, stellte Artur fest und nahm seine Frau bei der Hand, wovon es im Himmel wieder und wieder donnerte, noch lauter und noch gewaltiger.

Auf der Brücke setzte der Schneeregen ein. Für einen kurzen Moment war es einfach nur kalter Regen. Aber ungefähr in der Mitte der Brücke wurde der Regen vor ihren Augen weiß. Sie erreichten das andere Ufer und die Chaussee und hasteten bergauf – in Richtung der Abzweigung, oberhalb der Stelle, wo der BACH in den FLUSS fließt. Jetzt war alles schon ganz weiß – die ganze Welt.

Bald erkannte Artur, daß diese Flucht nichts bringen würde außer Erschöpfung: In ihren Körpern tobte derselbe Orkan wie draußen, über ihren Köpfen blitzte es bedrohlich, die Donner dröhnten von allen Seiten mit ohrenbetäubender Wucht; bis zum möglichen Unterstand am Kilometer 13 waren es noch eineinhalb bis zwei Stunden Fußmarsch, bis zur Bahnstation auch nicht weniger, nur in entgegengesetzter Richtung. Hier und nur hier, wiederholte Artur im Laufrhythmus, hier und nur hier, und nur hier, und nur hier. Und nur hier ist ein Hort für uns!

Roma hinter sich herziehend, überquerte er – Schlagloch für Schlagloch – die Chaussee, kletterte hundert Meter weiter über die Absperrung vor der Schlucht (Roma hinterher) und dann – *Gottes Wille geschehe* – irgendwie, mal auf den Beinen, mal auf Rücken, Bäuchen und Hintern, *halsbrecherisch,* zielstrebig abwärts, in die mit frischem Schnee bestäubten grauen Kletten, nein, noch tiefer, unter Blitz und Donner – auf den Grund, den äußersten Grund der Welt, dorthin, wo der Automobiltod herrscht.

Bedeckt mit schmutzigem Schneematsch wie Zirkusclowns mit Sägespänen, landeten sie schließlich neben all den zerbeulten und zerquetschten »Mercedes« und »Opel«; sie streiften wie durch Korridore, halb Labyrinth, halb Friedhof, und zwischen all den »Fords«, »Citroëns« und »Wolgas« stießen sie schließlich auf etwas, das größer war und nicht ganz so zertrümmert; nachdem sie ein wenig an den verklemmten Türen gerüttelt hatten, gelang es ihnen, sich in den Salon zu zwängen. Da war es – ihr Dach über dem Kopf, ihr Versteck vor dem Sturm. Übrigens erreicht der Sturm gerade in diesem Moment eine derartige Stärke, daß sie völlig die Orientierung verloren – ringsum nur weißes Chaos und weiße Leere.

Jetzt müssen sie erst einmal zu Atem kommen, Artur auf dem abgewetzten Fahrersitz (ein Lenkrad gab es nicht mehr, nur noch die Reste der *Eingeweide*), Roma neben ihm, auf etwas Ähnlichem. Genau der richtige Moment, sie zu Atem kommen zu lassen.

Die vom Besitzer der Gegend, Warzabytsch, hier aus unbekannten Gründen angehäufte Kollektion kann ohne Übertreibung zu den außergewöhnlichsten der Welt gezählt werden. Seine Leute brachten regelmäßig käuflich erworbene, meist aber einfach auf den Abstellplätzen der Miliz *mitgenommene* tote Automobile zu dieser Schlucht, und im Laufe der Jahre hatten sich ungefähr hundert angesammelt. Das Auto, in dem das erschöpfte Ehepaar Schutz gefunden hatte, galt völlig zu Recht als wichtigstes Exponat.

Es war ein »Chrysler Imperial« aus der Zwischenkriegszeit – ein Wunder der damaligen Automobilkunst, derselbe, der sich später eher als Symbol denn als Wirklichkeit erweisen sollte. Natürlich hat jetzt jeder das Recht, schief zu lächeln. Was denn – wieder die Gespenster der Jugend, widerliche Wiederholungen und Selbstzitate?

Aber darum geht es mir gar nicht. Es geht mir vor allem um die Wahrhaftigkeit *dieser* Geschichte. Und die erfordert, daß *dieser* zerstörte Metallkörper, der noch vor zehn Jahren *jene* Festung auf Rädern war (denn damals wurde sie im Flackern des Feuerwerks auf den Straßen Tschortopils gesichtet), daß sich genau dieser Körper, besser gesagt, seine Hülle, genau jetzt, nach uns nicht bekannten Verkehrsun- und anderen Vorfällen des vergangenen Jahrzehnts, in *dieser* Schlucht befindet und zwei Menschen aufnehmen kann, die sich gleichzeitig sehr nah und sehr fern sind.

Und selbst wenn es sich nicht um denselben »Chrysler Imperial« handeln sollte, dann doch um etwas, das ihm außergewöhnlich ähnlich war. Denn Artur konnte einfach kein anderes Versteck auswählen. Es mußte sich doch um das handeln, was am größten, mächtigsten und schließlich auch am auffälligsten war.

So saßen sie jetzt in der Dunkelheit des riesigen Salons und starrten schweigend durch die heil gebliebenen Scheiben in das nervöse Auflodern der dichten, undurchdringlichen Weiße. Aus ihren Kleidern rann das Wasser, und auch sie selbst waren anscheinend bereit aufzutauen.

– Und wenn es ins Auto einschlägt? – fragte Roma schließlich und zeigte mit dem Kopf nach draußen in die Welt, wo es gerade wieder blitzte.

– Dann werden wir wohl verbrennen, – antwortete Artur nicht besonders überzeugend, steckte sich aber trotzdem eine Zigarette an. – Obwohl ich von Physik so gut wie keine Ahnung habe.

– Und das Ende April, – stellte sie kleinlaut fest.

– Die Berge eben, – erläuterte er. – Das Wetter ist furchtbar wechselhaft, ein Paradies für Meteorologen.

Sie schwiegen genau so lange, wie er seine feuchte Zigarette rauchte. Nachdem er sie ausgedrückt hatte, sagte er:

– Schon wieder Antonytsch. Antonytsch, wohin man nur schaut.

Roma sah ihn verständnislos an.

– Ich denke an »Die toten Autos«, – sagte Artur. – Im Jahre 1935, als dieser Schrott hier noch eine neue luxuriöse Superkarrosse war, beschrieb der Dichter Antonytsch eine seiner Visionen. Einen Friedhof, auf den Automobile gekippt wurden. *Wie Sternenstücke die zerschellt sind, schlafen auf dem Friedhof der Maschinen tote Autos* – na, und so weiter ...

– Kein Wunder, daß hier alles mögliche passiert. – Roma zog die Schultern im ersten Schüttelfrost zusammen.

– Du meinst den Österreicher? – Er wandte ihr sein Gesicht zu.

Roma dachte, daß sie ihm jetzt alles erzählen mußte – wie es gewesen war. Sonst würden sie zugrunde gehen in dieser Metallkiste – und sei es vor Kälte.

– Weißt du, dort bei der Schranke ... – fing sie an.

Aber im Himmel donnerte es dermaßen, daß sie noch mal von vorn beginnen mußte. Artur wandte ihr nicht nur sein Gesicht, sondern sein ganzes Selbst zu.

– Bei der Schranke, – begann sie ein drittes Mal, und dann brach alles auf einmal aus ihr heraus: – Du hast doch noch bemerkt, daß sie kaputt ist – in der Nacht hatte ich ihn eingeholt, ich wollte nicht, daß er irgendwohin ginge, so betrunken von diesem Nußschnaps, ich weiß nicht, ob du dich erinnerst, wie ihr euch zusammen betrunken habt, also, im schlimmsten Fall, dachte ich, werde ich ihn begleiten, damit nichts passiert, er kennt sich doch immer noch nicht aus bei uns, also an dieser Schranke habe ich ihn eingeholt ... gib mir eine »Pryluzka«!

Er gab ihr auch Feuer, und sie zündete sich die Zigarette ganz langsam an, zog einmal, zweimal, und mußte husten. Artur nahm sie ihr sanft aus der Hand und rauchte selbst.

– Nun also, – sagte sie hastig, – da grapscht er mich plötzlich an, faßt überall mit seinen Händen hin, ich sträube mich, so gut es geht, er aber wirft sich mit dem ganzen Körper auf mich, reißt mir fast die Kleider vom Leib und preßt mich gegen diese Schranke, ich wehre mich aus vollen Kräften, und da ist es passiert ...

– Was? – fragte Artur und ließ die Glut seiner Zigarette aufblinken.

Er spürte, wie ihm ganz unabhängig von der Dunkelheit schwarz vor Augen wurde und daß er sie bis zur Erschöpfung drücken wollte oder zumindest seine Lippen in die ihren verbeißen.

– Nein, nicht, was du denkst, – erklärte Roma, – nein, die Schranke, deshalb ist sie kaputt, er hat sich auf mich geworfen, ich habe mich gewehrt, er mit seiner Hand zwischen meine Schenkel ...

Artur stöhnte und zerkrümelte die erst halb gerauchte »Pryluzka«. Die Dunkelheit in seinen Augen war dichter als alle Dunkelheit der Welt.

– ... denn er wollte mich ... also, du verstehst schon ... einfach auf dieser Schranke, aber nicht mit mir! Und dabei ist sie kaputtgegangen, und wir sind ins Gras gefallen, ich oben, habe mich auf ihn gekniet. Du hast ja gesehen, daß jemand das Gras zertreten hat ...

– Weiter, – sagte Artur mit vorletzter Kraft.

– Nichts weiter. – Roma hob die Schultern. – Er ist allein im Wald geblieben, und ich bin zurück nach oben. Als ich kam, hast du schon geschlafen.

Ihr klapperten fast die Zähne. Aber sie fühlte sich besser – alles, was sie hatte erzählen müssen, hatte sie erzählt. Doch nicht etwa aus Liebe?

Artur spürte, daß ihn die innere Dunkelheit nicht loslassen würde, bevor es nicht geschähe.

– Ich habe alles gesehen, – sagte er. – Ich bin hinter dir hergelaufen. Stand in der Nähe. Im Mondlicht war alles deutlich zu erkennen. Dann bin ich zurückgegangen.

Er war ja in jener Nacht wirklich jemandem hinterherge-

laufen – aber nicht ihr. Er log, denn er mußte lügen. Doch nicht etwa aus Liebe?
– Du warst also da?
Sie warf sich ihm mit ihrem ganzen Körper entgegen. Das war die einzige Rettung für beide – sonst wären sie umgekommen in diesem metallenen Sarg. Sie fingen an, sich wild und schmerzhaft zu küssen, wie seit Jahren nicht, sie kroch hinüber auf seinen Schoß und war jetzt so nah, daß alles verschwamm und anfing, sich zu drehen: Es war ein gieriges und verzweifeltes Aufbäumen und fast schon Beißen, das Wegschaffen der schweren, durchnäßten Kleider in der Hoffnung, zur Wärme durchzustoßen, zur Haut, irgendwelches Zeug flog auf den Rücksitz, unter dem zehnten Pullover fand er dann endlich ihren Bauch und die Bucht zwischen den Brüsten; mit der freien Hand tastete er nach der Tasche seines Mantels (*vorsichtig, vorsichtig*, wiederholte er das einzige, was er wußte), dabei drückte er aus Versehen auf irgendeinen Hebel, und – Ruhm den *imperialistischen* Konstrukteuren! – die Lehne klappte mit rostigem Quietschen zurück ...
Erst jetzt wurden sie ruhiger und machten ganz anders weiter – harmonisch und vollendet fanden sie Spannung und Rhythmus. Ihr vor Zärtlichkeit leicht in die Länge gezogenes Gesicht schaukelte, die Augen geschlossen, leuchtend über ihm, Stromstöße hämmerten gegen das Dach, die Kotflügel, die Stoßstange ihrer Schrottkarrosse, zogen aber zischend wieder ab, ohne ihnen etwas zuleide zu tun. Alles war fast wie in der Nacht, in der sie sich kennengelernt hatten – auch damals waren seine Haare vom Frühlingsschnee naß gewesen (heute störte allerdings der Verband, das Heldenzeichen, aber dafür liebte sie ihn um so mehr), das Gestell des Klappbetts in der Küche hatte genauso verräterisch gewackelt und gequietscht wie dieser altertümliche abgewetzte Sitz, Roma hatte sich genauso die Hand vor den Mund gehalten, um das Stöhnen und die Aufschreie zu ersticken (damals war das

ganz verständlich: Kolja schlief im Zimmer – aber jetzt?), und er hatte genauso hingegeben und erstaunt gespürt, wie ihn unfaßbare Freude durchströmte.

(Und als von irgendwo oberhalb des Gipfels eine blasse, weiß verklebte Kreatur mit hängendem verschneitem Schnurrbart auf den tiefsten Grund der Schlucht geflogen kam und sich gramvoll an die Scheibe schmiegte, merkten sie nichts, so sehr waren sie mit sich selbst beschäftigt. Und der Zauberer, der früher Romas Nachnamen Woronytsch getragen hatte, blieb nur einen kurzen Augenblick in ihrer Nähe – dann wandte er sich machtlos ab und zerfiel in weiße Schneereste.)

Im selben Moment explodierten sie in einem heiseren und erschöpften Höhepunkt, wonach sie, wie immer, lange und glücklich erstarben. Seltsam, aber auch Donner und Blitz erstarben bald darauf. Das heißt, sie zogen fort und fielen über weit entfernte Welten her. Nur die Reste des Schneeregens rannen noch aus den Himmelsspeichern, immer sanfter und langsamer.

– Wie schön, – sagte Roma, als es wieder möglich war, etwas zu sagen.

– Aber du hättest beinahe das Ei zerdrückt, – brummte Artur und kramte in seinem Mantel.

Sie fing an zu lachen und erschauerte an seiner Brust.

– Das wäre ein schrecklicher Verlust gewesen, – sagte sie und überließ sich wieder ihrem Lachen.

– Nicht, was du denkst, – widersprach er.

Und nachdem er nochmals im Mantel gekramt hatte, zog er das Osterei hervor – orangefarbene Kreuze und Sterne auf schwarzem, unirdischem Grund, außerdem goldfarbene, wellige Borten oben und unten. Im Mondlicht, das jetzt die ganze Schlucht und sogar die Autoskelette und Innereien ausfüllte und ungehindert auch in ihr vierrädriges Versteck eingedrungen war, konnte man es gut betrachten.

– Oh, woher hast du das?

– Weiß ich selbst nicht. – Er rieb seinen verbundenen Kopf an ihrer Schulter. – Aber es ist für dich. Ein Ostergeschenk.

Vorsichtig nahm sie das Osterei und hielt es in ihrer gewölbten Handfläche. Dann bedankte sie sich, indem sie mit den Lippen die geliebte Mulde unter dem Adamsapfel berührte.

– Aber schenk es mir morgen, – sagte sie und steckte das Osterei wieder in die Manteltasche. – Heute ist noch nicht Ostern. Ich werde einen Luftsprung machen vor Freude. Stimmt, wie habe ich es nur geschafft, es nicht zu zerdrücken?

Sie lachte wieder, als sie daran dachte, wie er das gesagt hatte, der Maunzekater.

– Aber ich weiß, was passiert ist, – sagte sie dann ganz ernst. – Ich habe einfach aufgehört, tolpatschig zu sein.

– Seit wann denn das? – Artur spielte den Beunruhigten.

– Seit jetzt, – sagte sie stolz.

– Mir gefällt es aber, wenn du tolpatschig bist. – Artur stützte sich auf den Ellenbogen.

– Wirklich? Das glaube ich dir nie! – Sie leckte ihm die Nasenspitze. – Also gut, speziell für dich werde ich noch ein bißchen tolpatschig sein.

Als sie auf ihren Sitz hinüberkroch, stieß sie ihn mit dem Knie in die Seite. Er schrie theatralisch auf. Entschloß sich dann aber, den Witz mit dem Ei nicht zu wiederholen.

– Siehst du, alles in Ordnung, – kicherte sie. – Ich bin wieder tolpatschig. Komm, wir rauchen eine Zigarette zusammen.

Er klickte lange mit dem Feuerzeug, dann nahm er den ersten Zug und deklamierte, während er ihr die Zigarette reichte:

Der Schlaf der Leichen aus Metall wird oft gestört
*   von Menschen, den Schakalen,*
sie präsentieren Waren auf dem Markt –
*   Bedürfnis, Streben und Begierde,*

die toten Rümpfe werden in der dunkelblauen Nacht
zum Sündenlager
und böse Sterne gießen Qualen aus auf Narren,
Schlampen, die da ortlos lieben.

– Ist das dieser Antonytsch? – fragte sie. – Wo er jetzt wohl ist?

(Den letzten Satz hatte sie ganz unwillkürlich gesagt – vielleicht deshalb, weil im selben Moment ihre Tochter den ersten Liebhaber zu sich ließ, denn *der elfte Ring, das ist, wenn zwei eins werden.*)

– In seinem Wirtshaus auf dem Mond wahrscheinlich, – antwortete Artur. – Wo sonst?

– Wie heißt es da bei ihm über das ortlose Lieben? – Sie zog einen Pullover nach dem anderen an.

– Narren, Schlampen, die da ortlos lieben, – rezitierte Artur.

– Na eben. Es paßt, aber nicht ganz, – stimmte sie zu. – Du jedenfalls bist ein schrecklicher Narr.

Er ignorierte diese Herausforderung und zog nur eine übertriebene Grimasse, die Abscheu signalisieren sollte. Artur Pepa war zwar nicht im Jahr des Affen geboren, benahm sich aber manchmal so.

– Weißt du, – sagte sie, – ich werde wohl auf den Rücksitz kriechen und ein bißchen schlafen. Wir können hier jetzt sowieso nicht weg. Willst du das *Lager* nicht mit mir teilen?

– Wenn es *sündig* ist, dann gerne, – versprach Artur.

– Das liegt nur an uns, – versicherte sie. – Ich erlaube dir, mich zu wecken, sobald du Lust hast.

Er machte es sich ebenfalls – Ave Chrysler! – auf dem Rücksitz bequem, diesem überbreiten Ledersitz, zweideutig wie das Sofa eines Dekans, und legte den Arm um ihre Hüfte.

– Du erlaubst mir, dich zu wecken? – knurrte er irgendwo in der Nähe ihres Ohres. – In Ordnung. Wenn ich die morgendliche Erektion nicht verschlafe.

Sie lachten noch ein bißchen, und dann redeten sie noch ein bißchen, wetteiferten im Quatschmachen, und dann rauchten sie noch eine. Um der Wahrheit die Ehre zu geben – folgt auf Sex Gespräch, dann handelt es sich wahrscheinlich um Liebe.

Und erst später, nach einer von keinem Chronometer gemessenen Zeit, glitt Roma Woronytsch aus seiner Umarmung, ließ das altertümliche Automobil an und fuhr durch die unzähligen Zimmer des Pensionats, wobei sie Wände einriß und Vasen und Feuerlöscher von den Postamenten stieß. Was Artur träumte, wissen wir nicht – jedes Ding hat sein Geheimnis.

Als er aber von einem Rudel Hunde träumte, das am Flußufer entlangstürmte, war es Morgen geworden. Das Wetter hatte sich schon wieder geändert – alles, was in der Nacht Schnee gewesen war, taute jetzt, rann und tropfte, ein unerträglich warmer Wind wollte einem den Kopf von den Schultern reißen, sogar hier, auf dem Grund der Schlucht.

Das Rudel aus dem Traum war in Wirklichkeit ein einziger Hund, ziemlich groß allerdings, ein Schäferhundmischling, der auf den Hinterbeinen stehend die Lefzen an die Scheiben des Chryslers preßte und aufgeregt bellte. Natürlich, dieses im Schlaf überrumpelte Pärchen Zweibeiner mußte ihm ja mißfallen. Was zum Teufel machen die hier? Was sind das überhaupt für Sachen?

Der aufgebrachte Hund war mit seiner Empörung nicht allein. Er war in Begleitung von gleich drei Bullen da, von denen einer eine Kalaschnikow im Anschlag hielt. Ein anderer – wegen der vielen Goldzähne, seiner ganzen Physiognomie, konnte man davon ausgehen, daß er der Ranghöchste war – befahl ihnen mit einer gebieterischen Handbewegung, herauszukommen. Noch ein anderer, der dritte, nahm vorsorglich den Hund an die Leine, wovon sich dieser nur noch wilder gebärdete.

Nach einigen vergeblichen Versuchen, die hinteren Chrysler-Türen zu öffnen, krochen Artur Pepa und Roma Woronytsch über den Vordersitz hinaus. Sie blinzelten im windigen Licht, das warm und schmerzhaft in die Augen stach, fühlten sich ein bißchen verloren und sehr verschlafen. Erst als er auf den weichen Boden trat, spürte Artur, daß sein Fuß, lächerlich genug, eingeschlafen war. Er mußte also praktisch auf einem Bein stehen. Und dann noch der furchtbare Wind, der einen schwindlig machte, das Rauschen des Tauwassers, der Schmerz in den Augen, die Dreizacke auf den Milizmützen, das zur Raserei gesteigerte Gebell, der widerliche Geschmack im Mund, die halb auf ihn gerichtete Kalaschnikow und all die Fragen *Wer seid ihr? Wie kommt ihr hierher? Was habt ihr hier zu suchen? Papiere?*

Artur Pepa gelang es, die ersten drei zu beantworten. Ihre Papiere hatten sie natürlich nicht dabei, auch die erfahrene Roma nicht. Touristen, sagte Artur Pepa (der dritte Bulle zischte endlich den Hund an, und der wurde sofort still, der alte Streber), wir sind Touristen aus Lemberg, machen Urlaub in den Karpaten.

Touristen sind wir aus Lemberg, in den Karpaten machen wir Urlaub, in Lemberg wohnen wir unter folgender Adresse, sagte Roma. Und hier haben wir vor dem Unwetter Schutz gesucht, wir waren ganz durchnäßt, o je.

Frau, Sie sind nicht gefragt, fletschte der *Oberste* alle seine Goldzähne. Wenn *die Reihe an Ihnen* ist – werden wir auch Sie *befragen.*

Aber das sage ich doch, fuhr Artur Pepa fort. Wir sind abends zu einem Spaziergang aufgebrochen, und da – Sie wissen schon – ein Gewittersturm, und kein Unterstand, also haben wir uns *hierher geflüchtet und haben uns hier untergestellt.*

Hört, hört, sagte darauf der *Chef*. Hört, für wen die uns halten – *für verblödete Imbezile*. Hört ihr, bei Gewitter haben sie sich im Metall *untergestellt!*

Als sie diesen ausgemachten Blödsinn hörten, brachen die Bullen wie auf Befehl in brüllendes Gelächter aus, sogar der Hund, Speichellecker vom Dienst, lachte.

Aber warum lacht ihr denn, Jungs, wandte sich Roma begütigend an sie. Warum, Jungs, lacht ihr denn? Wir haben doch, als wir in diesem Auto vor dem Unwetter Schutz suchten, an Physik überhaupt nicht gedacht – einfach nur unterstellen. Und ihr, Jungs, lacht, weil ihr es nicht versteht.

Frau, wandte sich der *Kommandeur* ihr wieder zu, diesmal schärfer. Frau, bleiben Sie mir mit Ihrer Physik vom Leibe! Denn, Frau, wir sind nicht Ihre Jungs, Frau – noch haben Sie nicht unter uns *gelegen*.

Unteroffizier, sagte darauf Artur Pepa. Unteroffizier, sprechen Sie nicht in so einem Ton mit meiner Frau. Sie ist meine Frau, Unteroffizier.

Aber der setzte noch eins drauf: Wenn sie deine Frau ist, warum fickt ihr dann in Autos rum? Vielleicht ist sie deine Nutte? Vielleicht fickt sie mit allen in Autos rum, die Nutte?

Da versank Artur Pepa, der Ritter vom Orden der Edlen Schwertträger, in seine tiefste innere Finsternis und stieß das eingeschlafene Bein vor, um dem goldzahnigen Lausrüssel in die Schulterklappen zu fahren, auf daß er es niemals wieder wage, holde Damen zu beleidigen. Aber der Angriff wurde so entschieden abgewehrt (vom Wort *Gewehr*, mit dem Kolben der Kalaschnikow nämlich), daß die Funken stoben und man sich wundern mußte, daß ihm nicht der Verband vom Kopf flog.

Artur plumpste bewußtlos in den Schneematsch, graue Fontänen spritzten auf, und Roma zerrten sie weg, damit sie nicht heulte wie ein Klageweib auf einer Beerdigung. Und auch der Hund regte sich unmäßig auf über dieses *Arschgesicht aus Lemberg*.

Sie aber sträubte sich und beschimpfte sie, verdammt, als Banditen und Mörder, der *Oberkommandierende* überlegte schon, ob man ihr nicht auch eins überziehen sollte, damit sie still wäre, verdammt, und *nicht dabei stört, über Funk Bericht zu erstatten*. So wurde sie abgeführt – unter Weinen, Schreien und Heulen, dann aber plötzlich still und ergeben –, in Begleitung dessen, der den Hund an der Leine führte.

Sie wurde abgeführt, hinaus aus der Schlucht, eilig bergauf über die schlüpfrigen Steine – ihre Füße gerieten immer bedrohlicher ins Rutschen –, aber irgendwie kam sie oben an, wo sie in eine »grüne Minna« verfrachtet und in unbekannte Richtung weggebracht wurde.

Natürlich blickte sie sich um, solange es ging, und sah, daß die beiden anderen – der *Kalaschnik* und der *Oberkommandierende* – sich mit Handschellen an Artur gekettet hatten und versuchten (Arturs Kopf mit dem schmutzigen Verband wackelte willenlos hin und her), ihn aus den rostigen Rümpfen und Stoßstangen hervorzuziehen, heraus aus der Schlucht.

Und erst nach fünf oder sieben Kilometern, als an ihrem vergitterten Fenster zwei entgegenkommende Milizautos vorbeifuhren, verstand Roma, daß sie wegen Artur kamen und daß es im Leben nichts Schrecklicheres geben konnte.

11

So kläglich, nichtswürdig und elend hatte er sich noch nie gefühlt – Karl-Joseph wäre am liebsten aus seiner Haut gekrochen und hätte mit den schweren erbarmungslosen Bergstiefeln lange auf ihr herumgetrampelt. Warum war das passiert? Wie hatte er sich so gehenlassen können? Warum war er jetzt allein in diesem vor Mondschein weißen Wald?

Weil ich unglücklich verliebt bin, wollte er seinem alten Gymnasiallehrer erklären, der ihn in diesem Moment stumm tadelnd von irgendwoher ansah, vom Mond oder aus dem nächsten Eulenloch. Der Lehrer war fixiert gewesen auf das

Thema gutes Benehmen, ewig hatte er seinen Schülern eingetrichtert, *gutes Benehmen* sei in Wahrheit ein Synonym für *Europäischsein*, und um würdig das *Österreichischsein* repräsentieren zu können, sei es unerläßlich, sich immer und überall daran zu erinnern, unter allen Umständen. Der Lehrer war vor vielen Jahren gestorben, aber jetzt schaute er auf Karl-Joseph, einen von tausenden ehemaligen Zöglingen, und erwartete zumindest eine Rechtfertigung.

Weil ich unglücklich verliebt bin, wiederholte Karl-Joseph etwas nachdrücklicher, damit jener von ihm ablasse. Die letzten beiden Worte beherrschten lange sein Humpeln – auch als er schon aus dem Wald heraus war, aber weiter brannte vor Scham und Liebe, kreisten Karl-Josephs Gedanken noch immer um dieses ungelenk-höhnische Wortpaar *(-liebt bin, liebt bin, liebt bin)*. Ist das etwa nicht Erklärung genug, Herr Gymnasialprofessor?

Der Lehrer tänzelte weiter um ihn herum, erschien mal auf der Brücke, mal gleichzeitig auf beiden Seiten der Chaussee – hier und dort –, offensichtlich wollte er sich mit der Antwort nicht zufriedengeben. Als Karl-Joseph zur Abzweigung kam, oberhalb deren der BACH in den FLUSS mündete, hieb er kräftig in die Luft und sagte: »Also gut, ich bin schuldig, bin kein Europäer mehr, sondern einfach nur ein besoffenes Schwein!« Das genügte, damit der andere endlich von ihm abließ. Selbstkritik – darauf war es ihm angekommen! Karl-Joseph bog nach rechts ab, und während er am Ufer des BACHES entlangging, begann er, mit Roma zu sprechen, denn um sie ging es ja.

Warum bist du mir gefolgt, warum bist du den Abhang heruntergerannt, warum sind wir zusammengewesen, fragte Karl-Joseph, wenn er auch keine Antwort erwartete. Warum hast du vom Mond gesprochen, forderte Karl-Joseph Aufklärung. Denn wenn man nachts zu einem anderen etwas über den Mond sagt, dann bedeutet das Nähe, oder etwa nicht?

Wenn zwei von unten den Mond ansehen, dann entsteht etwas zwischen ihnen, richtig? Ich würde nie zu jemandem, der mir gleichgültig ist, etwas über den Mond sagen. Ich würde nie hinter jemandem herrennen, der mir gleichgültig ist. Roma schwieg, denn ihr fehlten die Worte.

Und wenn das so ist, entwickelte Karl-Joseph seine Argumentation weiter, dann mußte ich doch davon anfangen. Es konnte doch nicht ewig so weitergehen – diese Treffen in Hotels und in fremden Wohnungen, geheime Chiffren, verabredete Zeichen. Noch so ein paar ermüdende Jahre – und wir sind alt, und alles ist zu spät. Ich wollte doch nur wissen, woran ich bin. Verdient es unsere Beziehung etwa nicht, daß wir offen zueinander sind? Hättest du nur ein Mal, nur ein einziges Mal *genug, ich will nicht mehr* gesagt – ich hätte mich zurückgezogen und wäre dir nie mehr auch nur einen Schritt zu nahe getreten. Aber du hast es nicht gesagt!

Es stimmte: Ihr *ich will nicht mehr* hatte er wirklich nie gehört. Doch er machte ihr und vor allem sich selbst etwas vor, wenn er erklärte, daß er sie einfach so hätte gehen lassen. Dazu wäre er wohl kaum fähig gewesen. Eher wäre er ihr nachgelaufen wie ein geprügelter Hund, hätte weiter ukrainische Visa beantragt für weitere heimliche Treffen. Aber jetzt, inmitten einer Welle aus Alkohol, wollte er an seinen männlichen Verzicht glauben. Vor allem, weil Roma nicht daran dachte, zu widersprechen – dieses schuldbewußte Schweigen mußte er ausnutzen.

Ja, etwas Schlimmeres als das, was ich dir gesagt habe, kann man sich kaum vorstellen, fuhr er noch pathetischer fort, und unter seinen rabiaten Stiefeln zerbröselten sogar die Steine. Verzeih, ich habe dich beleidigt, das stimmt. Aber du warst ja gar nicht beleidigt – im Gegenteil. Du hast mich gebeten, dir die Hand zu reichen! Karl-Joseph blieb wie angewurzelt vor dem Stamm einer Kiefer stehen. Du! Mich! Gebeten! Dir! Die Hand! Wie hätte ich das verstehen sollen, sag doch? Da sowohl die Kiefer als auch Roma schwiegen, humpelte er weiter.

Denn wenn nachts im Wald einer dem andern die Hand gibt, so spann er den Faden fort, dann bedeutet das Nähe, oder etwa nicht? Vielleicht verstehe ich eure Sitten und Gebräuche nicht immer, mag sein. Zum Beispiel küßt ihr euch schon beim Kennenlernen auf die Lippen, tanzt viel zu eng mit fremden Partnern, Privatsphäre existiert nicht, ihr atmet den anderen einfach so ins Gesicht und tragt viel zu kurze Röcke. Aber jetzt geht es mir darum, daß du mir deine Hand gegeben hast! Das ist etwas völlig anderes, das ist nicht mehr nur eine Geste, das ist eine Einladung.

Das alles war nur zum Teil richtig: Er hatte wenig Grund zu der Annahme, Romas Bitte, ihr aus dem Morast herauszuhelfen, habe irgendeinen höheren metaphorischen Sinn gehabt. Im Grunde wußte er das auch. Aber jetzt waren ihm alle Argumente recht – Hauptsache, Roma schwieg, Hauptsache, sie war nicht in der Nähe.

Deshalb konnte er sich auch eine weitere Offenheit erlauben, eine Dreistigkeit vielmehr. Ich kenne euer Leben ein bißchen, sagte er, während er über Tannenzapfen und -nadeln schlitterte, ja, ein bißchen kenne ich es. Ich bin überzeugt, daß es in deinem Bekanntenkreis eine ganze Menge Frauen und Mädchen gibt, die sofort mit dir tauschen würden. Die meisten von euch träumen doch nur davon, in den Westen zu entkommen, wozu sonst all die Eheanbahnungsinstitute, professionellen Kuppler, Mannequin-Agenturen, Prostitution und so weiter. Gut, so eine bist du nicht – ich hoffe immer noch, daß du so eine nicht bist –, aber ich weiß eben auch nicht, was für eine du bist. Und was du willst, weiß ich auch nicht. Du hast mir doch die Hand gegeben, klammerte er sich an das letzte, was ihm geblieben war. Die Hand, die Hand, die von ihr gegebene Hand – weiter waren ihm die Argumente ausgegangen. An dieser Hand hielt er sich fest, bis er müde wurde.

Was danach passiert war, schwoll in seinem Kopf zu einem stetigen Brausen an: dumpfes Ringen, unkontrollierte Willkür des durch grenzenlos langes Warten gequälten Eros, sein immer brutalerer Versuch, sich ihr zu nähern, die erste, klatschende Ohrfeige seines Lebens, das Krachen der Schranke, dann der Sturz der zwei schrecklich verfeindeten Körper ins Bodenlose, in die Hölle.

Sagen wir also, ich war nicht ich und du nicht du, nahm Karl-Joseph Zumbrunnen von Roma Abschied und ließ sie und ihre Hand endlich los.

Das geschah, kurz bevor er die 24h-Kneipe bei Kilometer 13 erreichte; an einem der vorangegangenen Tage war er schon hier gewesen, als er die Gegend auf der Suche nach möglichen Motiven inspizierte. Er hatte sich alles genau eingeprägt: den Pavillon aus Plastik und Aluminium auf einer kleinen Anhöhe (Karl-Joseph wußte nicht, daß solche Anlagen in diesem Lande traditionell *Bojen* genannt wurden oder – etwas gewählter – *Aquarien*), aus Zement gegossene und schon ganz abgebröckelte Stufen, eine ebensolche Terrasse, auf die offensichtlich im Sommer Tische gestellt wurden, und so weiter: auf dem Gelände verstreute Kohlebecken, pilzförmige Lauben, Feuerstellen, von Müll überquellende Container. Nichts Besonderes, hatte Karl-Joseph festgestellt. Ähnliche Orte waren ihm in den östlichen Karpaten zu Dutzenden begegnet. »Diesen Menschen«, hatte er einmal in einem Brief geschrieben, »gefällt es besonders, Trinkgelage in der Natur abzuhalten, aber das ist nicht, was man in unserer Welt üblicherweise Picknick nennt. Die Berg- und Waldgegenden, in denen ich in der letzten Zeit gewandert bin, sind unglaublich verschmutzt und voller Spuren solcher unmäßig fröhlichen Geselligkeiten: Glasscherben, leere Dosen, Papier und alte Lumpen machen es unmöglich, die Schönheit der Landschaft zu genießen. Auf geradezu tragikomische Weise verbindet sich dieser Müll mit den überall angebrachten Agitationsschildern, auf denen in Reimform (!) dazu aufgerufen wird, die *nationalen* Reichtümer zu bewahren. Aber es wäre unfair, die Menschen dafür verantwortlich zu machen – von Kindesbeinen an hat das System sie gelehrt, daß alles erlaubt ist. Übrigens ein sehr bezeichnendes Paradoxon – den Sklaven ist alles erlaubt! Zukünftigen Generationen wird es Ehrensache sein, dies zu überwinden.«

So hatte er einmal geschrieben, nicht ahnend, daß die *zukünftigen Generationen* schon dabei waren, es zu überwinden, und daß sie ganz und gar nicht auf die Ratschläge eines zugereisten Klugscheißers gewartet hatten. Die Spelunke also, errichtet noch zu der Zeit, als auf der benachbarten Hochalm der verbissene Förderer des Skisports Malafej herrschte, sie also, erbaut als *Forellenrestaurant für Holzfäller und Gäste der Gegend* (die Lage über dem BACH war einer solchen Idee wohl förderlich gewesen, auch der ursprüngliche Name – »Silberspringbrunnen« – bezog sich darauf, aber das alles führte nur zu finanziellem Ruin und jahrelangem Leerstand), diese Spelunke hatte nun endlich *echte Wirtsleute* gefunden. Eine weitverzweigte Familie hatte den Ort vom Eigentümer, dem Unternehmer Warzabytsch, I.I., gepachtet und ein 24h-Business eingerichtet. Von Forellen war natürlich keine Rede mehr – sowohl die *Holzfäller* als auch die in die heimische Natur verliebten *Gäste der Gegend* gingen auch ohne Forellen in diese Falle, in der man süß und unbemerkt all sein Geld vertrinken konnte.

Durch die Tür dieses Etablissements trat irgendwann zwischen der elften und der zwölften Nachtstunde einer der *Gäste*.

Während er sich im von einer *Lichtorgel* unregelmäßig erleuchteten Halbdunkel vorsichtig an Tischen und Stühlen aus Aluminium vorbeischob, erinnerte sich Karl-Joseph Zumbrunnen, daß er jemandem eine Flasche schuldig war, die vor allem mußte er hier kaufen. Hier drinnen vergnügte sich eine Gesellschaft junger Leute (ja, Trainingsanzüge und *leggins* und *Ty, Natascha, sonze maja*), von Ellenbogenstößen traktiert, arbeitete er sich zwischen den Tanzenden zum Tresen hindurch (Teufel, was für eine Fete von Gründonnerstag auf Karfreitag! hätte ein anderer gedacht und sich gewundert), aber Karl-Joseph wunderte sich längst über gar nichts mehr, also auch nicht darüber, daß es ihm, während die erstickenden Wellen des Tanzes ihn an die Bar drückten, nicht gelingen wollte, die Aufmerksamkeit der Wirtin auf sich zu ziehen – die schäkerte mit zwei Typen, die sie Schlitzohren nannte. Karl-Joseph konnte darin keinerlei Sinn erkennen, beide sahen ganz normal aus, doch er nutzte die Zeit, um in Gedanken seine Bestellung zu formulieren (er wußte immer noch nicht, ob es nun *pljaschka* oder *fljaschka* hieß, beides hatte er schon gehört); nach etwa fünf Minuten rief er mit schriller Stimme, indem er Lärm und Musik (*heute nacht geht keiner bei uns schlafen*) zu übertönen versuchte: »Prosche ... ein Schnaps ... Horilka für mich!« Beim dritten Mal wurde er erhört, die Frau in Kriegsbemalung, sie hatte das gewisse Alter, wandte ihm endlich nicht mehr ihren tiefsitzenden Arsch, sondern ihr Gesicht zu und antwortete etwas wie »Setzen Sie sich, Sie werden bedient«. Karl-Joseph überlegte noch einige Minuten, ob er richtig verstanden hatte (»Sie werden vermint«?), aber die einzig mögliche Auslegung ihrer Antwort veranlaßte ihn schließlich, sich zurückzuziehen und am ersten besten freien Tisch Platz zu nehmen. Lange sah er den Tanzenden zu, von niemandem beachtet, ein Eremit auf einem fremden Fest, ein Fremdling, aber schließlich wurden seine verzweifelten Gebete erhört – ein Junge mit einer Baseballkappe trat zu ihm, der Sohn der Wirtin, obwohl, warum eigentlich unbedingt der Sohn, einfach nur jemand mit einem genauso tief sitzenden Arsch. »Guten Abend, bitte schön«, sagte der Junge leicht genervt und ging wieder, nachdem Karl-Joseph sein »Prosche ... Horilka ... eine Butilka« aufgesagt hatte.

Karl-Joseph dachte, daß es eigentlich keinen Grund gab, ihn so feindselig zu behandeln. Aber dann erinnerte er sich an den Sprung in seinem Brillenglas – vielleicht lag es daran? Für alle Fälle setzte er die Brille ab, und sein Blick zerfloß im Flakkern und Lodern. Aber das war genauso gräßlich: in dieser flimmernden Grube zu sitzen, in diesem Massiv verbratener Gerüche, unter fremden Menschen, zu hören, wie sie ziemlich schräg »*Iwan hat eine andre, on naschol druguju*« mitgrölten – und nichts sehen zu können! Es vergingen lange Minuten, bis über ihm ein rot und grün umflackerter Kopf auftauchte, diesmal ein Mädchen, aber mit gutherziger Stimme (»haben Sie das bestellt?«); nachdem er die Brille wieder aufgesetzt hatte, zeigte sich, daß sie genauso gutherzige Augen hatte – und sie stellte ein Glas Schnaps vor Karl-Joseph auf den Tisch. »Nee«, sagte der, »kein Glas! Ich bitte sehr ... Butilka ... eine ...« Das Mädchen fragte etwas wie »zum Mitnehmen?«, aber Karl-Joseph verstand nicht (Hyänen? Warum Hyänen?), deutete also nur durch eine Geste an, sie solle das Glas stehenlassen, und bedankte sich. »Wollen Sie Schaschlik?« fragte sie mitfühlend, aber wieder dankte er nur. Das gutherzige Mädchen zuckte die Achseln und ließ ihn allein.

Er goß sich ein paar widerliche Schlucke in den Rachen und dachte, daß es noch Zeit hatte, das mit der verdammten Flasche, die er schuldig war. Er mußte sich nur an all das hier gewöhnen und seine Bestellung klar artikulieren. Übrigens entfalteten die ersten Schlucke auf der *alten Hefe* eine hervorragende Wirkung: Karl-Joseph spürte, wie er sich entspannte, wie die strengen Wachen von den wichtigsten Schaltzentralen abgezogen wurden, wie er sich lockerte und zusammen mit der Wärme auch den Lärm, das Getrampel und die Musik in sich einließ. Er entspannte sich so, daß er die Blicke nicht mehr spürte, die sich von einem weit entfernten Tisch auf ihn richteten (waren das nicht dieselben Typen, mit denen die Wirtin vorhin so lange hinter dem Tresen geschwatzt hatte?). Aber wie gesagt, er entspannte sich und nahm die Blicke nicht wahr.

Nach zehn Minuten beschloß er, noch mal zum Tresen zu gehen und noch ein Glas zu bestellen. Diesmal machte sich dort der Wirt zu schaffen, offensichtlich der Vater jenes Mädchens mit den gutherzigen Augen und der gutherzigen Stimme, denn genau wie sie fragte er, nachdem er den Schnaps eingeschenkt hatte, ob Karl-Joseph nicht Schaschlik haben wolle. Der schüttelte den Kopf (diese riesigen Stücke außen verkohlten und innen rohen Fleisches mit Zwiebeln würde er niemals runterkriegen), um aber den Wirt nicht zu beleidigen, preßte er etwas hervor, das wie »eine Pomerantsche bitte« klang. Der Wirt verstand seinen Wunsch nicht (»ha, und *sie* hat mir erzählt, daß *Apfelsine* bei ihnen Pomerantsche heißt!«) und gab ihm nach kurzem Zögern ein Snickers.

Als er mit dem Glas und dem albernen Snickers in der Hand zu seinem Platz zurückging, wunderte sich Karl-Joseph, wie harmonisch und geschickt er sich bewegte, wie es ihm gelang, den Takt aufzunehmen: Seine Anmut rief allgemeine Bewunderung hervor, es wurde ein echter *Tanz in den siebten Himmel*. Daran mußte er anknüpfen, also trank Karl-Joseph mit drei gierigen Schlucken das Glas halb leer, stand auf und schrie »*Achtung, Achtung!*«. Sie tanzten weiter »*mit dir in den siebten Himmel hinein*«, schauten aber alle zu ihm hin – die *Macker* und die *Bräute* und der gutäugige Wirt von der Bar und seine gutherzige Tochter aus der Küche und, klare Sache, jene zwei, die ganz normal aussahen – alle schauten zu ihm hin und sahen, wie er sich kopfüber zum Handstand nach vorne warf ...

Der Abgrund wankte und wollte ihn verschlingen, um ihn

herum polterten die Stühle, dann nichts mehr, Hände geleiteten ihn durch das rote und grüne Flackern, und als er wieder sehen konnte, waren da viele lodernde Köpfe, die Musik war verstummt, er saß an seinem Tisch, sie aber kauderwelschten über irgend etwas (»v dupel urykanyj« – was heißt das nur, »v dupel urykanyj«?), und die Wirtstochter setzte ihm die Brille auf die Nase. Karl-Joseph schüttelte sich vor Lachen, all diese Leute gefielen ihm und wie sie sich um ihn sorgten, also wollte er sie irgendwie aufmuntern, klatschte in die Hände und jagte sie mit dem Ruf »*Go dance!*« weg.

Sie gingen auch wirklich, und wie er es gewünscht hatte, stellten sie die Musik wieder an; allein geblieben lullte ihn eine angenehme Schläfrigkeit ein, aus der heraus er die immer neuen Tänze beobachtete und wie sie wacker tranken und sich küßten, tranken und sich küßten, tranken und sich küßten – und so noch lange, lange, irgendwann schleuderte er sein Snickers ins Gewühl, sie aber taten, als hätten sie es nicht bemerkt. Dann verkündete ein glatzköpfiger Rüpel mit Lederjacke den letzten Tanz für die *imenynnytsja* (*was heißt denn das nun wieder, dieses imenynnytsja?*), wonach das Herz-Schmerz-Lied »*Djen rashdenja prasnik djetstwa*« erklang. Sie drehten sich dazu unaussprechlich lange – Dutzende Male döste Karl-Joseph ein und fuhr wieder hoch, aber sie drehten sich immer noch, spulten die Kassette sogar zurück und sangen jetzt alle mit: *nikuda, nikuda, nikuda at njevo nje djetsja*, am besten gefiel ihm ihr »*nikuda*«, aber da wurde das Mädchen in der Mitte des Kreises hysterisch, sie warf ihr Glas auf den Boden, der Lederrüpel ohrfeigte sie heftig (»v dupel urykana, v dupel urykana«, kauderwelschten sie wieder, und Karl-Joseph verstand, daß es sich um eine Beschwörung handelte, die Unglück fernhalten sollte – »v dupel urykana – v dupel urykanyj*«.

---

* Ukr.: sturzbesoffen (Anm. d. Ü.)

Als er die Augen das nächste Mal öffnete, verließ die Gesellschaft gerade lärmend die Kneipe, man trank noch aus, tauschte letzte Küsse, die *imenynnytsja* aber mußte gestützt werden – Karl-Joseph konnte die Spuren von Erbrochenem auf ihrem weißen Blouson erkennen, als man sie zur Tür führte. Draußen schrien sie noch eine Weile herum, einer kam zurück und brachte dem Wirt mehr Geld, dann wurden lange die verschiedenen Jeeps und Niwas angelassen, und Karl-Joseph legte den Kopf müde auf die Tischplatte.

Nein, vorher trottete er noch am Tresen vorbei, unter den größtenteils abschätzigen und höhnischen Blicken der vier *Mitglieder der Wirtsfamilie* (es war allerdings auch ein mitfühlender, mitleidiger Blick darunter), schlurfte durch die Vorhalle (die *Vorhölle*) in einen Korridor, wo sich die Toilette befinden mußte. Er versuchte, die schwankenden Wände festzuhalten, die Decke mit der einzelnen funzeligen Birne senkte sich auf ihn herab, der Fußboden aber richtete sich auf, um ihn anzufallen; mit einem kräftigen Tritt öffnete Karl-Joseph die Tür, an der herausgerissen das Schloß baumelte, drinnen gab es, wie sich herausstellte, keine Kloschüssel, nur ein zementiertes Loch mit zwei *Fußspuren* rechts und links, ebenfalls aus Zement, Größe 43; aber das war nicht alles – Karl-Joseph sah einen nackten Hintern, zu den Knien heruntergelassene Trainingshosen, die rhythmischen Stöße der Lenden, einen nach vorn gebeugten weiblichen Körper, der die Stöße im selben Rhythmus erwiderte, Hände, die sich krampfartig an den Rippen des Heizkörpers festhielten. »Wer ist da?« stöhnte sie und drehte den Kopf in seine Richtung. »Warte, warte«, antwortete der männliche Körper mit ungeduldigem Keuchen, und während Karl-Joseph etwas unglaublich Dunkles aus sich heraus ins Zementloch goß (es gefiel ihm, sein so massives, so großes, so schwer gewordenes Glied in den Händen zu halten), hörten sie nicht auf, es zu treiben wie die Tiere. Aber kaum war Karl-Joseph fertig, spannte sich der männliche Hintern zum letzten Mal und erstarb. »So«, sagte der Besitzer des Hinterns, als er sich die Hosen hochzog. »Jetzt du«, nickte er Karl-Joseph zu, schlug ihm auf die Schulter und ging hinaus.

Das Mädchen erhob sich von den Knien, wandte sich Karl-Joseph zu und setzte sich auf den Heizkörper. Die Brüste hingen ihr aus dem aufgeknöpften Kleid. »Willst du?« fragte sie in völlig gleichgültigem Ton. Er kam ihr sehr nahe, zwar konnte er nicht wissen, daß es für ihn schon das letzte Geschenk dieser Art sein würde, aber auch so warf er sich gierig und verzweifelt mit Lippen und Händen auf sie, drang mit der Zunge in die schnapsige Leere ihres Mundes, als wäre es wirklich das letzte Mal. Das Mädchen umschlang ihn mit Armen und Beinen und drückte ihn an sich. Er aber sank zu Boden, denn plötzlich hatte er bemerkt, wie müde er und sein riesiges, von niemandem benötigtes Glied waren, vielleicht verstand sie, denn sie löste den Knoten – öffnete die Klammer ihrer Beine hinter seinem Rücken und streichelte ihm den armen Kopf, genau so, wie Roma es manchmal getan hatte, zu anderen Zeiten und unter anderen Umständen. Er legte den Kopf in ihren Schoß, und alles versank. Das Mädchen aber machte sich vorsichtig los und verschwand.

Eine Hand hatte ihn im Nacken gepackt und rüttelte ihn immer dreister. Ohne den Kopf zu heben, schüttelte Karl-Joseph sie ab (um Roma zu zeigen, daß ihre Zärtlichkeiten zu spät kamen), doch Roma ließ nicht locker, ihre Hand war groß und hart, schrecklich rauh und von schuppiger Haut bedeckt, die Finger waren dick und kurz; nachdem Karl-Joseph schlagartig mehr als die Hälfte der Strecke zwischen Schlaf und Wirklichkeit zurückgelegt hatte, begriff er, daß es gar nicht Roma war, denn ihre Hand konnte ja gar nicht so männlich grob und ungepflegt sein, wo waren denn all die Cremes, die er ihr geschenkt hatte, wo ihre wohltuende Wirkung?! Erst jetzt löste er vorsichtig sein Gesicht von der kalten, klebrigen Aluminiumoberfläche.

An seinem Tisch saßen zwei kahlgeschorene Typen – ja, genau die. Sie waren ungefähr in seinem Alter, so zwischen dreißig und vierzig, obwohl Karl-Joseph schon früher die Beobachtung gemacht hatte, daß man sich in diesem Lande leicht irren konnte, wenn man vom Äußeren der Menschen auf ihr Alter schloß. Mit dem Äußeren der beiden stand es nicht zum besten. Und – das irritierte ihn am meisten – wozu bloß diese Lederkappen auf ihren Köpfen?

Nachdem er seine jetzt schon zweimal gesprungene Brille aufgesetzt hatte, konnte Karl-Joseph alles ganz deutlich sehen (die Lederkappen, die verschwollenen Fratzen und überhaupt das *Äußere*). Daraufhin sagte der eine, der einen faulen Zahn im Mund hatte: »Tschujesch, semljak, po sto gram!« Karl-Joseph schwieg und schaute die beiden durch das von Sprüngen durchzogene Glas an. Sie gefielen ihm nicht.

Ihnen gefiel sein Schweigen anscheinend auch nicht, denn der zweite, der sich irgendwelchen Quatsch auf die Finger hatte tätowieren lassen, sagte schärfer als der erste: »Bist du bescheuert? Bestell mir und dem Afghanen hundert Gramm, kapiert?« Tatsächlich *kapierte* Karl-Joseph nichts. Das einzige, was er tun konnte, war, noch Schnaps zu bestellen. Er ließ seinen Blick durch den Raum schweifen, der zu dieser Stunde schon still und verlassen dalag. Hinter dem Tresen döste jemand – wahrscheinlich der Wirt.

»Ihr wollt trinken ... Schnaps?« fragte Karl-Joseph. Die Glatzen blickten sich an. Während sie die neue Information verdauten, rief Karl-Joseph in Richtung der Bar sein »Schnaps biite ... tri!« Nachdem sie noch einen Blick gewechselt hatten, entschloß sich der mit den tätowierten Fingern, der Sache auf den Grund zu gehen: »Sag mal, bist du 'n ausländischer Bisnessmän?«

Karl-Joseph verstand, daß er von irgendeinem Business

redete, offensichtlich verwechselte er ihn. Denn Karl-Joseph hatte noch nie im Leben Geschäfte gemacht, worauf er sogar stolz war. Deshalb schüttelte er nur verneinend den Kopf. »Und warum redste dann so verfuckt?« fragte der mit den tätowierten Fingern. »Mit Akzent«, erläuterte Fauler Zahn. Karl-Joseph glaubte langsam zu verstehen. »Ich Ausländer.« erklärte er, nachdem ihm erstaunlicherweise eingefallen war, wie es in ihrer Sprache hieß. »Ja je Avstrijez. I am Austrian.«

Der unwirsche Junge mit der Baseballkappe stellte drei Gläser Schnaps auf den Tisch. »Und Schaschlik!« forderte der mit den tätowierten Fingern. »Einmal für mich, einmal für den Afghanen.«

»Und wer bezahlt?« Der mit der Baseballkappe ließ sich nicht leicht neppen. »Pascher, ich eß kein Schaschlik, ich steh nicht auf Fleisch, das weißte doch!« sagte Fauler Zahn. »Er bezahlt«, zeigte Pascher mit dem tätowierten Finger auf Karl-Joseph. Und zu ihm gewandt: »Hab ich recht, Kumpel?«

Karl-Joseph nickte. Er wollte keinen Streit mit diesen Leuten. Man sah doch, daß es furchtbar arme Schweine waren, vielleicht sogar Obdachlose, und natürlich hungrig. Warum sollte er ihnen nicht etwas zu essen kaufen? Er versuchte sich an die Bezeichnungen aller möglicher hiesiger Speisen zu erinnern, um etwas für sie zu bestellen, aber es fiel ihm nichts ein außer »*Banusch ist eine typisch huzulische Speise*«. Der mit der Baseballkappe war aber sowieso schon weg, also nahmen sie einfach die Gläser in die Hand und stießen an, daß es klirrte. Der Afghane verzog die Lippen, preßte ein Lächeln hervor, Pascher aber schaffte nicht einmal das.

Karl-Joseph trank nur zwei, drei Schlucke ab. Seine neuen Bekannten leerten ihre Gläser auf ex und griffen nach einem zerknautschten Päckchen Zigaretten. »Watra!« erkannte Karl-Joseph. »Ich habe ... doma, adna patschka Watra!« Der Afghane verstand ihn nicht. »Willst du eine?« Er reichte ihm das Päckchen und verstreute dabei schmutzige Tabakkrümel auf dem ganzen Tisch. »Nee«, sagte Karl-Joseph, dachte aber gleich darauf »*why not?*« und verbesserte sich: »Dawaj, gib ein Stück.« Der Alkohol begann wieder zu wirken, die Welt wurde spürbar wärmer, und selbst Pascher brachte den Schatten eines Lächelns zustande, als er in Richtung Bar kommandierte: »Und was hocken wir hier so still? Musik zu Ende oder Musikant verreckt?!« Die böse Frau mit dem tiefsitzenden Arsch gähnte laut von der anderen Seite des Tresens und schlurfte mit den Worten »Daß dich der …« zum Kassettenrecorder, aus dem sofort wieder alle mögliche Scheiße plärrte.

Karl-Joseph inhalierte den klebrigen, übelschmeckenden Rauch der feuchten Zigarette, die nach der Hosentasche des Afghanen roch. Er stellte sich vor, wie die taubengrauen Rauchschwaden in seinen Körper eindrangen, den Brustkorb füllten, die Lungen und das Herz umschlossen und sofort eine Unzahl krankhafter Geschwülstchen verursachten, todbringende Keimbläschen. Die Vorstellung erheiterte ihn, aber er ließ sich nichts anmerken, denn jene zwei musterten ihn unablässig durch die Rauchschwaden hindurch. »Wie heißt du überhaupt?« fragte Pascher. Oder der Afghane – Karl-Joseph war sich da nicht sicher. »Tscharlie«, antwortete er in das Rauchmassiv hinein. »Charlie Chaplin oder was?« erkundigte sich Pascher, und der Afghane brach in Lachen aus, was jetzt auch Karl-Joseph die Gelegenheit bot, freundschaftlich mitzulachen, wobei er an die kleinen Krebsbläschen auf seinen Lungen dachte. »Lebend wolltest du mich nicht – da hast du mich tot«, wandte er sich in Gedanken voller Schadenfreude an Roma.

Inzwischen brachte das gutäugige Mädchen Pascher den Schaschlik. Es sah so aus, als ob sich die mit Ketchup übergossenen fettigen Fleischbrocken auf dem Teller noch bewegten. »Horilka … *nochmals bitte*« traf Karl-Joseph ins Schwarze. Es gefiel ihm, bei diesem Mädchen zu bestellen.

»Hör mal, Charlie«, mischte sich Pascher ein, »nimm doch gleich ne Flasche ... für uns drei ... Wir sind doch keine kleinen Jungs mehr: zweimal hundert Gramm, dreimal hundert Gramm!« Karl-Joseph verstand nur das Wort »Flasche«, das aber reichte völlig, er verbesserte sich also: »*Eine Flasche bitte* ...«, wobei er das Mädchen ein bißchen schuldbewußt von unten herauf ansah.

»Und was ist mit bezahlen?« platzte die Megäre hinter dem Tresen heraus – sie hatte sie also die ganze Zeit belauscht. »Hörst du«, sagte der Afghane versöhnlich, »gib ihr was, damit sie die Klappe hält.« Karl-Joseph erfaßte auch hier die Situation glänzend: Auf dem Tisch erschien sein Portemonnaie mit dem ins Leder geprägten komischen Wort »GSCHNA-A-ASS!!!« (war es nicht ein Geschenk von Eva-Maria zu Weihnachten 1990?), und zwischen vielen anderen Scheinen zog er einen hellgrünen Zwanziger ans Licht. »Mama, zwanzig Dollar!« rief das gutherzige Mädchen zum Tresen hinüber, worauf die Megäre »schenk ein« schnarrte. Karl-Joseph, der sich in Gedanken über seine eigene Vorsicht lustig machte, steckte das Portemonnaie wieder weg. Aber Pascher und der Afghane waren auch so durchaus zufrieden mit dem, was sie gesehen hatten.

Nach etwa einer halben Stunde (doch wer hätte jene Zeit gemessen?) verschwamm alles von neuem, fing an sich zu drehen und zu flimmern – Köpfe in Lederkappen, unrasierte Kinne, Adamsäpfel, Kiefer, der mit *gebrannter Nuß* verschmierte Tisch, immer wieder das Klirren der Gläser, halbzerkaute Schaschlikreste auf dem Teller, vermischt mit Aschehäufchen und vier schmierigen Kippen, auf einem anderen Teller drei übriggebliebene *Pelmeni* in gestocktem kaltem Fett, Brotrinden, Krümel, österreichische Münzen, Flaschen – leere und halbleere; die Schwaden bitteren Rauchs lösten sich nicht mehr auf, sie umgaben ihren Tisch als sich verdichtende, fast unbewegliche Masse, eine große Mauer, selbst von der debilen Musik kaum zu durchdringen – Karl-Joseph unterschied nur drei Akkorde, vielleicht deshalb, weil sich von beiden Seiten die kruden Geschichten seiner Gegenüber an ihn heranmachten, sich vermischten und entsetzlich miteinander zankten: Jeder der beiden bemühte sich, in einem interessanteren Licht zu erscheinen als der andere, diesem *Australier* in beide Ohren zu dringen – eins ist doch zuwenig –, und was daraus wurde, war eine völlig erratische Mixtur, ein echter *Brei*: »Ich fuck in Afghanistan fuck beschissener Kompanieführer Knast in Dnipropetrowsk ihm in den Mund dem anderen in den Arsch Genosse Kompanieführer warum auf die Minen Jungs ich die Knarre im Anschlag fuck der letzte Dreck Leninzimmer in den Arsch gefickt shit machen dich sowieso fertig Panzer brennt zappenduster ...« – Karl-Joseph wollte die Hand heben und sein *Achtung* schreien, damit sie für einen Moment still wären und ihm zuhörten, nur wußte er nicht, wovon seine Geschichte handeln sollte, kramte mühsam in seinem Gedächtnis nach den wichtigsten Begebenheiten seines Lebens, aber nichts fügte sich zusammen, so saß er nur da, mit herabhängenden Armen, den Kopf gesenkt, nicht in der Lage, diesen immer wirreren Strom zu stoppen – »alle antreten Fressen ins Klo Revolte im Knast fuck verdammte Mudshas alles brennt so ein Kandahar Kommando vom Oberst Gevaude hierher fuck nur zwei Beutel Tee reicht nicht hab selbst geschossen fuck Zielscheiben und er blanke Klinge spinnst ja echt rum gib her für zwei Beutel Tee kapiert Feuer fuck ich im Lazarett der Georgier fickt Verbrennungen dritten Grades aufs Klo Schwanz Päderast elender drei Zigaretten selbst die Vene aufgeschlitzt und finito« – es waren ganz gewöhnliche Männergeschichten, beide wollten damit zu diesem Fremdling durchdringen, ihm alles erzählen, die ganze Wahrheit, aber heraus kamen nur Bruchstücke, ständige Ausrufe, *Füllwörter* – ritsch-ratschhoppla-gefickt-tschiki-piki-scheißi-Knasti-Spasti-AKM-BTR-PKD-KPP-SKS-fuck«, beide verstummten fast gleichzeitig, der Afghane bekreuzigte sich, und Pascher griff sich mit den Händen an den Kopf.

Da kam wieder Gesinge aus dem Kassettenrecorder, irgendwelche Weiberstimmen wiederholten dauernd »*tschjo tje nada, tschjo tje nada*«. Karl-Joseph beschloß, daß das wohl ihr Name sei, sie drehte sich in ihrem bodenlangen russischen Sarafan, mitten in der Kneipe, schleuderte ihren feisten Zopf in alle Richtungen und schwang ihre unermeßlichen Hüften, so eine *Tschjotjenada*, ein großes Weib aus der fernen Steppe, Karl-Joseph winkte sie zu sich, aber sie tat, als bemerke sie es nicht, schloß nur in Ekstase die Augen, da bekam er es satt. *Tschjotjenada* verbeugte sich tief und verschwand unter dem stürmischen Beifall des ganzen Saals in den Kulissen.

»Ich kaufe ... eine Pljaschka ... Fljaschka für mich«, verkündete Karl-Joseph, »Nußschnaps, eins.« Endlich war es ihm gelungen, nichts durcheinanderzubringen in dieser hinterhältigen Wortverbindung. Aber aufzustehen gelang ihm nicht, und so zog er das Portemonnaie hervor und legte es auf den Tisch. »Kauf. Mir«, sagte er zu einem von ihnen. Der Afghane ging zum Tresen, verhandelte ärgerlich lange mit dem schläfrigen Wirt, leerte den Inhalt des Portemonnaies auf den Tresen (Dollar, D-Mark, Hrywna, alles durcheinander), wählte unter Präsidenten, Hetmanen, Kulturschaffenden, wägte Wechselkurse und Gewinnspannen, dann zählten sie zu zweit, wobei sie sich immer wieder verrechneten und leise stritten. Endlich kam der Afghane mit einer noch verschlossenen Flasche zurück, Pascher schnappte sie sich und verbarg sie in der Innentasche seiner Jacke. »Meine«, grinste Karl-Joseph listig. »Und wir?« fragte Pascher. »Euch gekauft. Schon«, erinnerte Karl-Joseph. Er wollte jetzt wirklich zurück zum Pensionat, dort diese Flasche zusammen mit ihrem Mann austrinken und ihm erzählen, wie sehr er sie liebte, und dann endlich in seinem Zimmer einschlafen, ganz fest, und erst nach Jahrzehnten wieder aufwachen.

»Und wir?« fragte Pascher wieder. Karl-Joseph hatte dieser Pascher von Anfang an nicht gefallen. Deshalb gab er jetzt sein Portemonnaie mit dem eingeprägten »GSCHNA-A-ASS!!!« nicht ihm, sondern dem Afghanen: »Für euch.« – »Der ganze Kies?« verstand der nicht gleich. »Ich euch geben«, erklärte Karl-Joseph nachdrücklich. Der Afghane sperrte den Mund auf und erstarrte, der Zauderer, aber Pascher war flinker: »Wenn jemand gibt – dann nimm. Was glotzt du so blöd?« Also nahm der Afghane das Portemonnaie. Karl-Joseph streckte die Hand in Paschers Richtung aus. Er brauchte die Flasche, um seine Wettschulden zu bezahlen. »Ich trag sie für dich«, beruhigte ihn Pascher. »Sie fällt dir sonst noch hin.« Karl-Joseph dachte, daß er recht hatte. Warum sollte er die beiden eigentlich nicht mit ins Pensionat nehmen? Zumindest hätte er dann Gesellschaft – für den Fall, daß dort schon alles schlief.

»Mußt du weit?« fragte Pascher. »Nach Dsyndsul.« Karl-Joseph zeigte mit dem Kopf nach oben, so heftig, daß ihm fast die Brille herunterrutschte. Beide stießen Pfiffe aus. »Mieser Ort«, sagte der Afghane. »Ein Meer aus Scheiße«, fügte Pascher hinzu. Karl-Joseph wunderte sich darüber, daß sogar er von dem Meer wußte, das hier vor Jahrmillionen gewesen war. »Ja, Meer«, bestätigte Karl-Joseph, nahm seine Kräfte zusammen und stand auf. Er mußte auf die Toilette, und sein getrübter Blick suchte *jenen* Korridor. Aber Pascher erriet seine Gedanken, und als auch er sich unsicher aufrichtete, zischte er durch die Zähne: »Kannst draußen pinkeln. Wir müssen los.« – »*Why not?*« fügte sich Karl-Joseph und schwankte in Richtung Ausgang. In der Tür drehte er sich zum Tresen um. Es schien ihm, als wäre der Wirt schrecklich angespannt. Warum lächelten sie nur so selten? Karl-Joseph winkte zum Abschied (der Wirt rührte sich nicht) – und trat hinaus in die Nacht.

Sie gingen einer hinter dem anderen auf dem Weg oberhalb des BACHES: Der Afghane vorne, einige Schritte hinter ihm Karl-Joseph, dann Pascher, der etwas pfiff, das wie das Lied der »Tschjotjenada« klang. Es zog ihn irgendwie zur Seite, häufig blieb er stehen, ließ die anderen vorgehen, schaute sich in der mondhellen Einöde um und überlegte, wie er diesem vermaledeiten *Australier* einheizen könnte, um die Flasche doch nicht herausgeben zu müssen.

Karl-Joseph faßte unterdessen den Entschluß, nicht bis Sonntag zu bleiben. Oben ankommen, Flasche austrinken, *Klamotten* packen – und auf Nimmerwiedersehen. In diesem Moment aber fiel ihm das Foto ein, ja, er hatte doch wohl das Recht, ihr kleines Foto zu behalten, ein banales Paßbild, denn er selbst hatte sie nie – kein einziges Mal – fotografiert, wer weiß warum. Gegen das Rauschen des BACHES und das Rauschen im Kopf ankämpfend, schrie Karl-Joseph in den Rücken des Afghanen: »Du! Gib her!« Der Afghane sah sich um, ohne zu verstehen. »Mein ...« Karl-Joseph runzelte die Stirn und suchte angestrengt nach dem Wort. »Ich ... dir ...!« Er trat mit ausgestreckter Hand auf den Afghanen zu. »Was willst du?« wehrte der ab. Karl-Joseph war das Wort endlich eingefallen: »Brieftasche!« Es war unmöglich, in diesem schrecklichen Lärm, mit schmerzender Brust und schmerzendem Kopf, einen langen und unerträglich komplizierten Satz zu formulieren: daß sich dort, in seinem Portemonnaie, ihr Foto befand (wessen – auch das mußte doch erklärt werden!?), daß er nur das Foto nehmen und alles andere zurückgeben würde, das Geld hatte er ihnen geschenkt, sollten sie es behalten, aber das Foto mußte er haben.

Seine Hand griff dem Afghanen in die Tasche, aber da kriegte er eins ins Gesicht. Die Brille war zertrümmert, ein stechender Schmerz an der Nasenwurzel betäubte alles, außer dem Gefühl schrecklicher Ungerechtigkeit und blöden, wilden Unverständnisses; er bewegte sich tastend vorwärts, bekam den Ärmel des Afghanen zu fassen, konnte sich aber nicht auf den Beinen halten; auch der Afghane wankte ein bißchen, machte sich dann aber los, wieder schien es Karl-Joseph, als wolle der Abgrund ihn verschlingen (»v dupel urykanyj«, flüsterte er, um das Unheil fernzuhalten, aber es war zu spät); jetzt war Pascher hinter ihm, seine, Paschers, Hand, bewehrt mit der dunklen Flasche, flog hoch und krachte wie ein Stein auf den törichten, schmerzenden Kopf des Fremdlings, und dieser plumpste in den weichen Grund am Ufer.

Kein Flackern mehr, keine klebrige nussige Flüssigkeit, vermischt mit Blut, keine Glasscherben, auch kein langgezogener Schrei. Statt dessen Willenlosigkeit: das Herunterrutschen des schwer gewordenen Körpers über Steine, knorrig-schlüpfriges Geäst, Nadeln, Tannenzapfen, kalkige Felsvorsprünge, dann nahmen die Wasser des BACHS den großen Donaufisch in sich auf, ihn und seine letzte heimliche Idee, nicht mehr zurückzukehren.

»Keiner von uns weiß wirklich, was das Leben ist. Noch bedauerlicher aber ist, daß wir über den Tod ebensowenig wissen«, lasen die Freunde in einem seiner Briefe.

12 Viele Jahre später wird sich Artur Pepa an diesen Tag als an einen der längsten seines Lebens erinnern. Natürlich nur, wenn er überlebt. Aber vorausgesetzt, er überlebt, dann wird er sich erinnern. Denn neben allem anderen kam er ihm tatsächlich unerträglich lang vor.

In seiner Erinnerung muß Raum sein für den warmen, fast schon heißen Wind, der einem fast den Kopf abriß. Für das allgegenwärtige, übermächtige Tauwetter, das laute Plätschern, Glucksen, Tropfen in tausend Arterien, die unter den Füßen im schmutzigen Schneebrei pulsierten. Und natürlich für den Raum, in den man ihn gebracht hatte – völlig verwahrlost, mit Rinnsalen von Tauwasser an den Wänden, abgebröckeltem grauem Verputz, Eimern und Einmachgläsern, die ab und zu hinausgetragen, dann leer zurückgebracht und wieder unter die Wasserfäden gestellt wurden, die aus der aufgedunsenen rissigen Decke rannen. In seiner Erinnerung wird Artur Pepa in der Mitte dieses Raumes auf einem Hocker sitzen und vor Herzrasen fast vergehen, hinzu kommt ein dumpfes Pochen unterhalb des Brustbeins – den Gegenschlag mit dem Maschinengewehrkolben hat er sich also nicht nur eingebildet. Außerdem sind da zwei von den Handschellen hervorgerufene Striemen an den Handgelenken; zuerst bläßlich, füllen sie sich langsam mit Blut und röten sich, hinterhältig im gemeinsamen Rhythmus mit dem dröhnenden Tauwetter pulsierend.

Daran, daß er in schreckliche Unannehmlichkeiten geraten war, hätte Artur Pepa ohnehin nicht zweifeln können. Es reichte, von einem, dann zwei, manchmal sogar drei *Ordnungshütern* in Zivil umkreist zu werden, sie tänzelten um seinen Hocker herum, näherten und entfernten sich, verschwanden und kehrten zurück, um weiter ihre Kreise zu ziehen. Mindestens einer aber blieb immer bei ihm, der, von dem sich später herausstellte, daß er der ERSTE war, im Moment jedoch unterschied Artur Pepa nichts dergleichen, sondern lauschte nur angestrengt auf das Schwingen seines inzwischen richtig diagnostizierten Herzflimmerns. Eigentlich wollte er nichts anderes als runter von diesem Hocker und sich auf den Boden setzen, das wäre nämlich im Falle einer Ohnmacht bedeutend ungefährlicher gewesen. Außerdem sehnte er sich danach, einfach ein bißchen auf dem Rücken zu liegen, auf diesem feuchten verregneten Fußboden zu liegen, an die Decke zu starren, mit dem Mund die schmutzigen

Wasserfäden aufzufangen, und nach ein, zwei Stunden wäre alles vorüber. Davon konnte er allerdings wirklich nur träumen; wo kämen wir denn da hin, wenn der Verhörte ruhig daläge und die Kriminalbeamten sanft die Köpfe über ihn neigten wie mildtätige Brüder über einen toten Helden!

Daß er verhört wurde, daran gab es keinen Zweifel, denn er mußte unzählige Fragen beantworten (»Name, Vorname, Vatersname?«, »Wohnsitz?«, »Arbeitsplatz?« – das war für ihn schon immer die verhaßteste aller Fragen gewesen, denn kann es etwas Blöderes geben, als sich vor fremden Leuten laut Dichter zu nennen? Was ist das überhaupt für eine *Arbeit*, und wo ist ihr *Platz*?). Er wählte also den üblichen Ausweg, eine unschuldige Flunkerei und geringfügige Verdrehung der Tatsachen, *wir gehören schließlich alle zur schreibenden Zunft*, also nannte er sich *Journalist*, was natürlich sofort zu intensiv bohrenden Nachfragen führte: »Und welches Presseorgan repräsentieren Sie?« Innerlich zermürbt von dem immer schnelleren, vernichtenden Pochen wehrte er matt ab, erwähnte Internet und Radio, betonte seinen Status als freier Korrespondent (»frei, heißt das informeller Mitarbeiter?«), na also, da hatten sie ja selbst das beste Wort gefunden – *informeller Mitarbeiter*, er nickte zustimmend auf dieses ihr *informeller Mitarbeiter*, gewann aber dadurch nicht einen Moment Ruhe. Genausowenig fand er Halt für seine Schultern – eine Rückenlehne, die Wand, den Erdboden, irgendwas – nein, Hocker haben keine Lehnen! So ist das auch mit Kriminalbeamten – sie gönnen dir nicht eine Minute, um Atem zu schöpfen, besonders dann nicht, wenn dir sowieso schon die Luft wegbleibt. Der Kopf, versteht Pepa, der Sauerstoff kommt nicht dahin, wo er hinsollte; und da wollen sie auch schon wissen, welche Themen und über was und wieviel diese Radiosender jetzt bezahlen und wer solche Programme finanziert und so weiter – anscheinend können sie alles sofort überprüfen, deshalb schlüpft immer wieder einer hinaus, sich gewandt durch das von der Decke rinnende Wasser schlängelnd – das aber passiert ganz am Rande von Arturs Blickfeld, im Vordergrund ist der, von dem sich später herausstellen wird, daß er der ERSTE ist, vielmehr sein unglaublich nahes Gesicht, voller mikroskopisch kleiner Schnitte vom Rasieren, »was ist der Zweck Ihres Aufenthaltes, was machen Sie hier?«

»Wirtshaus »Auf dem Mond«, antwortet jemand anderes aus Arturs Körper. »Ein Pensionat. Auf der Hochalm Dsyndsul. Ich wurde eingeladen und wohne dort. Schon seit ein paar Tagen. Eine Art Konferenz.« Aber sofort wird Artur klar, daß jener andere in seinem Körper, Blödmann, ihn damit in Schwierigkeiten gebracht hat, denn auf die Frage, »was für eine Konferenz, Thema, worüber, Charakter der Veranstaltung« weiß er nichts zu sagen; ja wirklich, wie hieß das? Was zum Teufel stand in der Einladung? Der Kopf des ERSTEN registriert seine Unfähigkeit (»Komische Konferenz! Wissen selbst nicht, womit Sie sich dort beschäftigen!«); natürlich beläßt er es nicht dabei: »Wer befindet sich sonst noch mit Ihnen auf der Hochalm Dsyndsul?« Artur zählt sie langsam auf, wobei ihm immer einer fehlt, zum vierten Mal fängt er von vorne an, Roma hebt er sich bis zum Schluß auf, aber sie – der ERSTE, der ZWEITE (der gerade hinter Arturs Rücken hervorspringt) stürzen sich unisono auf den Österreicher: »Wer ist dieser Fotograf? Wie lange kennen Sie sich?« und dann, ganz unvermittelt: »Warum ist Ihr Kopf verbunden?« Artur (oder dieser andere?) sagt etwas von einem Zweikampf mit Schwertern, und das klingt nun wirklich absolut albern. »Mit Schwertern?« hört Artur von der Tür her. »Sie hatten also die Absicht, ihn mit dem Schwert zu töten?« Aha, der DRITTE ist zurückgekommen, und zwar mit einem Papier in der Hand, »aber nein, das war doch Spaß, Dummheiten – Schwertfechten« – irgendwie preßt Artur diese unzulängliche Ausrede aus sich heraus, aber der ERSTE, nachdem er das soeben hereingebrachte Papier studiert hat, widerspricht: »So bekannte und bedeutende Leute, und solche Dummheiten? Sind zu einer Konferenz gekommen, und dann Schwerter und Fechten?« – »Das war eine Schnapsidee«, verdirbt der andere in Artur die Angelegenheit endgültig. »Sie trinken also viel?« greift der ERSTE das auf. »Haben Sie seinerzeit diesen Brief unterzeichnet?«

Wieso Brief, was denn für ein Brief, Artur versteht nicht und versucht, seine Gedanken von den unleugbaren Symptomen abzulenken – Beklemmung in der linken Brust, wahnsinniges Jagen des Herzmuskels, wachsende Unruhe (»hörst du, DU, nicht jetzt, nicht jetzt, bitte nicht jetzt!«), ach ja, der Brief, der offene Brief, betreffend jenen ermordeten Zeitungsreporter, es wird wohl kaum gelingen, ihnen hier und jetzt alles zu erklären, daß es sich um eine Form des *gewaltlosen Widerstands gegen gesellschaftliche Fehlentwicklungen* handelt, pfui, wie widerwärtig formuliert – so ein Quatsch auch, es ist einfach erschreckend, wie dieses NICHTS es sich erlaubt, mit uns zu spielen, und die Besten in die Nacht entführt, indem es sie längs der Bahngleise einfach hinkleckert, »ja, den habe ich unterschrieben« – klar, daß es jetzt nicht mehr um Leben, sondern um Tod geht, Hauptsache, sich beim Umkippen nicht in die Hose zu machen! Denn darauf warten sie ja nur – vielleicht reicht es für ihre Abrechnung, wenn man sich vor ihnen in die Hose macht?! Um dieses Ziel zu erreichen, schrecken sie vor nichts zurück, und so attackieren der ZWEITE und der DRITTE von entgegengesetzten Seiten und fallen sich auch weiterhin bellend gegenseitig ins Wort: »Und er, übrigens, und er, dieser Fotograf, und er, damit Sie es wissen, er hat Industrieobjekte, klar? Und militärische Anlagen auch, klar? Spionage, klar? Geheimdienstmaterial, so heißt das!«

Der ERSTE starrte ihm direkt in die Augen (wieder ganz nah, womit zum Teufel rasiert er sich bloß?): »Ist Ihnen schlecht? Warum sind Sie so blaß? Delirium? Wo waren Sie in der vorvergangenen Nacht? Warum haben Sie bei Ihrer Festnahme Widerstand geleistet?« Ach, was soll ich bloß auf all das antworten, Sie haben so viele Fragen, und ich bin nur einer, wenn wir ein paar Hundert wären, alle, die offene Briefe unterschreiben! »Ich muß mich hinlegen.« Artur (oder der andere an seiner Statt?) konnte die Zunge kaum noch bewegen. »Geben Sie mir eine Viertelstunde, normalerweise geht es vorbei, gleich ist mir besser, und ich beantworte alle Ihre Fragen, aber nicht so, nicht sofort. Ich muß an die frische Luft.« Er wußte schon nicht mehr, ob er auch nur die Hälfte von alldem laut ausgesprochen hatte – der Lärm in seinem Inneren hinderte ihn daran, die eigenen Worte zu hören. Aber auf keinen Fall durfte er das mit dem In-die-Hose-Machen erwähnen – sie nutzen das aus und lassen einen wirklich nirgendwo mehr hin.

»Können Sie selbst gehen?« fragte einer von der Seite und aus großer Entfernung. »Ja.« Artur befeuchtete die Lippen mit der Zunge und erhob sich vom Hocker. »Sollen wir Sie vielleicht stützen?« Eine andere Stimme, auch von der Seite, aber näher. »Ich gehe allein«, winkte er ab und stellte sich vor, wie er sich draußen rücklings in den morastigen Schnee legt, irgendwo dort, mitten im Hof, den Hinterkopf in der schmutzigen, schmelzenden Masse, in all die Frühlingsströme, neben den Zaun in *Tarnfarbe* und den leeren *Wachturm*, der laut knarrt und auf seinen Zehenspitzen im erstickend steifen Wind schwankt – auf diesem ausgestorbenen Gelände der ehemaligen städtischen Hauptwache, wohin man ihn vor einigen Stunden verschleppt hat. (In Wirklichkeit war noch nicht einmal eine Stunde vergangen, aber wir erinnern uns, daß dies für ihn ein sehr langer Tag war.) Ja, sich in den Schnee legen und einschlafen, solange der Schnee noch nicht restlos weggetaut ist.

Er schleppte sich den ebenfalls abgeblätterten und feuchten Korridor entlang, an den Wänden Rinnsale und Wasserflecken, derselbe pilzige Gestank; sie hatten ihn in die Mitte ihres Dreiecks genommen, die Hoffnung auf einen *Schritt zur Seite* mußte er also begraben, sie würden es nicht zulassen, daß er entwischte, weder nach rechts noch nach links. Obwohl es dort Türen gab, aus Metall, mit vergitterten Fensterchen, drei oder sogar vier auf jeder Seite – Zeugnis ewiger Vererbung. In diesen Zellen haben sie mehr als einem der Unsrigen die Eier zerquetscht, denn es ist ja nicht nur einfach eine Hauptwache, was denn auch für eine Hauptwache, woher hätte die einfach so kommen sollen in den späteren Raketenzeiten – nein, hier riecht es nach den Vierzigern, hier hat man mit Genickschuß gemordet, und das konnte als Ausdruck höchster Gnade gelten nach dem, was vorausgegangen war: Stacheldraht, glühende Nägel und blutgefüllte Schuhe. Der kleine Lehrgang der Geschichte der *sich treu gebliebenen* Amtsstuben der Karpatengegend – auch ein nicht zu Ende gelebter Roman.

Artur Pepa drängte, so gut er konnte, in Richtung einer anderen Tür, nach draußen, hinter der man Hof und Wind erahnen konnte, aber dort hatte sich der Bulle mit der Kalaschnikow aufgepflanzt oder ein anderer, aber auch mit Kalaschnikow, er stand auf der Schwelle und rauchte, kaum aber erblickte er im Korridor die gesamte zivile Führung zusammen mit dem *Verdächtigen*, warf er die Kippe in den Wind, knallte die Tür zu und rasselte geschäftig mit den Schlüsseln (»nach links, nach links«, drang einer der hinter ihm Gehenden zu Arturs Ohr vor, zog ihn von der Tür weg und lenkte ihn in einen weiteren Korridor). Der diensthabende Bulle ging voraus, stocherte lange und ungeschickt mit dem Schlüssel im Schlüsselloch herum, schließlich gab das Schloß nach, und sie stießen Artur in einen vergleichsweise trockenen Raum, wo auf zwei zusammengeschobenen schwerfälligen Schreibtischen der bis zum Gürtel mit altem Sackleinen zugedeckte Körper Karl-Joseph Zumbrunnens lag.

»Wissen Sie, wer das ist?« donnerte ihn der ERSTE an. «War's Wilkinson, war's Newa, war's Sputnik oder Shick«, hätte Artur gern jambisch all diese Schnittwunden gefragt, unter anderen Umständen allerdings, jetzt aber trat er nur zwei oder drei Schritte zurück, an die Wand, wo Stöße vergilbter Zeitungen lagen. Er mußte sich leicht vorbeugen, um nicht zu fallen. So stand er dann, mit einer Hand die Wand abstützend. »Wissen Sie, wer das ist?!« griffen ihn noch zwei Stimmen aus der Luft an. »Hören Sie unsere Frage? Warum sagen Sie nichts? Warum werden Sie blaß? Wissen Sie, wer das ist?!«

Pepa wußte nur, daß man über Tote vor allem zwei Dinge sagt – entweder *eine ganz andere Person* oder *ganz wie im Leben*. Jetzt aber hätte er weder das eine noch das andere sagen können, und das nicht nur, weil die Brille fehlte auf dem langgezogenen, so unheimlich langgezogenen Gesicht.

»Das ist er«, sagte Artur Pepa. Seine Hand glitt von der Wand ab, sie jedoch – der ZWEITE und der DRITTE – faßten ihn an den Ellenbogen und drehten ihn mit dem Gesicht zur Leiche Zumbrunnens.

»Er – wer?« ließ der ERSTE nicht locker. »Kennen Sie diesen Menschen? Können Sie *klar und deutlich* seinen Namen sagen?«

»Zumbrunnen«, hörte Artur seine ferne Stimme. »Wieso ist er tot?«

»Wieso ist er tot?« echoten alle drei fast gleichzeitig, und jeder betonte ein anderes Wort: *wieso, er, tot*. Und dann, aus dem tiefsten Hinterhalt, der ZWEITE und der DRITTE in Arturs Ohr: »Und Sie wissen nicht, warum?«

Die Sauerstoffvorräte in Lungen und Gehirn schmolzen immer schneller dahin, ein elendes Gefühl überkam ihn, betäubte seinen Kopf und vernebelte den synkopisierten Wortschwall des ERSTEN, aus dem Pepa nur einzelne Signale herausfiltern konnte: *anonymer Anruf – Körper am Ufer – nach vorläufigen Angaben – ausländischer Staatsangehöriger – zahlreiche körperliche – Todeszeit ungefähr – Silberanhänger mit Namen und Adresse – Einwohner der Stadt Wien – Wien, Hauptstadt Österreichs – als Folge eines Schlags mit einem schweren stumpfen Gegenstand – nicht ausgeschlossen, daß – sieben bis zwölf Stunden im Wasser – eindeutig Mord –* dazwischen mußte es wohl etwas geben, das diesen Worten Sinn und Ordnung gab.

Aber erst als der ERSTE ihm seinen Finger in die Brust stach und den Tonfall unvermutet änderte (*wir verdächtigen Sie, Sie verdächtigen wir, verdächtigen tun wir Sie!*), kapierte Artur Pepa, daß ebendieser hier der ERSTE war, daß es also keinen Sinn hatte, den verwirrten Kopf hin und her zu wenden, um ihr *gestehen Sie* abzuwehren, daß er vielmehr unbedingt bis zu diesem ERSTEN durchdringen mußte, schließlich hatte er ein – wie heißt das bloß?! – *Alibi, Alibi, ich hab ein Alibi, ich verstehe auch ein bißchen was von Kriminalromanen, ich habe in der Nacht geschlafen, meine Frau lag neben mir, im selben Bett, aber wo ist sie jetzt, mir ist schlecht, öffnen Sie das Fenster, sie kann alles bestätigen, wo haben Sie sie hingeschafft.*

»Alibi?« Der ERSTE schien sich über dieses Wort zu freuen. »Natürlich, Alibi! So heißt es! Aber warum nur sind Sie ihnen hinterhergelaufen? Sie sind ihnen doch hinterhergelaufen in jener Nacht? Ist das Ihr Alibi?«

Wenn nur dieses Pochen nicht wäre, dachte Pepa. Dieses Tauwetter, diese Klimakatastrophe, diese dreihundertdreißig Pulsschläge in der Minute. Er trat zwei Schritte zurück – bis zu den vergilbten Zeitungen – und lehnte sich mit den Schultern an die Wand. Das erleichterte ihn für einen Moment: »Gut, wenn ich es gewesen sein soll – dann mit welchem Motiv?« *Motiv, Motiv!* Genau das richtige Wort, sollten sie doch sagen, welches Motiv, die Versager!

Aber darauf hatte der ERSTE nur gewartet, denn er begann

sofort an den Fingern aufzuzählen: *Alkoholeinfluß, Streit, Rivalität, der natürliche Wunsch, einen Ausländer zu übertrumpfen, Eifersucht, reicht Ihnen das nicht?* Denn für sie war es mehr als genug!

»Eifersucht!« Pepa versuchte ein Lachen, das aber mißlang. »Was für Eifersucht denn? Auf welcher Grundlage (ja, natürlich – *Grundlage*, genau das richtige Wort, *Grundlage*!)?«

Ohne den melancholischen Blick von der grau gewordenen Leiche auf den zusammengeschobenen Tischen abzuwenden, antwortete der ERSTE: »Na, zumindest den, daß Ihre Frau über Jahre hinweg mit diesem armen Kerl geschlafen hat. Geschlafen, verstehen Sie? Sie hatten ein Verhältnis. Und alle haben es gewußt. Sie etwa nicht? Erzählen Sie doch nicht, Sie hätten es nicht gewußt!«

»Erzählen Sie doch nichts!« Der ZWEITE und der DRITTE erschienen unvermittelt in Pepas Gesichtsfeld, vielmehr ihre Münder und Unterkiefer – *Dutzende, ja Hunderte von Leuten haben es gewußt, die ganze Welt hat es gewußt, es wurde doch über nichts anderes geredet!*

Die Zeitungen rutschten ihm unter den Füßen weg. So vorsichtig wie möglich – um nicht den anderen da drin in Wut zu versetzen – wollte er sich auf den Rücken legen. Aber da war die Wand.

»Sie können nicht reden? Soll man Ihnen ein Glas Wasser bringen? Haben Sie Angst vor Leichen? Vor dem Tod? Vielleicht sind Sie es, der ihn verursacht hat? Warum schweigen Sie? Was haben Sie in der vorvergangenen Nacht getan? Die Augen! Warum verdrehen Sie die Augen? Gestehen Sie – das wird Sie erleichtern!« Sie überboten sich darin, mit ihren Fragen hervorzuspringen, nein, diese Fragen sprangen aus ihnen hervor, dieses *nun sing schon*, aber nicht nur *sing*, sondern auch *gesteh, beichte, Hosen runter, raus damit,* sie bellten um die Wette, und alle zusammen wiederholten immer wieder *sing, sing,* und auch *mach auf Totschlag* – dann wurde Roma

Woronytsch hereingeführt, ihr Erscheinen war auf die Minute berechnet, man hatte sie im Korridor lange genug warten lassen, um die Sache zu Ende zu bringen, jetzt war sie also da, blieb aber irgendwo hängen, fast in der Luft, die eine Hand streckte sie nach seinem verbundenen Kopf aus, die andere nach Zumbrunnens Augenlidern, *Augenzeugen vernehmen*, so sollte das wohl heißen, in Wirklichkeit aber war es nur ein stummer Aufschrei, ein unterdrückter Schluchzer.

Im Fallen gelang es Artur, sich an JEMANDEN zu wenden: »Hörst du, DU, ich hab doch gebetet – nicht jetzt, nicht jetzt!«, und während er durch ihr unaufhörliches *gestehen Sie,* an Romas ausgestreckter Hand vorbei schwer und gekrümmt in völlige Einsamkeit und Isolation abglitt, gelang es ihm noch, den Mittelfinger vor ihren Nasen emporzurecken, als ob er auf etwas hinweisen wollte. Zum zweiten Mal an diesem Tag schlug er lang hin, diesmal auf die Zeitungsstapel, auf ihre staubige, brüchige Vergilbtheit, auf all diese Porträts, Leitartikel, Grußadressen und Briefe der Werktätigen.

Diesmal aber hatte die Schwärze, die ihn verschluckte, eine gewisse Plastizität. Es trug ihn durch einen Tunnel – irgendwohin weit weg von der tauenden Hülle der Erde, weg vom allgegenwärtigen Dröhnen des Schmelzwassers, vom unerträglich berauschenden Gebirgsfrühling; es war, als sause er durch weite Filzärmel, die Zusammenstöße seines Körpers mit den weichen Wänden schmerzten überhaupt nicht, schließlich aber wurde er von einem unbekannten pneumatischen System hinauskatapultiert wie aus einer Luftkanone; er flog also – und landete in einem anderen, seltsam beleuchteten Korridor, wo sich eine Unzahl von Bittstellern vor geschlossenen Bürotüren drängelten. Sie schienen unaufhörlich über etwas zu verhandeln, aber Pepa konnte kein Wort verstehen, nur, daß sie alle bestrebt waren, zu *Ilko Ilkowytsch* vorgelassen zu werden. Dann hörte er, wie die Megaphonstimme des Dispatchers seinen Namen sagte; es war, als werde er aufgerufen.

Die anderen traten verärgert auseinander und bildeten eine schmale Gasse – starke Luftströme trafen ihn in Rücken und Gesäß, stolpernd überwand er die Schwelle zur *Schaltzentrale*, wo ihn aus der Tiefe, *vom Pult her*, umgeben von Dutzenden laufenden *Monitoren*, ein gelblich-wechselhaftes Flimmern anblickte, umschlossen von den schwer faßbaren, unbeständigen Konturen einer menschlichen Gestalt. Artur Pepa rieb sich heftig die Augen, um in diesem Strahlen zumindest irgend etwas zu erkennen, aber davon wurde es nur schlimmer.

– Ich grüße Sie, – sagte die gelbe Gestalt, hinter der plötzlich das Nomenklatura-Söhnchen, der Komsomolführer auftauchte, gesellschaftlich aktiv und *forever young*, mit gescheiteltem Haar und schief gebundener Krawatte. – Leider habe ich nun doch keine Zeit gefunden, Sie einmal persönlich auf Dsyndsul aufzusuchen. Viel zu tun vor den Feiertagen, wissen Sie. Und man muß ja immer überall gleichzeitig sein.

Er nickte zu den Monitoren hinüber, auf jedem passierte etwas – Dutzende, nein Hunderte von Filmen, Szenen, Clips und Sequenzen, blitzartige Änderung der Kameraeinstellung, zitternde Konturen und Blenden, kreisende Grimassen und Bewegungen.

– Sind Sie Warzabytsch? – äußerte Pepa seine Vermutung.

– Unter anderem ja. Ich habe zu viele Namen, als daß ich die ganze Liste runterbeten könnte. Und wozu auch? Ich hoffe, es geht Ihnen ein bißchen besser? Wie steht's denn mit der Atmung?

Artur Pepa fühlte wirklich eine unbeschreibliche Leichtigkeit, seine ganze Tachykardie hatte er hinter sich gelassen, in der Körperhülle auf den vergilbten Zeitungsstapeln.

– Ich möchte meiner Bewunderung für Ihre Frau, die Bürgerin Woronytsch, Ausdruck verleihen, – fuhr der Hausherr

fort. – Sie hat darum gebeten, daß ich mich für Sie einsetze – und ich kann es ihr nicht abschlagen.
– Wovon sprechen Sie? – Pepa forderte Aufklärung.
– Von der mobilen Telekommunikation. – Der flimmernde Hausherr nickte wieder zu den Monitoren hinüber, aus denen im selben Moment wie auf Bestellung clownisch-dämonische Stimmen brüllten: »Frei kommunizieren – mobil leben!« Und dann von allen Monitoren gleichzeitig, wobei eine die andere verspottete: »Blei kommunizieren – debil leben! Zwei kommunizieren – fragil leben! High kommunizieren – agil leben!«, wonach das ganze Monitoren-Gezücht in grölendes Gelächter ausbrach und so lange grölte, bis der Hausherr mit seinem prallgelben Strahl Ruhe gebot.
– Zum Glück trug sie so ein Spielzeug bei sich. Nicht ihr eigenes, sondern das des armen Karl-Joseph. Vielleicht hatte sie gehofft, daß er seine Nummer anrufen würde? Obwohl es hier in unseren Bergen ganz unmöglich ist, irgendwohin durchzukommen, das muß ich zugeben. Aber aus dem Jenseits – warum nicht? Wie dem auch sei, gut, daß sie daran gedacht hatte, dieses Ding mitzunehmen, und noch besser, daß sie aus dem Speicher meine Telefonnummer abrufen konnte, ich meine, die von Warzabytsch Ilko Ilkowytsch.
– Das ist doch alles eine schreckliche Ungeheuerlichkeit, – schnaufte Pepa.
– Das würde ich nicht sagen, – widersprach der Hausherr leicht verstimmt. – Als diese sogenannten *Ordnungshüter* sie zur *Identifizierung* wegbrachten, um sie so bald wie möglich, wie es heißt, *zum Singen zu bringen* in der Angelegenheit der ungelegenen österreichischen Leiche, wußte Ihre Gattin noch nichts von dem Mord, genausowenig wie Sie. Aber sie mußte Sie retten – man hatte Sie mit dem Maschinengewehr vor die Brust geschlagen wie den letzten Banditen, Sie waren in den Schnee gefallen – das war's, was sie gesehen hatte, bevor man sie auf die sogenannte *Datscha* brachte, ein ehemaliges Irren-

haus für Frauen, und sie in eine kalte Zelle sperrte. Dort fand sie die Muße, sich zur rechten Zeit an mich zu erinnern, eine gute Stunde lang zerbrach sie sich den Kopf, dann dämmerte es ihr, daß Karl-Joseph meine Nummer im Mobilnyk gespeichert haben mußte, und das hatte er tatsächlich – nur nicht unter W oder V, sondern unter B – als ob ich irgend so ein Barzabitsch wäre ... Er war wirklich ein äußerst zerstreuter Mensch, dieser Zumbrunnen, Karl-Joseph! Gut, daß er ihr wenigstens irgendwann mal seinen PIN-Code aufgeschrieben hatte – Sie verstehen, die Beziehung war sehr intim ...

Das Komsomolzen-Nomenklatura-Söhnchen verwandelte sich unmerklich in eine vom eigenen Gesprächsfluß und den eigenen Gedanken sehr eingenommene altmodische Klatschbase.

– Sie hat Sie angerufen – und weiter? – nahm Pepa den roten Faden wieder auf und versuchte, hinter der Klatschbase wieder den vertrauteren Komsomolzen hervorzuziehen.

– Und sagte folgendes ...

Man hörte das Tuten im Telefon, und *es* sprach mit Romas Telefonstimme:

»Herr Warzabytsch, ich kenne Sie nicht, und Sie kennen mich nicht, aber man hat mich und meinen Mann festgenommen, und wir sind doch Ihre Gäste, Sie werden doch irgend etwas für uns tun können, vielleicht hört man auf Sie, alle reden nur von Ihnen und Ihrer Allmacht, man schlägt ihn, man wird ihn totschlagen ...«

– So redete sie mit ihrer zitternden Frauenstimme, – fuhr er fort und schaltete die telefonische Roma ab, – und am meisten von meiner Allmacht, bis ich sagte: »Gut, ich werde *sehen, was sich machen läßt.*«

Dieser Ausdruck konnte schon nicht mehr zur Klatschbase gehören – das war wieder der Funktionär mit dem Mittelscheitel.

– Dann hat sie ins Telefon geweint – und das nicht zu früh

und nicht zu spät, – fuhr er fort, – denn gerade kam eine Majorin aus der Kreisstadt, um sie zu durchsuchen, da haben sie dann das Mobilnyk konfisziert, nur konnten sie die Sperre nicht aufheben – viel zu niedriges professionelles Niveau, Fachleute gehen in die Privatwirtschaft, und manche kratzen sogar die Kurve ins Ausland, und warum sollten sie sich auch für zwanzig Dollar den Arsch aufreißen (Pepa beobachtete, wie Warzabytsch sich für einen Moment in ein kleinstädtisches Computergenie verwandelte, mit dem Anspruch an sich selbst, der brutalste Knacker aller denkbaren Codes zu sein), so glotzen sie also das Mobilnyk an, wie Tschuktschen. Und Ihnen drehen sie schon den Strick, stellen Sie sich nur vor – glauben, den Mörder überführt zu haben, diese belämmerten Pinkertons! Parodistische Parodie! Was sind Sie denn schon für ein Mörder?

– Also ich, – begann Pepa, vor dessen innerem Auge sich plötzlich andere Untiefen ihrer Geschichte auftaten. – Wer ohne Schuld ist, der ... Aber wer war es wirklich, wer hat es getan?

Im äußersten linken Monitor in der sechsten Reihe von oben blinzelte ein großes, von roten Äderchen durchzogenes trübes Auge. Dann zoomte die *Kamera* zurück, und es zeigte sich, daß das Auge zu einer unmäßig zerknitterten, borstigen Fratze gehörte. Tatsächlich gab es zwei solcher Fratzen – beide verschreckt und voller Rotz, wie platte Fische eilten sie über den Bildschirm, so als versuchten sie, irgendwohin zu entkommen.

– Sie haben schon gesungen, – kam der Kommentar Warzabytschs, diesmal Bullterrier und Fressenpolierer. – Zwei Ganoven aus der Gegend, einfach so, Nullen – Schmutz unter den Nägeln, Abschaum. Hatten es auf sein Geld abgesehen – es schien ihnen unendlich viel, na, es zog sie zu den *Girls* – Fete machen ohne Ende. So ein Arsch – du kennst ihn – hat ihnen Lili und Marlen in Tschortopil rausgerückt, also Adresse, Telefonnummer. Mit denen haben sie rumgemacht, zur Sache Schätzchen, dann hat eines der *Girls* bei dem Afghanen ganz zufällig die Brieftasche dieses Karlchens aufgestöbert und sich erinnert, daß es Karlchens Brieftasche war – so ein schickes ausländisches Ding mit allem möglichen Schnickschnack, also sie dachte, die hätten sie einfach geklaut oder auf der Straße gefunden, du raffst es nicht! Dann gab's Streit, die waren total besoffen, fingen an, die *Girls* blöd anzumachen, huschi-muschi, Marlenchen haben sie ganz schön hart angefaßt, auf, drücken wir ihr die Luft ab, der werden wir's zeigen, aber Lili ist abgehauen, hat die Kumpels von meiner Truppe angerufen – hin und her, die Ganoven werden frech, schmeißen mit ausländischer Knete rum, da taucht meine Truppe auf, hat sie zusammengeschlagen, huschi-muschi, und alles aus ihnen rausgepreßt – aaah, den Ausländer haben sie kaltgemacht, da soll doch... Weißte, meine Jungs wollen mit so was nix zu tun haben, übergeben die Kanaillen also an die Bullen – sollen die sie sich doch auf ihre Art vornehmen. Und jetzt nimmt man sie sich vor, das geht doch echt zu weit – haben die mir einfach einen meiner Gäste kaltgemacht...

– Kaltgemacht im wahrsten Sinne des Wortes, – mischte sich für einen Moment das kränkliche Wunderkind ein, das aus dem gelben Flimmern vor den verstummten Bullterrier gesprungen war. Der Körper fiel in den Bach – und wurde sehr kalt. Semantik und Pragmatik stimmen überein: sie schlugen ihn auf den Kopf und machten ihn kalt. In Wirklichkeit aber sind sie nur Werkzeug.

Auf dem Bildschirm ganz links in der sechsten Reihe von oben tauchten Fingerabdrücke auf, die verzerrten Physiognomien der Verhörten und der Verhörenden, zitternde Hände, Stöhnen, Wutausbrüche, Zähneknirschen.

– In Wirklichkeit aber sind sie nur Werkzeug, – wiederholte jene erste Stimme, Warzabysch-1.

Und alle anderen (die Klatschbase, der Nomenklatura-

Sohn und Bankiers-Komsomolze, der Bullterrier, der virtuose Hacker) zustimmend aus dem gelben Flimmern:

– In Wirklichkeit nur Werkzeug.

Artur Pepa schwieg eine Weile, während er auf die blinkenden Monitore schaute. Er spürte, daß er das Zentrum des Mysteriums erreicht hatte, gleich, gleich würde der Anfall kommen.

– Warum wollten Sie seinen Tod? – fragte er, für sich selbst unerwartet.

– Und warum gibt es den Tod überhaupt? – antwortete ihm der irre Erfinder aus seinem Rollstuhl.

– Für die ewige Erneuerung, – lachte der Giftzwerg, Bart bis zu den Knien, böse auf.

– Um Antonytsch zu huldigen, – erinnerte der Wunderkind-Musterschüler. – Für seine ewige Wiederkehr.

– Und außerdem, damit Ihre Tochter, Entschuldigung: Stieftochter, endlich vom Joch der Jungfräulichkeit befreit würde, – drängte sich die Klatschbase wieder vor.

– Und damit Ihre Gattin, die Bürgerin Woronytsch, – der Komsomolze und Nomenklatura-Sohn schob die anderen mit den Ellenbogen beiseite – schließlich Sie und nicht, sagen wir, Orpheus wählt ...

– Wen, hast du gesagt? – fragte Pepa. Er spürte, wie ihm der Mund trocken wurde.

– Na, Orpheus doch, – schrien alle im Chor, der Komsomolze, der Bullterrier, der Musterschüler, der irre Erfinder, der Giftzwerg, die Klatschbase, der virtuose Hacker, die Schlampe, die Hure, die hakennasige Hexe, die Wölfin, die Krähe, die Schlange auf dem Baum, sogar der Traum, denn sie alle waren Warzabytsch, diese prallgelbe Substanz hinter dem Schaltpult.

– Das haben Sie nicht erkannt? – fragte es von dort.

– War es also ein Ritualmord? – griff Pepa nach einem Strahl der Klarheit.

– Alle Morde sind rituell, – sagte es. – Aber Sie haben recht, es war ein Akt meiner freien Schöpfung.

– Sind Sie der Teufel? – fragte Pepa entschlossen, obwohl er nicht sicher war, ob man ihn hören konnte, so sehr war alles in ihm ausgetrocknet.

– Ich bin der Autor, – sagte es triumphierend und höhnisch. – Oder zumindest der Inhaber der Rechte. Und genau jetzt kommt der Moment, wo ich mich selbst ins Geschehen einschalte. Das heißt, ich werde gleich zum Deus ex machina. Können Sie sich nicht an Zumbrunnens Telefonnummer erinnern?

Pepa erinnerte sich an nichts, schaute aber gebannt auf den Bildschirm ganz rechts in der dreizehnten Reihe – da war jener Raum, die umherhastenden *Ordnungshüter*, der bis zum Gürtel zugedeckte Körper auf den zusammengeschobenen Bürotischen, Roma und noch ein Körper, sein eigener, bewußtlos.

– Okay, ich weiß die Nummer auch ohne Sie, – wandte es sich lachend von den Bildschirmen ab und wählte eine sehr lange Zahlenreihe.

Auf dem Bildschirm klingelte es. Der ERSTE nahm das konfiszierte Telefon vom Tisch – sein »aljo« klang vorsichtig und ein bißchen erstaunt.

– Major Lausjuk? – erklang es vom Pult her. – Hier Warzabytsch Ilko Ilkowytsch. Sie wissen, wer ich bin?

Dem ERSTEN stockte für einen Moment der Atem, aber er raffte sich zu einem disziplinierten »*Jawohl, hier Kakerljuk*« auf, wonach er in sich zusammensackte, überwältigt von der jenseitigen Tirade des EIGENTÜMERS:

– Kakerljuk, alles klar? Wie ist die Stimmung vor den Feiertagen? Okay? Probleme? Na, wer hat die heutzutage nicht. Lausjuk, warum ich anrufe. Deine Falken haben es dummerweise übertrieben, haben mir einfach so zwei meiner Gäste weggeschnappt, Mann und Frau – sie hätten da jemanden abgemurkst, irgendeinen Australier oder was. Also, Ekeljuk, meine Jungs von der Brigade sind ganz zufällig auf die Richtigen gestoßen. Nee, auf die, die ihn wirklich abgemurkst haben. Nee, sie haben sie schon an deine Jungs abgegeben. Die nehmen sie sich schon vor, Profanjuk. Du kannst also – laß meine Gäste frei, hm? Kapiert, Major?

Dem gelang es, sich noch kleiner zu machen, um dann dreimal *keine Frage, Ilkowytsch* zu wiederholen.

– Na also, – sagte der Deus ex machina zufrieden. – Laß meine Gäste frei, ich schick 'ne Karre rüber, okay? Und ab nach Hause, es ist doch Samstag, Zeit, das Osterkörbchen zu weihen, die Eier, zur Sache Schätzchen und so weiter. Und du machst hier noch rum, Torturjuk, los, entspann dich, nächste Woche telefonieren wir noch mal.

Die Bildschirme erloschen einer nach dem anderen, von oben bis ganz unten, von links nach rechts, alle Filme dieser Welt verschwanden, die Szenen und Clips, es erstarben die vorösterlichen Geschichten mit ihren schiefen Kameraeinstellungen, menschlichen Grimassen und Gesten.

– Artur Pepa? – fragte es grollend vom Schaltpult her.

– Hier, – sagte der und zog sich in Richtung Ausgang zurück.

– Sie sind entlassen. Sie können gehen. Auf Wiedersehen.

»Herzmuskelkrampf«, hörte Artur Pepa irgendwo hoch über sich. »Sehen Sie den Schweißausbruch«, fügte ein anderer hinzu. »Ja, er kommt zu sich«, äußerte sich wissend ein weiterer. Am nächsten war Roma, sie wickelte ihm vorsichtig die schmutzige Binde ab, dann betupfte sie Kopf und Schläfen mit einem nassen Schwamm, aha, er war also in den trockensten der Räume zurückgekehrt, und obwohl es im Moment schwerfiel, an der Farbe der Haut zu erkennen, welcher der beiden Männer mehr tot war, fühlte Artur Pepa wirklich, daß er *entlassen* war (die Schwärze wurde dünner und ging blinkend in ein immer helleres buntes Schimmern über, erste Umrisse und Farben erschienen, das Klingen in den Ohren verschwand, statt dessen gluckerte die Regenrinne vor dem sperrangelweit geöffneten Fenster, die Lungen bekamen endlich wieder tief Luft, am meisten aber freute er sich über den Schweiß der Erleichterung, das rettende Zeichen – da hast du also noch mal Aufschub bekommen, alter Kämpe).

Die anderen kamen und gingen, manchmal waren sie nur zu zweit im Zimmer – Zumbrunnen und er. Endlich sagte Roma, daß das Auto schon warte, *können Sie aufstehen*, fragte der ERSTE mitfühlend, Artur Pepa erhob sich, die Zeitungen lösten sich raschelnd von seinem Rücken, man gab ihm den Mantel und das *bei der Durchsuchung entnommene* Osterei, mechanisch steckte er es in die Tasche, im Korridor stützte ihn jener diensthabende Bulle, *der mit der Kalaschnikow,* fürsorglich am Ellenbogen, aber schon auf der Schwelle befreite sich Pepa ungeduldig aus seiner Obhut und hetzte Hals über Kopf um die Ecke des Gebäudes. Er erleichterte sich lange und hingebungsvoll, sein erstaunlich klarer Strahl fräste ein Loch in den eben erst vom Schnee befreiten weichen Lehm; der warme Wind hatte seine Schuldigkeit getan und war weitergezogen, ringsum explodierte der Frühling mit immer neuen Gerüchen, Pepa knöpfte den Hosenlatz zu, von hinten holten ihn die letzten schuldbewußten Ratschläge des ERSTEN ein (»an Ihrer Stelle würde ich einen Arzt konsultieren – wissen Sie, ganze zwei Minuten ohne Bewußtsein, das ist kein Spaß mehr«), Pepa aber bewegte sich zielstrebig über den Hof der ehemaligen Folterkammer, na gut, einverstanden, der Hauptwache, in Richtung Zaun und Ausgang. Erst an der Pforte, die halb auseinandergefallen an Schlaufen hing, holte er Roma ein, um sie zu fragen. »Hast du wirklich mit ihm geschlafen?«

Es ist bezeichnend, daß man ihnen dasselbe jeepoide Automobil geschickt hatte, mit demselben militärischen KRAZ-Motor. Und auch der Fahrer war vermutlich derselbe – große

Ohren, kräftiger Nacken, schwarze Lederjacke. Und obendrein dasselbe Schild auf dem Dach mit derselben Aufschrift: »Wohltätigkeitsprogramm DIE HELDEN DES BUSINESS DEN HELDEN DER KULTUR«. Aber jetzt saßen sie nur zu zweit darin, irgendwo ganz hinten, möglichst weit weg von diesem Kerl am Steuer – echte *Helden der Kultur*, Pani Roma Woronytsch und ihr Mann Artur Pepa.

Die Straße wurde immer schlechter, es warf sie hin und her auf ihrem Rücksitz, so daß Roma ihrem Mann besorgte Blicke zuwarf; zu beiden Seiten der Straße stapften die Einheimischen mit ihren Osterkörbchen, der großohrige Fahrer überholte alles, was er sah, die Fußgänger wichen erschreckt auf den Seitenstreifen aus und auf die felsigen Trampelpfade, um sich vor den aufspritzenden Schmutzfontänen zu retten. Nirgendwo war mehr eine Spur des Schnees übriggeblieben, nur die zerbrochenen Pfähle und umgeknickten Bäume zeugten vom nächtlichen Tohuwabohu. Erst als sie wieder den rasend aufgebrachten FLUSS durchquert hatten und auf dem zerwühlten Waldweg entlangeilten, zupfte Roma ihn am Ärmel.

– Warum interessiert dich das?

Pepa erwachte aus seiner Erstarrung und antwortete – nicht ihr, sondern dem Wald vor dem Fenster, all den Zweigen, die wütend gegen die Scheiben peitschten:

– Ich wollte wissen, was man dabei empfindet.

Sie verstand nicht, aber er verzichtete darauf, etwas hinzuzufügen – von dem Körper, der mit ihr Liebe gemacht hatte, davon, ihn tot zu sehen, von der Unbeweglichkeit und den zusammengeschobenen alten Schreibtischen. Ihm fehlten die Worte, es zu erklären.

Frauen weinen, wenn sie einen Toten sehen. Pepa hatte Erfahrung.

– Ich bin an allem schuld, – sagte Roma. – Du mußt mich verlassen. Ich bringe den Tod. Er ist schon der zweite, das weißt du doch?

– Ich weiß. Und deswegen gehe ich auch nicht. Laß mich wenigstens der dritte sein.

Sie fand es nicht witzig, wenn es überhaupt ein Witz war.

Dann stieß Pepa unvermittelt aus:

– Liebst du ihn noch?

– Es tut mir leid, daß er jetzt allein ist. Wir alle bleiben hier, morgen ist Ostern, und ihn gibt es nicht mehr.

– Wir bleiben, aber nicht mehr lange, – erinnerte sie Pepa.

Er nahm sie am Arm und drang zu ihrem Ohr vor, durch einen letzten Spalt, zwischen dem ersten Aufschluchzen und dem Erbeben der Schultern, mit dem einzigen, was er sagen konnte:

– Auch wenn wir nichts darüber wissen.

Seltsam, aber sie beruhigte sich.

Dann blieben sie zu zweit im Wald zurück: Der großohrige Schlachter hatte auf jener Lichtung filmreif gewendet und sie zwischen den halb verwelkten Anemonen abgesetzt. Zum Abschied brummelte er etwas wie »diese Richtung, so sieben Kilometer, in zwei Stunden sind Sie oben, morgen nach drei wird der Hubschrauber bereitgestellt, packen Sie Ihre Sachen und warten Sie, man wird Sie abholen, rechtzeitig vor dem Feuer«, worauf er heftig die Tür zuknallte und davonbrauste. Weit oben, im Abendrot, wartete die mit Schneefeldern übersäte Hochalm Dsyndsul auf ihre Rückkehr, das Pensionat ein verschwindend kleines Pünktchen auf dem Kamm.

Sie gingen bergauf, von Zeit zu Zeit reichte einer dem anderen die Hand, stützte ihn auf dem rutschigen Abhang. Bei den ersten Wacholdersträuchern hielten sie an, um ein bißchen auszuruhen. Pepa blickte ins Rund der stummen Gipfel und sagte, was ihm in den Sinn kam:

– In Wirklichkeit ist vielleicht alles viel besser, als wir glauben.

IV
Es geht zu Ende

Karl-Joseph Zumbrunnen schaute auf Karl-Joseph Zumbrunnen hinunter. Der andere war ein Körper und lag auf zusammengeschobenen Schreibtischen, von den Füßen bis zum Gürtel mit altem Sackleinen zugedeckt. Der erste hingegen war etwas anderes, viel Feineres. In dieser Nacht kam der Moment seiner Befreiung. Er fand es vor allem komisch, sich von außen zu sehen und nicht im Spiegel; in Wirklichkeit aber handelte es sich um das Aufeinandertreffen von TOD und ICH – den zwei größten Geheimnissen unseres Daseins.

Karl-Joseph, derjenige, der sich abgelöst hatte, befand sich irgendwo höher – vielleicht an der Decke. Jedenfalls sah er das, was bis vor kurzem sein Körper gewesen war, von oben: den Beginn des Verfalls, die ersten Flecken auf der Haut, auch alles Weitere völlig vorhersehbar – *Faulblähungen, Leichengrün, das Ablösen der Epidermis und die Bildung von Blasen, gefüllt mit Leichenwasser.* Karl-Joseph wußte das alles, obwohl er nie Pathologie studiert hatte. Aber jetzt wußte und verstand er überhaupt grenzenlos viel.

Ob er Traurigkeit verspürte? Schwermut in dieser Dunkelheit, in die von draußen Mondschein drang?

Man weiß es nicht. Fest steht nur, daß er hier nicht lange hängenbleiben konnte und wollte – der MOND rief nach ihm. Am nächsten Morgen würde man den Körper ins gerichtsmedizinische Institut nach Tschortopil *abtransportieren*, obwohl die Autopsie selbst nicht früher als am Montag stattfinden konnte, denn welcher Anatom wird, Teufel auch, am Ostersonntag in einem Kadaver wühlen, und auch Montag ist nicht ausgemacht, wahrscheinlich eher Dienstag oder – noch besser – nach den Feiertagen, am Mittwoch; morgen würde man ihn nur in die *Kühlkammer* liefern, um den *Prozeß der Saponifizierung* aufzuhalten. Aber Karl-Joseph sah trotzdem schon, wie es enden würde: blasses Licht der Argonlampen, metallisch kaltes Klappern der scharfen Instrumente (Kälte ist Sterilität, und Sterilität ist Kälte!), skrupulöses Protokollieren in einem besonderen, mit Faden gebundenen und durch ein Siegel verstärkten Journal, monotones Aufzählen der Anomalien und möglichen nicht ausgeheilten Krankheiten, das Entfernen von Flußkieseln aus seinem aufgeschnittenen Körper, Froschfaden, zwei, drei dunkel gewordene Espenblätter, überzogen mit dem bleichen Schleim der Larven und Puppen. Und dann – Karl-Joseph konnte auch das deutlich sehen – das nachlässige, zynische Zunähen. Die herausgerissenen Eingeweide hastig in die Leistengegend oder sonstwohin gestopft. Karl-Joseph sah den groben *rohen* Zwirn und die Zigeunernadel, lang wie ein Bleistift, und die leicht schwachsinnige Leichenhallenputzfrau (*neunundzwanzig Jahre am selben Arbeitsplatz!*) mit zerflossenem Busen, gelben Augen und schwerem Formalin-Atem.

Als Fotograf liebte Karl-Joseph die Dunkelheit nicht minder als das Licht.

Jetzt aber hatte er unzählige neue Möglichkeiten: zu sehen, zu wissen, zu fühlen. Und auch zu durchdringen, denn seine Struktur war nun feiner als die der feinsten Materie. So gelangte er ohne Anstrengung nach draußen – durch Decke und Dach der ehemaligen Hauptwache. Er stieg ein wenig höher und konnte jetzt alles gut überblicken, auch die zwei diensthabenden Milizionäre beim Pennen im angebauten Wachhäuschen (Bürokram, ein bis zur Weißglut erhitzter Elektroofen vom Typ »Ziegenbock«, der Tisch voller Schnapsgläser, leerer Flaschen, Speisereste und Zigarettenkippen, ein Kassettenrecorder Marke »Frühling«, zwei geladene Kalaschnikows an der Wand und auf einer Pritsche die zwei vom Schlaf verschwitzten Milizionäre, nur in Unterhosen – nein, keine Homos, sondern Vettern, Familie, Mykuljak Iwan und Drakuljak Stefan). Sie sollten die Leiche bis zum nächsten Morgen bewachen. Und das taten sie.

Zum ersten Mal fühlte Karl-Joseph jetzt eine seltsam wehe Leichtigkeit, als er – wiederum ohne sich irgendwie anzustrengen – aufstieg und die sogenannte Vogelflughöhe erreichte. Er geriet direkt in den dichten und irgendwie greifbaren Strom des Mondlichts. Der Mond am Himmel wirkte voll und dadurch ein bißchen unheilschwanger, obwohl Vollmond doch am Mittwoch gewesen war und er heute also schon wieder abnahm, was die kirchlichen Astronomen zuverlässig wußten. Karl-Joseph wußte es auch. Er drehte sich in dem leuchtenden Strom wie ein Fisch und erstarb für einen unbestimmten Moment (Zeit zählte schon kaum mehr). Und keinerlei Brillen, kam es ihm in den Sinn, keine Ferngläser, Linsen, zusätzliche Dioptrien. Er sah jetzt durch alles hindurch und bis in die Tiefe – in den gesamten für sein AUGE offenen Raum.

Zum Beispiel wie das Gras wächst, wie das Öl durch die Röhren fließt, wie der Fisch in Flüssen und Bächen schwimmt, mit dem Strom und gegen ihn. Skelette auf dem Grund verschütteter Höhlen und Schädel in verfallenen Brunnen. Oder sagen wir, unzählige Fernlaster, vor den Grenzübergängen in überlangen Reihen erstarrt, und darin halblebendige, halberstickte Pakistanis (diesmal war er sicher, daß es nicht Bangladeschis waren, sondern Pakistanis), die bewegungslos unter dem Fußboden aufgestapelt lagen.

Außerdem sah er erleuchtete Kirchen – Tausende im ganzen Land.

Karl-Joseph Zumbrunnen beschrieb einen kleinen Kreis über dem Flußtal und nahm ohne Zögern Kurs auf Transsylvanien. Das kann man nicht erklären, sondern muß es einfach als Tatsache akzeptieren. Tote wandern meist nach Westen. Er erinnerte sich, wie er als Kind Pilot gespielt hatte, und daran, wie leicht es war, ins Wasser zu springen, in die allergrünsten warmen Flußtiefen bei der Wassermühle.

Aber kann man das Erinnerung nennen?

Er näherte sich dem BERGKAMM genau über der Hochalm Dsyndsul und – nichts konnte ihn abhalten, nicht einmal der Ruf des MONDES – verringerte seine Flughöhe drastisch. Es war einfach stärker, nicht nur als der MOND, sondern auch als er selbst: Noch waren nicht alle Fäden zerrissen. Er rauschte über die Spitzen der mit Schnee bestäubten Wacholdersträucher hinweg, wich der Sprungschanze aus und tauchte genau beim Gebäude des Pensionats auf. Er *wurde gezogen,* dies war SEIN ORT, ein merkwürdiges Gebäude mit Veranden, Terrassen und Türmen, mit Dutzenden von Fenstern. Aber nur zwei davon waren erleuchtet. Und an eines von ihnen stieß Zumbrunnen nun, ach was, er klatschte dagegen mit allem, was er war, schlug an die bruchsichere, eiskalte Vakuumscheibe. Hinter dem Fenster befand sich das Zimmer von Kolomeja Woronytsch. Halb lag, halb saß das Mädchen auf dem Sofa und schrieb ohne Unterlaß etwas auf einen dünn gewordenen Notizblock, wobei sie die Blätter, sobald sie voll waren, einfach abriß und auf den Boden warf. Es war schon die hundertdreizehnte Seite ihres Briefes an den verschwundenen Freund – den, der gestern im Abendrot fortgegangen war.

»Ich weiß«, schrieb Kolja auf der hundertdreizehnten Seite, »daß Du in zwei Teile gespalten, deshalb aber auch ewig bist. Du, der du erst letzte Nacht hier warst und mich toll genommen hast [Kolja strich die letzten drei Worte durch] mich so zärtlich von diesem Brandmal, diesem Stempel, diesem klebrigen Kleinod befreit hast – ich rede von meiner zu Gott eingegangenen Jungfräulichkeit, also Du bist der, auf den ich mein ganzes Leben [die letzten drei Worte strich sie durch] ich sage nicht wie lange gewartet habe. Aber gleichzeitig bist

Du ein anderer – ein korpulenter, alter und kahlköpfiger, einem Hobbit ähnelnder greisenhafter Klugscheißer [das letzte Wort strich sie durch] Schwätzer. Denn Du existierst, wie ich jetzt weiß, in zwei Versionen. Der Junge – das ist, wenn Du ewig siebenundzwanzig bist. Ich glaube, genauso alt war JENER DICHTER in der Nacht seines Todes. Und der Alte – das ist, wenn Du so alt bist, wie JENER DICHTER heute wäre. Das ist, als ob er nicht jung gestorben wäre. Sag nur nicht, daß alles anders ist und ich durchgeknallt bin! Ich habe doch gesehen, wie Du von der Veranda zu den BOTEN DER NACHT gegangen bist. Sie lagerten im dunklen Gebüsch und erwarteten Dich. Glaubst Du, ich bin bekifft? [der ganze Satz durchgestrichen] Und Du hast mich über die Schulter zum letzten Mal angeschaut – aber das warst nicht Du! [die letzten beiden Worte sowie das Ausrufezeichen strich sie durch] also, das war dieser Professor, für eine halbe Sekunde ist er durch Deine Hülle gebrochen, denn Du und er – das ist eins, ich weiß es. Ich glaube, deshalb kannst Du sowohl hier sein als auch auf dem MOND. Uns anderen ist nur eines erlaubt: entweder hier oder auf dem MOND. Wir sind getrennt, stimmt's? Übrigens weiß ich, daß Du jetzt schon dort bist. Ha! Ich habe gesehen, wie Du Dich in diesem ekelhaften [das letzte Wort strich sie durch] Mondschein aufgelöst hast, wie der mich ankotzt! Und dann sind die BOTEN DER NACHT aus ihrem Versteck im Gebüsch hervorgebrochen als drei riesenhafte Käuzchen. Du bist dem Strahl des Mondes gefolgt, und sie sind über und ein bißchen hinter Dir geflogen, quasi als Eskorte.«

Das Wort »Eskorte« mußte sie trennen: Esko-rte. Drei Buchstaben standen schon auf der nächsten Seite, und auch die hundertdreizehnte wurde energisch abgerissen und neben das Sofa auf den Boden geworfen – auf den Haufen der einhundertzwölf anderen. Karl-Joseph ahnte, daß jetzt er an die Reihe käme.

»Weißt Du«, schrieb sie weiter, »ich schreibe Dir, aber wie kann ich Dir diesen Brief schicken? Denn Du wirst mir kein zweites Mal erscheinen, das ist klar. Du hast so viel – ein unberührtes Paradies, wo Du ungestört genießen kannst! Was den normalen Postweg angeht, den kann man ja wohl vergessen – Du weißt selbst, wie lange es dauert, wenn es um die Verbindung zwischen uns und dem MOND geht. Praktisch das ganze Leben. Aber mir ist das wurscht [ein Wort gestrichen] nicht so wichtig – ich schreibe diesen Brief trotzdem zu Ende bis zu den abschließenden drei Punkten, denn ich bin überzeugt, daß er gelesen werden wird. Und bei uns gibt's Neuigkeiten. Gestern abend haben meine Maman und Pepa die Nachricht gebracht, daß dieser österreichische Fotograf ermordet worden ist. Ich denke immer häufiger an ihn. [Den letzten Satz strich sie durch.] Es gibt ihn nicht mehr, und ich merke, daß ich nichts, nichts, nichts von ihm gewußt habe! Und auch nichts mehr über ihn erfahren werde. Was war das nur für ein komischer Kauz? Warum fuhr er hierher, was zog ihn in unsere Richtung? Nein, stimmt nicht – es ist nicht, als ob ich an ihn dächte, aber es schaudert mich, denn er ist jetzt irgendwo hier. Zum Beispiel vor dem Fenster da. Ich mache die Augen fest zu, drehe den Kopf zum Fenster, dann zähle ich bis zehn: *eins-zwei-drei-vier-fünf-sechs-sieben-acht-neun-neuneinhalb – neundreiviertel – neun am Faden – neun am Härchen – zehn!* Ich mache die Augen auf – und vor dem Fenster ist niemand und nichts, nur die Nacht. Aber trotzdem ist er irgendwo in der Nähe. Vielleicht ist es mir einfach nur noch nicht erlaubt, ihn zu sehen? Aber durch ihn habe ich verstanden, was der zwölfte Ring ist. Es ist die Ewigkeit, Anfang und Ende in einem, Alpha und Omega, wir alle und jeder von uns ...«

Karl-Joseph Zumbrunnen war rechtzeitig beim *neun am Härchen* in den Luftstrom eingetaucht und vor ihrem Fenster verschwunden. Natürlich wollte er nicht entdeckt werden.

Deshalb erfuhr er auch nicht, was das ist, der zwölfte Ring. Insgesamt fand er Koljas Brief ziemlich erheiternd, dieses Pathos, Wahrzeichen der Jungen und Lebendigen. Außerdem erinnerte er sich daran, daß das Mädchen viel zuviel Fantasy las und Morrison hörte. Was für eine Mystik, dachte Karl-Joseph.

Eigentlich wollte er schon lange zu dem anderen Fenster – Sie können sich denken, warum. Zielstrebig schlug er auf, klebte mit dem Gesicht fest.

Und erblickte das von der Nachttischlampe matt erleuchtete Zimmer des Ehepaars Pepa-Woronytsch. Artur und Roma, schien es, schliefen. Aber was heißt da: schien! Sie schliefen, und Punkt. Sie schliefen, wie Leute beieinander schlafen, die sich lieben. Also so eng und so zusammen und so nah und so gemeinsam atmend, wie das Menschen tun, die aus Liebe beieinander schlafen. Es war ein unaussprechlich tiefer Schlaf. Karl-Joseph versuchte gar nicht erst, *sie* zu rufen. Die eingeschaltete Nachttischlampe zeugte ja wohl davon, daß sie sich vielleicht eben noch geliebt hatten. Das große Gesicht am Fenster verzog sich zu einer Maske des Schmerzes. *Das* spürte er also noch.

Schluß, aus, vorbei. Abschied, Verlust, vorbei.

Mit aller Kraft stieß er sich von dem kalten *Eurofenster* ab. Verbissen die Nachtluft durchschneidend, schraubte er sich in die Höhe. Und sah erst wieder nach unten, auf den von Schnee und Mondlicht weißen Bergkamm, als das Gebäude des Pensionats zu einem sinnlosen Leberfleck auf der Haut der Welt geworden war.

Kein Peilgerät des Grenzschutzes vermochte seine himmlische Bahn zu stören. Auf der transsylvanischen Seite verstand Karl-Joseph plötzlich, *wer* hier immer so vogelartig schrie. Der Luftwirbel, in den er beinahe selbst geraten wäre, erwies sich als mächtiger astral-energetischer Strudel. Dutzende, vielleicht sogar Hunderte von Seelen wirbelten in diesem Raum-Zeit-Loch umher, ohne Hoffnung, sich befreien zu können. Die meisten waren wohl dazu verdammt, auf ewig in dieser Zentrifuge zu verharren. Karl-Joseph gelang es gerade noch, durch einen Luftkanal zwischen zwei Wirbelstürmen zu entschlüpfen, von denen jeder ihn für den Rest aller Zeiten hätte in sich herumwirbeln können.

Erst danach ging Zumbrunnen endgültig auf Kurs. Links ließ er Suceava liegen, von wo die Chöre des nächtlichen Ostergottesdienstes heraufklangen, vermischt mit dem Posaunengedröhn einer Zigeunerhochzeit und Rangiersignalen an der Station Suceava Nord, und rechts Bistriţa und Piatra-Neamţ. Er hielt sich hartnäckig an die Karpaten und bemühte sich mit allen Kräften, nicht von den felsigen Bergkämmen abzukommen. Auf der transsylvanischen Seite gab es überhaupt keinen Schnee mehr, und der Frühling war schon so weit fortgeschritten, daß man glauben konnte, im Tal würden jeden Moment die Gärten erblühen. Die Menschen blieben weit unten zurück, das hohe Land gehörte ihnen nicht. Und zwischen den Menschen und den Bergkämmen lagen die Wälder. Karl-Joseph spürte das Fließen in den Pflanzen, sah jeden Baum einzeln und alle Bäume zusammen. Aber das war noch nicht alles: Er konnte jedes Blatt an jedem Baum hören und wie die Knospen ausschlagen und wie das Moos atmet und – was kein besonderes Hinhören erfordert – wie unter der Rinde die Jahresringe wachsen oder wie das Herz eines Igels schlägt, nicht nur das eines Wolfs. Dann bemerkte er vor sich die ersten Zacken der transsylvanischen Alpen, bog aber, bevor er sie erreicht hatte, scharf nach Westen ab. Ja, nach Westen, natürlich nach Westen – er floh vor dem Morgen.

Zu Anfang hatte sich ihm ein ganzer Fächer von Möglichkeiten eröffnet. Er hätte zum Beispiel den kürzesten Weg wählen können – über die Slowakei. Dort hätte es auch genug Berge gegeben, wenn es ihm darum ging, unbedingt Berge unter sich zu sehen. Er hätte sich auch südlicher halten und der slowakisch-ungarischen Grenzlinie folgen können – wenn er nicht Berge wollte, sondern kalkige Abhänge und Weinberge. Schließlich hätte er die Grenze überqueren können – unmerklich nicht nur für die Wachen, sondern auch für ihn selbst –, wäre über dem auf den Karten grün eingezeichneten Semplin aufgetaucht und von da, nicht so sehr nach Süden als vielmehr nach Westen driftend, etwas oberhalb Budapests dennoch zur Donau gelangt. Die Donau konnte also nicht umgangen werden – weder auf der slowakischen noch auf der ungarischen Route. Brücken und Lastkähne, Schilf und Auen hätte er in jedem Falle noch vor sich gehabt.

Wenn er allerdings nicht den kürzesten, sondern doch den längsten Weg hätte nehmen wollen, so hätte er sich von Anfang an nach Norden wenden und über Polen fliegen können. Dann wäre er unausweichlich über Lemberg gekommen. Karl-Joseph Zumbrunnen liebte diese Stadt mehr und ehrlicher als die meisten ihrer Bewohner. Jetzt kann gesagt werden, was zu seinen Lebzeiten ein Geheimnis bleiben mußte: Karl-Joseph träumte oft von Lemberg. In diesen Träumen schlich er sich im Auftrag einer geheimnisvollen Führung in schäbige konspirative Wohnungen und stieg von dort in mit tausendjährigem Gerümpel vollgestellte Keller hinab, denn er sollte das Wasser finden, das Flußbett, den Fluß. Im letzten dieser Träume fand er ihn dann, im selben Moment aber brachen die Schleusen unter der Oper. Zumbrunnen erinnerte sich noch, wie die schlammige Kloake heranrollte, wie er bis zum Gürtel in ihr stand, unfähig sich zu rühren, wie er – obgleich Fisch – schließlich überflutet und verschlungen wurde.

Und trotzdem hatte er sich jetzt gleich von Lemberg entfernt. Niemand wird mehr sagen können, warum. Vielleicht plante er, der als Kind oft Landkarten koloriert hatte, die Halbellipse der Karpaten mit der Halbellipse des eigenen Fluges zu schließen? Wollte um die Mitte Europas ein virtuelles Oval im eigenen Namen ziehen?

Möglich ist auch etwas anderes. Möglich, daß es ein Tunnel war – *sein* persönlicher Tunnel, und daß er einfach keine Wahl hatte.

Alles geschieht zum Besten in dieser besten aller Daseinsformen.

In derselben Nacht fand sich in Lemberg der Regisseur Jartschyk Magierski, stockbesoffen, unglücklich und mitgenommen, am Bahnhof wieder, wo er aus der Arschtasche die letzten Groschen hervorkramte, um den kostenpflichtigen Wartesaal *gehobener Bequemlichkeit* nutzen zu dürfen. In Wirklichkeit gab es dort überhaupt keine Bequemlichkeit, nicht einmal gesenkte, allerdings war die Abwesenheit der verhaßten Zigeuner, die ihm seit kurzem nachstellten, unbestreitbar ein Vorteil. Jartschyk Magierski ließ sich mit seiner ganzen Körpermasse auf eine Bahnhofsbank plumpsen und schaute sich nach allen Seiten um auf der Suche nach menschlichem Mitgefühl. Der Blick seiner aufgerissenen, wäßrigen Augen hatte keinen Erfolg. Kaum aber holte er aus der *tiefen Seitentasche* eine angefangene Flasche »*Warzabytsch's Balsam*« hervor, setzte sich ein junger Soldat zu ihm. Ein Deserteur, der auf den ersten morgendlichen Zug *Ostern nach Hause* wartete.

»Also«, sagte Jartschyk Magierski zum Deserteur, während dieser sich der Flasche mit der schwarzen Widerwärtigkeit widmete, »was, äh, soll ich sagen? Bin am Freitag zurückgekommen, klar? Film im Kasten, Kies im Kuvert, klar? Also, äh, irgendwie alles voll in Ordnung, klar?«

Er erzählte diese Geschichte jetzt schon zum vierzigsten Mal. Der junge Soldat schnallte gar nichts, tat aber so, als ob er zuhörte.

»Also«, fuhr Magierski fort, »ich, äh, war also bißchen, na, hab gepennt, gegessen und dann: die Kassette, und, äh, nix drauf! Stell dir vor, Mann, einfach nix! Zero! Alles weg, Mann! Clip des Jahres, Top Ten! Und ne irre Erotik – se best! Se best off, Mann! Error, nix mehr!«

Er holte tief Atem, nahm einen Schluck aus der Flasche und wischte sich die Tränen ab. Im Laufe des Tages hatten Dutzende zufälliger und ihm unbekannter Leute sich diese Geschichte anhören müssen. Am Anfang war sie noch verständlich gewesen, wurde mit der Zeit aber immer wirrer. Auch diesmal war es schwer, etwas zu kapieren:

»Dann habe ich, äh, das Kuvert, den Kies – so 'n Riesenpacken, und alles, äh, in Dollar, Mann! Und? Ich schau hin, und da, also – 'n ganzes Päckchen, äh, so Papierfetzen, und alles voll Scheiße, 'n ganzes Päckchen, äh, Papier, mit dem sich welche die Ärsche, also, abgewischt haben! Mann, so'n dickes Päckchen, zweihundert Ärsche hat man damit abwischen können, Mann!«

Es ist erwiesen: Immer wenn Jartschyk Magierski an diese Stelle kam, ging es mit ihm durch. So auch diesmal, er heulte: »Kassette leer, und Scheiße mit dem Honorar!«

Der junge Soldat wünschte den haarigen Knilch schon lange zum Teufel, der Alk in der Flasche ging zur Neige, und immer wieder zu hören, »solche, äh, Halsabschneider, Mann, alles Halsabschneider, nein, äh, stell dir doch vor – also Kassette leer, und, äh, Scheiße mit dem Honorar«, das war schon *aasig*.

Aber er schickte ihn nur in Gedanken zum Teufel: noch zwei Stunden bis zur ersten Bahn, Ostern nach Hause. Und sowieso tote Hose.

So haben wir jetzt zum letzten Mal Gelegenheit, die beiden aus der Nähe zu betrachten.

Wie der von seinen Verlusten niedergeschmetterte Magierski sich langsam beruhigt, wie seine Müdigkeit ihren Tribut fordert, wie er immer leiser und undeutlicher spricht, einem defekten Tonband gleich, ganze Worte und Sätze verschluckt (»Honorar Arsch Österreicher abgemurkst ganze Kassette Scheiße«) und wie er schließlich in eine verzweifelte Erstarrung und Benommenheit versinkt wie in eine tiefe Grube. Noch erträgt der junge Soldat den Kopf an seiner Schulter.

Minuten vergehen – und ohne die Augen zu öffnen, wird der Regisseur Jartschyk Magierski bemerken, wie von allen Seiten, den Totenschlaf der Billettverkäuferin und der Wachleute ausnutzend, gebeugt und schleichend, zerlumpte Gestalten in den Wartesaal *gehobener Bequemlichkeit* eindringen. Lautlos werden sie gegen ihn vorrücken und die Klingen aus den Griffen springen lassen. Das Entsetzen wird in ihm hochsteigen, er wird sich ducken, die Halsabschneider heben die Messer ... Jartschyk Magierskis Schrei hallt durch den ganzen Lemberger Bahnhof.

Karl-Joseph Zumbrunnen hätte diesen Schrei hören können, wenn er gewollt hätte. Obwohl er sich entfernte – nicht nur von Lemberg, sondern auch von der Erinnerung an Lemberg. Unter sich erkannte er Braşov. Auf dem spitzen Turm und dem Dach der Schwarzen Kirche klebte ein Schwarm Krähen, die im gesamten von ihnen kontrollierten Gebiet einen ungeheuren Lärm veranstalteten – offenbar spürten sie den frischen Astralkörper. Eine Wendung am Himmel über Braşov – und nun zog es Karl-Joseph den südlichen Höhenzug der transsylvanischen Alpen entlang. Wahrscheinlich wurde eigens für ihn mehr Mondlicht zugegeben. Er sah jede Spalte und jeden Felsvorsprung so deutlich, als hätte er sie sich selbst ausgedacht. In den Schlössern und Palästen vergnügte man sich in dieser Nacht, aber die Vergnügungen neigten sich ihrem Ende zu. Die Damen hüllten ihre durchsichtig blassen, mit Mondmehl bestäubten dekolletierten Schultern in Pelze, die ebenso blassen Herren verbeugten sich voreinander, ihre Medaillons und Monokel funkelten. Die erlesene aristokratische Gesellschaft stieg bedächtig in ratternde Tarantasse und

Kutschen, um auf Wegen, die sich über Abgründe schlängelten, noch vor Sonnenaufgang ihr Zuhause zu erreichen und sich nach einem Schluck gut abgelagerten Blutes in den Särgen zur Ruhe zu legen.

Rechts von Karl-Joseph blieben die Labyrinthe von Sigişoara zurück, ein wenig später erkannte er die Umrisse der Zitadelle, die mittelalterlichen Arkaden zwischen Ober- und Unterstadt und die Silhouette der lutheranischen Kirche in der Stadt Sibiu (zugegeben, während seines Lebens war er niemals dort gewesen, doch er würde jedes Gebäude erkennen, jede Straße, jeden Platz, jede Stadt oder Vorstadt der Welt – und darin lag der besondere Vorteil seiner neuen Möglichkeiten, also sagte er in Gedanken »Sibiu, Hermannstadt« und wiederholte diese Bezeichnung mehrmals), und dann merkte er an dem scharfen Auswurf einer riesigen Wolke von giftigen Geruchsgemischen – richtig! Petrochemikalien, und Schwefel, Schwefel, der unvermeidliche Schwefel! –, daß ebenfalls rechts, nur sehr viel weiter weg, hundertfünfzig bis zweihundert Menschenkilometer entfernt, Timişoara lag.

Ganz Transsylvanien roch nach Erdöl, die ganze Welt roch danach.

Sigişoara, Timişoara – beide Namen klangen wie Beschwörungen. Auch das ein Faden, der noch nicht zerrissen war – die kindliche und kindische Liebe zu Beschwörungen.

Natürlich gab es nicht nur Schlösser, nicht nur die Marktplätze der deutschen Spielzeugstädte, nicht nur Spitzen und Türme. Am meisten gab es Leere, gefolgt von Eisen und Beton, neun-, zehn-, zwölfstöckigen Hochbaracken, mit Wäschestücken behängte und mit Satellitenantennen gespickte Wohnsilos, dann städtische Müllkippen, Produktionshalden, Industriebrachen, Ödflächen und Bergarbeitersiedlungen. Alles an seinem Platz.

Nicht weit von der serbischen Grenze gingen die Berge in

Flachland über. Karl-Joseph seufzte und warf einen letzten Blick zurück auf das fatale Land, genannt Karpaten.

Im selben Moment, vielleicht aber auch im nächsten, wachten Artur Pepa und Roma Woronytsch kurz auf, und ihre Lippen berührten sich. Während sie dann wieder in dieselbe Episode versanken, die sie eben durch Drücken der Stop-Taste kurz angehalten hatten, lösten sie ihre Umarmung und drehten sich voneinander weg. Teil Zwei jedes Beieinanderschlafens ist das vorübergehende sich Entfernen, das Zurückkehren in die eigene Hülle, nach dem rettenden Signal vom Grund des gelähmten Bewußtseins: erst die Hälfte der Nacht! Erst die Hälfte des Lebens!

Keine Statistik gibt Auskunft darüber, wie viele menschliche Paare auf der Welt in ein und derselben Stunde beieinander schlafen. Noch komplizierter ist es, herauszufinden, wie viele es aus Liebe tun, wie viele aus Gewohnheit, wie viele aus Erschöpfung, wie viele aus Berechnung, wie viele aus Verzweiflung. Und völlig unmöglich ist es, statistisch zu klären, wie viele von ihnen zweigeschlechtliche, wie viele gleichgeschlechtliche Paare sind. Dank Karl-Joseph wissen wir, daß nicht nur die Milizionärsvettern Mykuljak und Drakuljak in dieser Nacht auf einer Pritsche schliefen. Wir haben auch Magierski gesehen, der seinen zottigen Kopf auf die Deserteursschulter des jungen Soldaten legte.

Und im Studentenheim der Tschortopiler Kulturfachschule schliefen in einem Bett Lili und Marlen. Und das war nicht ihre *Lesbi-Show für den romantischen und einsamen Mann*, wie es die Anzeigen verkündeten. Es war das Unausweichliche selbst. Die Liebe.

Und jetzt liegen sie eng, eng aneinandergeschmiegt, zwei völlig gleiche *Girls*, vielleicht auch *Puppen* oder *Bräute*, eine gebleichte Blondine und eine gefärbte Brünette, nur daß die eine ein *Veilchen* hat und einen stark wackelnden dritten

Zahn und die andere – einen roten *Knutschfleck* unter der linken Brust und eine Menge Prellungen an den Unterarmen und am Hals.

Und nichts wird sie jemals trennen. Höchstens ein Schengen-Visum.

Über der Wojwodina erreichte Karl-Joseph Zumbrunnen endlich die Donau. Erst nahm er Kurs auf Novi Sad, nach links, doch der Geruch schmutziger Mullbinden zwang ihn steil nach Norden. Vor einem Jahr ungefähr hatte man hier tollwütig Bomben geworfen, deshalb konnte er über der Wasserfläche der Donau nicht mal die Hälfte der erwarteten Brücken sehen. Mit der Schiffahrt stand es auch nicht besser: Die Vorstellung von dahinziehenden Schiffslaternen irgendwo da unten erwies sich als peinlich naiv. Trotzdem entschied sich Karl-Joseph, direkt über dem Flußlauf zu fliegen, in nordwestlicher Richtung. Er hatte sich aus seinem eben zu Ende gegangenen Leben noch Reste des Donau-Idealismus bewahrt, vielmehr eine schwache Erinnerung auf der Ebene feinster Zellstrukturen seines gegenwärtigen *Körpers*. Es zog ihn also donauaufwärts, doch von Anfang an zeigte sich, daß der Weg mit entgegenkommenden Engeln verstopft war. Nicht, daß sie ihm Schwierigkeiten gemacht hätten – er mußte nur jedesmal erklären, wer er war und woher er kam. Das war erstens sehr ungewohnt (wie bei der Armee dem Korporal Meldung machen) und zweitens ein bißchen erniedrigend. Bald erkannte er, daß es, wenn er sich über dem Flußlauf der Donau hielte, die ganze Zeit so gehen würde – denn es war der sogenannte Donau-Engelskorridor, ein Ort ständigen Patrouillierens, eine Zone besonderer Aufmerksamkeit. Deshalb bog Karl-Joseph in der Nähe der ungarischen Grenze scharf nach Westen ab. In Pécs reagierte der nächste Krähenschwarm mit nervösem Lärm und umkreiste aufgescheucht die Minarette. Dann schwebte er über der großen Leere der Pußta, wo die Nacht noch andauerte, immer weiter nach Nordwesten, natürlich! – er floh vor dem Tageslicht, denn schon oder *fast* schon gehörte er dem ANDEREN LICHT.

Inzwischen nahm das irdische Licht, das elektrische, immer mehr zu. Je weiter er nach Westen kam, desto häufiger erschienen unter ihm beleuchtete Straßen, Geleise, Uferpromenaden, die angefräste Klinge des Balaton war ganz von einer lodernden Girlande von Uferscheinwerfern, Laternen und Leuchttürmen bekränzt, hinter Sopron erahnte man schon ein dichtes Flimmern, es näherte sich, drängte ihm entgegen wie die WESTLICHE ZIVILISATION selbst – aber ja, das war es, Österreich, integraler Bestandteil des ENERGETISCH-ELEKTRISCHEN REICHES! Nur der schwarze, langgestreckte Fleck des Neusiedlersees lockte ihn einen Augenblick, er konnte die Salzigkeit des lauen Wassers spüren, das Säuseln des Schilfs, wie er ja überhaupt in dieser Nacht spüren und hören konnte, was er wollte. Aber schon ganz anders, das war das Allertraurigste – *anders*.

Er näherte sich Wien von Südosten. Dafür brauchte er keinen Kompaß und kein Astrolabium – die verstreuten bunten Lichter, umgeben von einem riesigen leuchtenden Bogen mit zwei unregelmäßigen Ovalen an den Enden, bedeuteten ihm, daß dort unten Schwechat lag. Um diese Zeit passierte hier wenig – Dutzende von größeren und kleineren Flugzeugen übernachteten einfach auf dem Flugfeld. Allerdings befand sich UPS6612 aus Köln schon im Landeanflug, während OS3016 aus Bangkok sich um einundzwanzig Minuten verspätete. Und dann ging es zu wie im Taubenschlag: Lüttich, Kopenhagen, Sidney über Kuala-Lumpur und – auch das noch! – Odessa über Lemberg. Abflüge nach Budapest, Istanbul, Athen, Frankfurt. Und dann schon jede Minute.

Eine Zeitlang hielt sich Karl-Joseph neben der Kölner Maschine, wobei es ihm gelang, durch das Fenster in die halbleere Kabine zu blicken und eine große Gruppe von Indern in orangefarbenen Turbanen zu sehen (was zum Teufel haben die so früh in Wien verloren?!), aber wegen der immer deutlicheren Aufhellung am östlichen Teil des Himmels, *in seinem Rücken,* tauchte er unter dem Flügel der Boeing weg und folgte weiter seinem von den Fluglinien unabhängigen Kurs.

Es wäre übrigens völlig falsch, sich Karl-Joseph etwa als eine Art anthropomorphes Flugzeug vorzustellen – horizontale Lage des Rumpfes und der Beine, die Arme als Flügel, im Kopf der Pilot. In Wirklichkeit hatte er seine ganze *Anthropomorphizität* dort zurückgelassen, auf den zusammengeschobenen Schreibtischen, im Gebäude der ehemaligen Folterkammer, später Hauptwache, irgendwo in den östlichen Karpaten. In Wirklichkeit war er ein Wölkchen, eine Träne im Ozean, nur eine Träne, ein Pünktchen, ein Elementarteilchen des Mondlichts.

In Wirklichkeit war er alles.

Ohne seinen Mondkorridor zu verlassen, erreichte Karl-Joseph die Simmeringer Heide und hielt sich über der Bahnstrecke, die in das vielgleisige Geflecht des Eisenbahndepots Kiedering mündete. Zu beiden Seiten der Gleise zogen sich Ödflächen hin, hinter denen eine nicht sehr ausdrucksstarke Bebauung begann. Irgendwo dort links, in einem dieser häßlichen Häuser in der Nähe des Kurparks, mußte Eva-Maria seit ihrer Heirat wohnen – doch er konzentrierte sich nicht einmal, um ihr Schlafzimmer zu sehen, ihr Bett, sie selbst, um sie im Schlaf atmen zu hören. Als er hingegen über das Gelände des Zentralfriedhofs strich, sah er ganz deutlich, wie sein ehemaliger Körper im Krematorium verbrannt wurde. Das konnte erst nach acht Tagen geschehen (Herbeirufen des österreichischen Konsuls in der Ukraine, Erledigen der notwendigen Formalitäten, Pressekonferenz des Botschafters, Flug Kiew – Wien in spezieller Begleitung, Prozedur der Kremation in Anwesenheit von drei oder vier Bekannten, dann nur noch Feuer, Feuer, Feuer) – genau so mußte es geschehen und enden: als eine Handvoll Asche, Erde, Staub, der einmal fotografieren und küssen konnte. Aber ihn, Karl-Joseph, ging dieser Staub nichts mehr an.

Denn jetzt war der Südbahnhof an der Reihe. Diese geliebte Oase mit Palmen, geflügelten Löwen, Pennern, Spinnern, türkisch-arabischen Taxifahrern, Balkan-Nutten – ein Bahnhof für Arme, der südöstliche Vorposten der *besseren der Welten*. Ja, an diese Gegend hatte er mehr als eine Nacht verschwendet, der kurzsichtige abenteuerlustige Fotograf mit seinem jetzigen Namen, der damals einen Bildband über die nächtlichen Bahnhöfe Wiens plante: überquellende Mülltonnen, Dutzende verbeulte Bierdosen – komischerweise immer Ottakringer und niemals Zipfer, Plastikflaschen, Papiertüten, Kartons, Zeitungen, Reklame. Er erkannte noch jetzt dieselben Leute in denselben Wartesälen – Predrag, Mariza, Dejan, Willi, Natascha, Ismail – waren sie etwa die ganze Zeit hiergeblieben, vier, ach was, fast fünf Jahre?...

Sie spürten ihn nicht einmal. Zeichen geben war sinnlos. Es trieb ihn vorwärts – immer schneller und schneller. Schon sauste er über Wieden, über den Karlsplatz, über die horizontal in den Nischen der Unterführungen schwebenden Drogenabhängigen, über die ersten Straßenbahnen auf dem Ring, über den Abgrund der U-Bahn und alles, was tiefer lag. Schon erblickte er dort, hinter der historisch-kulturellen Kloake der Innenstadt, die ganze nördliche Umgebung mit dem Wienerwald, der zu dieser Jahreszeit grün und klebrig war. In diesen Wald hätte sich Karl-Joseph gerne fallen lassen.

Aber irgendwo hier im Luftdreieck zwischen Stefansdom, Malteserkirche und Kapuzinergruft schleuderte es ihn hart gegen einen unsichtbaren und undurchdringlichen Vorhang. Unerträglich weißes Lodern blendete ihn. Es war die LEUCHTENDE WAND, aus der es jetzt mit heiserer Jazz-Stimme fragte:

– Wer bist du? Wer begehrt Einlaß?

Karl-Joseph antwortete unwillkürlich:

– Ich, seine Apostolische Majestät, Kaiser von Österreich, König von Ungarn.

Die Zuschauer (und es gab, unsichtbar, hunderttausend von ihnen auf diesem Konzert) pfiffen und buhten.

Da sprach es aus der LEUCHTENDEN WAND mit derselben Stimme:

– Den kenne ich nicht. Wer begehrt Einlaß?

Und er sagte abermals:

– Ich, der Kaiser des Heiligen Römischen Reiches Karl-Joseph, apostolischer König von Ungarn, König von Böhmen und Ziganien, König von Jerusalem, in meiner Jugend Fan von »Judas Priest« und »Iron Maiden«, Großfürst von Transsylvanien, Großherzog der Toscana und von Krakau, Herzog von Lothringen ...

Darauf entlud sich im Stadion ein noch stärkerer Sturm der Entrüstung.

– Den kenne ich nicht. Wer begehrt Einlaß? – fragte es noch heiserer zum dritten Mal aus der Wand.

Und erst jetzt fand der Neuankömmling die Antwort:

– Ich, Karl-Joseph, armer Sünder, Fotograf und Ehebrecher, ergebe mich Deiner Gnade.

Die unsichtbaren Zuschauer verstummten. Nur eine halbe Sekunde, obwohl es wie neuntausend Jahre schien.

– Du kannst eintreten, – sprach es endlich aus der WAND.

Und die WAND hörte auf, eine Wand zu sein, und verwandelte sich in LEUCHTENDE STUFEN, die – was für eine Überraschung! – nach oben führten.

(Stellen wir uns mal vor, daß sich alles genauso abgespielt hat. Denn was bliebe uns sonst? Ein Körper auf zusammengeschobenen Schreibtischen?)

In diesem Moment legte Artur Pepa die Hand auf Romas warme Rundung. Das passierte ihm genau auf halbem Wege zwischen Traum und Wirklichkeit. In seinem Traum hatte sich gerade ein Haufen lärmender Menschen getummelt, ein huzulischer Chor oder ein Theater. Sie hatten ihm ein Osterei aus der Tasche gestohlen, das ganz mit orangefarbenen Sternen und Kreuzen bemalt war, und weigerten sich, es herauszurücken. Als sie sahen, daß er aufwachte, verschwanden sie einmütig, indem sie sich tänzelnd verbeugten und verschämt etwas Schamloses vor sich hin sangen.

Und lassen wir das den Abgang der Helden sein, doch schon anderer – aus einem anderen Roman eines anderen Autors.

Und auch Sie und ich sollten uns jetzt wohl besser zurückziehen – in der Hoffnung, daß Artur Pepa die morgendliche Erektion diesmal nicht verschläft.

2001-2003

Boalsburg – Feldafing – Stanislawo-Frankiwsk

Anhang

Im Vaterland des Masochismus

Der Roman *Zwölf Ringe* hat bei seinem Erscheinen in der Ukraine stürmische Reaktionen ausgelöst. Er steht in der Tradition von Andruchowytschs ästhetisch revolutionärer, karnevalesker Lyrik und Prosa (»Bu-Ba-Bu«), ist aber noch komplexer und vielschichtiger als seine bisherigen Werke – wenn auch die Fans, die nach dem linguistischen Experiment der *Perversionen* (1999) wieder etwas völlig Neues erwartet hatten, enttäuscht waren. Der ukrainischen Wirklichkeit nicht unähnlich, schillert der Roman wie ein Prisma im Licht. Es handelt sich um ein Gewebe aus Realität, Fiktion und Poesie, aus Traum, Phantasie, parallelen Welten: Vielstimmigkeit des erzählerischen Diskurses im Bachtinschen Sinne.

Die Briefe des »Morgenlandfahrers« Karl-Joseph Zumbrunnen, eines Fotografen aus Wien, stehen am Anfang – eine irritierende Mischung aus Allgemeinplätzen und hellsichtigen Wahrheiten, aus überheblichen Betrachtungen und unkritischer Begeisterung, die uns Andruchowytsch mit ironischem Augenzwinkern präsentiert. Damit wird im ersten Kapitel das Thema angeschlagen, das den ganzen Roman durchzieht: der gescheiterte Versuch, das Fremde, das Andere zu verstehen, und das Scheitern beim Versuch, verstanden zu werden.

Genres, Handlungsstränge und Textebenen schieben sich in- und übereinander. Da ist die »Dreiecksgeschichte« zwischen dem Schriftsteller Artur Pepa, seiner Frau Roma Woronytsch und Karl-Joseph Zumbrunnen, die sich zu einer Tragikomödie mit Zügen eines Kriminalromans auswächst: Wird es Artur und Roma gelingen, sich vom Verdacht, Karl-Joseph ermordet zu haben, reinzuwaschen? Ein weiterer, meisterhafter »Versuch in fiktiver Landeskunde« und Lokalgeschichte gelingt Andruchowytsch mit der Beschreibung des Schauplatzes selbst, jenes Gebäudes mit dem sonderbaren Namen »Wirtshaus »Auf dem Mond«. Ursprünglich als Observatorium errichtet, am Vorabend des Zweiten Weltkriegs zum Spionagestützpunkt umfunktioniert, wurde die Ruine Jahrzehnte später als sowjetisches Skiinternat genutzt, um schließlich einem ukrainischen Oligarchen mit politischen Ambitionen als Nobelherberge zu dienen. Nebenbei erfährt der Leser einiges über Artur Pepas Entwurf zu einem großen Roman, er wohnt den Dreharbeiten zu einem frivolen Werbespot für schlechten Schnaps bei und lernt nicht nur eine große Anzahl jenseitiger Traumgestalten, sondern auch – in der Nacht vor Ostern – den Teufel persönlich kennen.

Seine eigenwillige poetische Dimension gewinnt der Roman durch die Anspielungen und Zitate, Motive und Symbole, die der Lyrik des 1939 jung verstorbenen ukrainischen Dichters Bohdan-Ihor Antonytsch entstammen: das Grüne, der Mond (und auch das Wirtshaus auf dem Mond), das Karussell des Frühlings, schließlich die zwölf Ringe des Frühlings. In Antonytschs »Elegie über den Schlüssel zur Liebe« finden sich die Strophen:

> *Des Nachts der Klang der Okarina,*
> *der Schmiede Baßgesang ertönt,*
> *Voll Sehnsucht, scheu, der Knaben einer,*
> *dem Liebeswort noch unbekannt.*
>
> *Es klingt das Lied der weißen Tischler,*
> *im Kreis dreht sich das Weberhaus,*
> *der Liebe malt er eine Karte,*
> *zwölf Frühlingsringe sind darauf.*

Es ist die achtzehnjährige Kolomeja, die, inspiriert von der seltsamen Atmosphäre im Berghotel »Auf dem Mond« und getrieben von ihrem heftigen »Frühlingserwachen«, das

Geheimnis der zwölf Ringe entdeckt und dabei ihre Unschuld verliert.

Unschwer sind in den vier Zwischentiteln des Buches Verszeilen von Antonytsch zu erkennen. Und das zentrale sechste Kapitel widmet sich, in Form einer fiktiven Biographie, der Person dieses Schriftstellers selbst. Antonytsch wird als »verfemter Dichter« in der Tradition Rimbauds, Trakls und Georges dargestellt, welcher sich der erstickend düsteren Atmosphäre im Lemberg der dreißiger Jahre (polnisch-ukrainische Provinz, Blasmusik, Bordelle und das bourgeoise »galizische gesellschaftliche Theater«) nur durch Selbstmord entziehen kann. An diesem Kapitel entzündete sich in der Ukraine eine erbitterte Kontroverse. Der Dichter – Stolz der Nation! – als Pop-Ikone, das hielten und halten dort viele für Blasphemie. Diese Reaktion hat Andruchowytsch im Roman, der den verkrusteten Kulturbetrieb satirisch überspitzt, schon vorweggenommen: Das Buch des Literaten Artur Pepa wird in einigen Schulen Lembergs und Galiziens am ersten Schultag »feierlich verbrannt«.

Auch an Andruchowytschs vermeintlich abfälliger Darstellung der Ukraine wurde Kritik geäußert, und ein paar Neider behaupteten sogar – ein typisch postsowjetischer Reflex –, man könne die Dollarscheine rascheln hören. Wer so schlecht über sein Heimatland schreibt, muß vom Westen gekauft worden sein! In Wirklichkeit sind die *Zwölf Ringe* eine Liebeserklärung an die Ukraine. An dieses »neue, große, europäische Land«, wie es die Vertreter der regionalen Kulturbehörden nennen, die Karl-Josephs Fotoausstellung »Memento« eröffnen. An seine Geschichte, seine Menschen, seine Landschaften und Städte, Straßen und Verkehrsmittel, an seine Bahnhöfe, den Wald, den Frühling in den Karpaten, an seinen Dichter Antonytsch. Eine Liebeserklärung auch an die gebrochene Identität der Ukraine, an die postsowjetische Wirklichkeit, wo Banalität und Heroentum so nah beieinander liegen. An das »Vaterland des Masochismus«, wie der Titel des Bildbandes, an dem Karl-Joseph arbeitet, lauten soll. Leopold Ritter von Sacher-Masoch, ein noch immer weit unterschätzter galizischer Schriftsteller, ist ja in Lemberg geboren.

Der Roman erscheint uns aber vor allem als Liebeserklärung an die ukrainische Sprache. Juri Andruchowytsch ist Dichter, seine Beziehung zur Sprache, wie er selbst sagt, eine erotische. Hier lagen die besonderen Herausforderungen der Übersetzung, die ohne kompetente Unterstützung, vor allem von Sofia Onufriv und Jurko Prochasko, nicht zu meistern gewesen wären. Andruchowytsch verfügt nicht nur über ein ungemein reiches sprachliches Register (von der hochliterarischen Rede bis zum vulgären Gestammel), sondern hat die moderne ukrainische Literatursprache als solche erweitert und befruchtet. In seinem Roman treffen die unterschiedlichsten Sprachebenen und Dialektausdrücke aufeinander, und manches läßt sich nur unvollkommen ins Deutsche übertragen, etwa das bildungsbürgerliche Ukrainisch der Galizier der Zwischenkriegszeit oder die Sprache der Huzulen, eines Karpatenvolkes, dessen Traditionen und Bräuche zu den Kristallisationspunkten der ukrainischen Identität gehören. Wenn aus der Perspektive Zumbrunnens erzählt wird, der weder Russisch noch Ukrainisch wirklich versteht, geschweige denn spricht, gibt die deutsche Übersetzung das russische, ukrainische oder »Surshyk«-Original lautlich wieder. Wer als Leser keines der genannten Idiome mächtig ist, dem ergeht es nicht anders als Karl-Joseph selbst.

Das spezifische Schicksal des Ukrainischen – der Einfluß des Russischen auf die gesprochene Sprache, wodurch eben die Mischform »Surshyk« entstand – ist in der deutschen Übersetzung ebenfalls schwer zu vermitteln. Ukrainisch und Russisch gehören beide der ostslawischen Sprachfamilie an; im Wortschatz aber ist das Ukrainische dem Slowakischen und dem Polnischen erheblich näher als der »großen Sprachschwester« im Osten. Während Galizien lange zur Habsburgermonarchie und dann zu Polen gehörte, stand der größere Teil der Ukraine jahrhundertelang unter russischem Einfluß. In der Sowjetunion wechselten Phasen, in denen die kulturelle Identität der Ukrainer gestärkt wurde (etwa in den zwanziger und zeitweise in den sechziger Jahren des 20. Jahrhunderts), mit Perioden der Verdrängung und Unterdrückung ab. Heute spricht im Alltag etwa die Hälfte der Ukrainer Russisch, und die Einflüsse der russischen Massenkultur, die über eine größere Marktmacht verfügt, sind ausgeprägt. Als problematisch wird aber vor allem der Umstand empfunden, daß es in Rußland noch immer nicht selbstverständlich ist, die Ukraine als eigenständig, unabhängig, anders zu akzeptieren, sowohl sprachlich und kulturell als auch politisch.

Der Tragik des Nichtverstehens und Nichtverstandenwerdens sind auf die eine oder andere Weise alle Figuren ausgesetzt. Im Buch wimmelt es von Mißverständnissen und Irrtümern. Kaum etwas ist, was es zu sein scheint, fast jeder wäre gern ein anderer. Karl-Joseph, der Morgenlandfahrer, geht schließlich an der Liebe und am Schnaps, der hier Horilka heißt, zugrunde, wird von üblen Typen ermordet, weil er sich nicht verständlich machen kann. Er wollte ja gar nicht sein Geld zurückfordern, sondern nur das Foto seiner Geliebten behalten. Doch ist der Tod, und das tröstet, nur der Beginn einer neuen Metamorphose. Die anderen raufen sich zusammen und tun das, was sie am besten können: Sie leben ihr absurdes menschliches Leben. Bis sich der Teufel, Entschuldigung, der Autor, das nächste Mal einmischt.

Sabine Stöhr

Anmerkungen des Autors

14 *Los von Kiew! Die Grenze wieder an den Zbrucz* Das kleine, heute fast unsichtbare Flüßchen Zbrucz ist ein vieldeutiges historisches Symbol. 1920-39 bildete es die Grenze zwischen den beiden Teilen des Landes: der Sowjetukraine und der Westukraine (die damals zu Polen gehörte). Seit jener Zeit gilt der Zbrucz als fataler Riß durch den Körper der Ukraine, als Zeichen für die »zwei Ukrainen«. Irgendwann Mitte der neunziger Jahre begann man in westukrainischen halbintellektuellen Milieus die Forderung zu diskutieren, »den Zbrucz als Grenze zu erneuern«. Man war offen enttäuscht über den »jungen unabhängigen Staat«, der von in der Wolle gefärbten Kiewer Bürokraten mit einem »un-ukrainischen« Präsidenten an der Spitze regiert wurde.

15 *Gorgany* Bergkamm, Teil der östlichen (ukrainischen) Karpaten, dünn besiedelt, teilweise völlig menschenleer und außergewöhnlich malerisch. – *Sitzgras* habe ich im »Mittelöstlichen Memento« beschrieben (vgl. J.A./Andrzej Stasiuk, *Mein Europa*, Frankfurt a. M. 2003, S. 51).

24 *Pani* bedeutet im Ukrainischen wie im Polnischen »Frau«. Die aus dem Russischen bekannte Anrede mit Vor- und Vatersnamen ist in der Westukraine unüblich. Statt dessen verwendet man »Pan« für Herr und »Pani« für Frau.

31 KRAZ-*Motor* KRAZ ist die Abkürzung für *Kremenčuckyj avtomobilnyj zavod*, »Krementschuker Automobilfabrik«, wo Lastkraftwagen mit sehr leistungsfähigen und entsprechend lauten Motoren hergestellt werden. Besonders geeignet für unwegsame Berggegenden, wovon sich der Autor persönlich überzeugen konnte.

33 *die »Rekreationen« herausgerutscht* »Rekreaciji« (1992) – mein erster Roman, mein bisher größter Publikumserfolg und der größte Literaturskandal der neunziger Jahre. Es ist die Geschichte einer Nacht in der fiktiven Karpatenstadt Tschortopil, »ringsum von Bergen und Europa umgeben«, wo ein phantasmagorischer Karneval stattfindet: das Fest der Auferstehung des Geistes. Vier »dreißigjährige« Dichter nehmen teil, und jeder erlebt in dieser Nacht sein persönliches schicksalhaftes Abenteuer.

36 *Nadja Kurtschenko* Heldin der sowjetischen Propagandamaschine in der Breschnew-Zeit, Stewardeß bei Aeroflot und »vorbildliche Komsomolzin«, die sich selbstlos Luftpiraten in den Weg gestellt haben soll, irgendwelchen »litauischen Nationalisten«, Vater und Sohn, die versucht hatten, ein sowjetisches Passagierflugzeug in die Türkei zu entführen. Nadja Kurtschenko wollte sie nicht ins Cockpit lassen, und so sahen sie sich gezwungen, sie umzubringen. Aus heutiger Sicht erscheint die Geschichte ziemlich dubios, aber damals, Anfang der siebziger Jahre, waren die meisten Sowjetmenschen von Nadjas Heldentat begeistert.

38 *Biba? Buba?* Nicht nur der krampfhafte Versuch Magierskis, sich an den Namen »Pepa« zu erinnern, sondern auch eine unmißverständliche

Anspielung auf das poetische Trio Bu-Ba-Bu, dem der Autor dieser Zeilen angehörte. Der Name Bu-Ba-Bu kommt von Burleske – Balagan – Buffonade. Balagan ist die Bezeichnung für eine Jahrmarktsbude. Die anderen Bubabisten sind Wiktor Neborak und Oleksandr Irwanez. Die Poesie der Bubabisten, vor allem »live«, in szenischen Lesungen und lyrisch-musikalischen Performances präsentiert, war ein gewichtiges Element der alternativen Kultur der Ukraine Mitte der achtziger bis Anfang der neunziger Jahre.

47 *Audienz bei einem äußerst hochgestellten Staatsmann* Laut einer geopolitischen Anekdote hat sich der britische Premier Churchill in der Zwischenkriegszeit persönlich für die Finanzierung eines polnisch-tschechoslowakischen Observatoriums auf dem Kamm der Tschornohora (der Schwarzen Berge) in den östlichen Karpaten eingesetzt; er sei dafür sogar heimlich in den Urlaubsort Jaremtsche gereist. Der Legende nach beabsichtigte das Vereinigte Königreich, im Tarnmantel des Observatoriums eine Einrichtung der britischen Auslandsaufklärung zu betreiben. Über dieses Observatorium habe ich in »Carpathologia Cosmophilica. Versuch einer fiktiven Landeskunde« geschrieben (vgl. *Das letzte Territorium. Essays*, Frankfurt a. M. 2003, S. 13ff.).

51 *Huzulen* Neben Bojken und Lemken eine von drei ukrainischen Ethnien, die in den Karpaten siedeln. Wie es in einem k.u.k. Reiseführer heißt: die Indianer Europas. Tatsächlich sind die Huzulen die exotischste und wahrscheinlich farbenprächtigste Volksgruppe in der Ukraine. Sie zeichnen sich durch ein besonders vielfältiges Brauchtum und ungewöhnlich hoch entwickeltes Kunstgewerbe aus (Schnitzereien, Keramik, Gegenstände aus Metall und Leder, Stickerei etc.). Die von der Sowjetmacht geförderte »Huzulen-Mode« führte zur massenhaften Entwertung der authentischen huzulischen Kultur und ersetzte sie durch Kunstgewerbe, jenen »huzulischen Kulturkitsch«, für den der von Karl-Joseph Zumbrunnen mitgebrachte lakkierte Holzadler ein Beispiel ist. – *die obere Hälfte der auf Halbmast gesetzten Nationalflagge* Die polnische Nationalflagge: obere Hälfte weiß, die untere rot.

62 *Bachmetjuk-Kacheln* ... Oleksa Bachmetjuk (1820-1882) – legendärer huzulischer Künstler, Autor phänomenaler Malereien auf Ofenkacheln. – *Juri Fedkowytsch* Ossyp-Juri Fedkowytsch (1834-1888) – Dichter und Prosaschriftsteller huzulischer Herkunft, Klassiker der ukrainischen Literatur, Autor einer astrologischen Abhandlung in deutscher Sprache. Die erwähnte »Carpathologia Cosmophilica« widmet ihm einige Aufmerksamkeit (vgl. *Das letzte Territorium*, S. 22ff.). – *Iwan Franko* (1856-1916) – Dichter, Prosaschriftsteller, Kritiker, Publizist, Übersetzer, Wissenschaftler. Schlüsselfigur der ukrainischen national-demokratischen Tradition, der im nationalen Pantheon einzig Taras Schewtschenko den Vortritt lassen muß, deshalb nur »Superstar Nr. 2« der ukrainischen Kultur und Literatur. – *Kommissar Rudnjew verbrüdert sich mit General Schuchewytsch* Kommissar Rudnjew war einer der Führer der roten (sowjetischen) Partisanen im Zweiten Weltkrieg. General Schuchewytsch befehligte die

Ukrainische Aufstandsarmee (UPA), eine Partisanenbewegung, die 1942/43 in der Westukraine entstand und anfangs sowohl gegen die deutschen als auch gegen die sowjetischen Besatzer kämpfte, nach dem Krieg dann bis Mitte der fünfziger Jahre den Widerstand gegen die Sowjetherrschaft aufrechterhielt, vor allem in den Karpaten. Objektiv gesehen waren Rudnjew und Schuchewytsch Feinde. Aber einer der Vereinigungsmythen, die im Kampf um die ukrainische Unabhängigkeit an der Schwelle der achtziger zu den neunziger Jahren entstanden, erzählt, Rudnjew und Schuchewytsch – ein Ostukrainer und ein Westukrainer, ein Roter und ein Nationalist – hätten sich in den Karpaten getroffen und vereinbart, gemeinsam gegen die Deutschen zu kämpfen. Mehr noch: Als Stalin davon erfuhr, habe er die sofortige Liquidierung Rudnjews angeordnet; dieser Befehl sei von Rudnjews Funkerin, einer Agentin der Sowjetischen Spionageabwehr »Smersch« (»Smert Spionam«, Tod den Spionen), ausgeführt worden.

71 *Wenn ich nicht schreiben könnte, würde ich das Feld bestellen* Dieser Satz stammt von Wassyl Stus (1938-1985), einem unserer herausragenden ukrainischen Dichter. Dissident und Menschenrechtler, Autor mehrerer Lyrikbände und unzähliger poetischer Übersetzungen, u. a. von Rilke. Kurz nachdem er von internationalen Menschenrechtsorganisationen für den Nobelpreis vorgeschlagen worden war, starb Stus unter ungeklärten Umständen in einem Straflager im Ural, wo er eine fünfzehnjährige (!) Strafe wegen »antisowjetischer Propaganda und Agitation« absaß.

84 *»Familie Kajdasch«* ... *»Wolken«* ... Romane aus dem ukrainischen Literaturkanon, verfaßt von unserem Klassiker Iwan Netschuj-Lewyzkyj (1838-1918); eine für die zweite Hälfte des 19. Jahrhunderts typische, sozial orientierte Prosa über das Leben von Bauern und Kleinbürgern. – *»Die Pferde sind nicht schuld«* ist eine Novelle des ukrainischen Klassikers Mychajlo Kozjubynskyj (1864-1913) über die Revolution 1905-07. Gilt der ukrainischen Literaturwissenschaft als Beispiel kompositorischer Vollkommenheit. – *Protagonist des sogenannten Harvard-Projektes* Idee, die den Kreisen konservativ-patriotischer ukrainischer Geisteswissenschaftler (der sogenannten Nativisten) entstammt: Es existiere ein neokoloniales, »amerikanisches« (Harvard-)Projekt mit dem Ziel, die Ukraine durch intellektuellen Revisionismus und die Herabwürdigung ihrer traditionellen geistigen Werte (u. a. ihrer klassischen Literatur) zu unterwerfen. Die »Nativisten« betrachten das Harvard Ukrainian Research Institute (HURI), eine der besten und produktivsten Institutionen der Ukrainistik im Westen, mit großem Mißtrauen und teilweise offenem Haß.

88 *Züge mit Deportierten* Ab 1945 setzte die Sowjetmacht die in der Vorkriegszeit (1939-41) begonnenen Massendeportationen der westukrainischen Bevölkerung fort. Hauptmotiv für diese neuerlichen Strafaktionen war die weitverbreitete Unterstützung für die UPA-Partisanen, für die ukrainische nationale Untergrundbewegung überhaupt. Die ukrainischen Widerstandskräfte sollten ihrer sozialen Basis und materiellen Unterstützung beraubt werden. Die Bevölkerung der Westukraine, insbesondere Galiziens,

wurde dörferweise ostwärts deportiert, vor allem, aber nicht nur, nach Sibirien. Ein großer Teil der Galizier kam auch in die Industrieregionen im Osten der Ukraine (Donbas), wo billige Arbeitskräfte stets dringend benötigt wurden.

89 *Schuchewytsch, Vincenz ...* Wolodymyr Schuchewytsch ist ein bekannter ukrainischer Ethnologe, Großvater des oben erwähnten UPA-Kommandeurs Roman Schuchewytsch und Autor des fünfbändigen Werks »Huzulien« (1899-1908), eines Klassikers der »Karpatologie«. – *Stanisław Vincenz* (1888-1971) – legendärer polnischer Schriftsteller und Essayist, Autor des den Huzulen und Huzulien gewidmeten ethnographischen Epos »Auf der Hochalm« (1936), das eine Fülle von Faktenmaterial mit tiefer Poesie verbindet. – *Wolodymyr Hnatjuk* (1871-1926) – bekannter Erforscher der ukrainischen Folklore und Herausgeber mehrbändiger Sammlungen ukrainischer Lieder, Märchen, Legenden u.ä., darunter auch huzulischer. – *Oskar Kolberg* (1814-1890) – polnischer Sammler von Folklore, Herausgeber huzulischer Lieder, Musik und Märchen. – *Żegota Pauli* (1814-1895) – polnischer Historiker, Arzt, Ethnograph, Sammler von Liedern, darunter auch westukrainischer.

91 *Trembita* Traditionelles Blasinstrument der Huzulen. Ein bis zu drei Meter langes Holzrohr, das es heute nur noch in den Karpaten gibt. Die Trembita diente vor allem dazu, Informationen weiterzugeben (es existieren bestimmte Tonfolgen, mit denen die Bewohner der umliegenden Berge einander vom Beginn eines Festes, von Hochzeit, Tod oder Geburt Mitteilung machen). In der huzulischen Mythologie, vor allem wenn es um die Schöpfung geht, kämpfen traditionell Gott und der Teufel (Aridnyk oder Alej) miteinander: die Elemente der Welt entstehen als Folge ihrer permanenten Auseinandersetzung; aus irgendeinem Grunde ist Aridnyk viel aktiver und produktiver als Gott. Es heißt, daß auch die Musikinstrumente (Geige, Zimbal, Trommel, Hirtenflöte) von Aridnyk geschaffen wurden. Es gibt nur ein Instrument, das Gott geschaffen hat, und das ist die Trembita. Leider sind ihre musikalischen Ausdrucksmöglichkeiten auf wenige Intervalle beschränkt.

123 *Lemkenland* Ein Teil des mittelöstlichen Europas, wo die Lemken leben, eine ethnische Untergruppe der Ukrainer, zu der auch der Dichter Bohdan-Ihor Antonytsch gehörte. Lemken leben nicht nur in einigen Regionen der Westukraine, sondern auch auf dem Gebiet des heutigen Polens und der Slowakei. Der berühmteste Lemke der Welt ist vermutlich Andy Warhol (Andrij Warchola), dessen Familie aus Mezhylabirci (ukr.) / Medzilaborce (slowak.) in der heutigen Slowakei stammt.

140 *Sein Tod trat in der Nacht vom 6. auf den 7. Juli ein* Nach dem julianischen Kalender der Ostkirche die Nacht vor St. Johannis. Die Feiern in der Johannisnacht (der sog. »Nacht auf Iwan Kupalo«) sind ein gutes Beispiel dafür, wie der christliche Kalender alte, vorchristliche Kulte in sich aufgenommen hat: Tänze, Reigen, Sprünge über das Feuer, Lichterkränze auf dem Wasser, rituell-ekstatisches Baden. All das ermuntert Waldgeister, Dä-

monen, Nymphen und andere »böse Kräfte« (vgl. auch die Prosa des frühen Gogol), in dieser Nacht zu erscheinen. Der Tod Antonytschs erhielt dadurch ein besonderes Johannis-Flair – haben ihn vielleicht die Waldgeister zu sich gerufen?

173 *Arkan* Ritueller huzulischer Tanz. Die Männer stellen sich Schulter an Schulter im Kreis auf, verschränken die Arme miteinander und tanzen mal in die eine, mal in die andere Richtung. Den Arkan, wie auch die vergleichbaren Tänze der Balkanvölker, können nur Männer tanzen (vgl. aber S. 172). Es gibt Fälle, in denen der Arkan stundenlang getanzt wird.

196 *Planetnyzja* nennt man in den Karpaten die Hellseherin, eine Frau, die über Fähigkeiten zum Wahrsagen und zur Heilung Kranker verfügt. Es gibt *Planetnyzi*, die nur die Fotografie eines Menschen anzusehen brauchen, um sein Schicksal vorhersagen zu können. Die kosmische Verbindung ist hier mehr als offensichtlich: die Bezeichnung »Planetnyzja« kommt vom ganz und gar nicht huzulischen Wort »Planet«. Mein Vater hat mir jedoch erzählt, daß in einigen huzulischen Dörfern die Mondsüchtigen »Planeten« genannt wurden. Die modernen *Planetnyzi* werben mit großformatigen Fotos und ganzseitigen Zeitungsanzeigen.

199 *Niemand ist vergessen* »Niemand ist vergessen, nichts ist vergessen« – Losung der sowjetischen Propaganda, die in der »Erziehungsarbeit der jungen Generationen« Verwendung fand. Es ging um die »heroischen Taten des sowjetischen Volkes im Großen Vaterländischen Krieg«, d. h. um den Zweiten Weltkrieg und den Kampf gegen die Deutschen (1941-1945).

217 *Der heilige Ilja bringt die Kolatschen* Der heilige Ilja hat in der huzulischen Mythologie einige Funktionen des altslawischen Perun übernommen, ist also unter anderem Herr über Blitz und Donner. Wenn sie es donnern hören, scherzen die Huzulen, der heilige Ilja komme mit seinem Wagen, der seltsamerweise Kolatschen geladen hat.

218 *Chrysler Imperial* Der Chrysler Imperial ist eine Meta-Metapher von Bu-Ba-Bu (vgl. Anm. zu S. 38), ein riesiges Automobil amerikanischer Produktion der dreißiger Jahre, von Wiktor Neborak erstmals 1987 in Kiew gesichtet, Vorbote der nahen »amerikanischen Zukunft« der ukrainischen postsowjetischen Gesellschaft. Diese Metapher taucht in vielen Texten der Bubabisten auf (z. B. in Verszyklen von Neborak und Irwanez), auch in meinen »Rekreationen«, wo der Abgesandte der Hölle selbst einen Chrysler fährt. Im Oktober 1992 wurde nach Motiven der Bubabisten und unter ihrer direkten Mitwirkung im Lemberger Opernhaus die Poeso-Oper »Chrysler Imperial« aufgeführt, woran mein Essay »Ave, Chrysler!« erinnert: »Im Herbst 1992 fand im Lemberger Opernhaus ein Aufflammen, eine Explosion, ein Ausbruch, eine wunderbare Katastrophe statt, gefürchtet und erhofft, ein grandioser Absturz – die Poeso-Oper mit dem Namen jenes Autos.«

251 *wer solche Programme finanziert* Typische Frage für die letzten Jahre der Regierungszeit von Präsident Kutschma, als man still und leise damit begann, unabhängige Medien und Nichtregierungsorganisationen zu

verfolgen und zu unterdrücken. Sie wurden beschuldigt, westlich, insbesondere amerikanisch finanziert zu sein. Die Propaganda erfand für die von der Staatsmacht unabhängigen Institutionen so abfällige Namen wie »Grant-Esser« bzw. »Grant-Fresser«.

Inhalt

I Gäste, vorübergehend nur 9
II Aus Stein und Schlaf 95
III Caruso der Nacht 187
IV Es geht zu Ende 271

Anhang 293
Im Vaterland des Masochismus 295
Anmerkungen 301